本书受到国家社会科学基金项目"新时代我国农业高质量发展的测度与实现路径研究"（19CJY040）、国家自然科学基金项目"'保险+期货'模式下农业收入风险定价与分担机制研究——以江西水稻为例"（72063001）、江西省社会科学"十四五"基金项目"生态文明视角下长江流域农业包容性绿色发展的实现路径研究"（22WT13）、江西省哲学社会科学重点研究基地项目"长江经济带农业高质量发展成效评估、影响因素及突破路径研究"的资助。

丁宝根 赵玉◎等著

中国农业高质量发展的测度与实现路径

Research on the Measurement
and Realization Path of
High-quality Development of
Chinese Agriculture

中国社会科学出版社

图书在版编目（CIP）数据

中国农业高质量发展的测度与实现路径 / 丁宝根等著. -- 北京：中国社会科学出版社，2024.12. -- ISBN 978-7-5227-4959-4

Ⅰ.F323

中国国家版本馆 CIP 数据核字第 20251667SH 号

出 版 人	赵剑英
责任编辑	刘晓红
责任校对	周晓东
责任印制	戴　宽

出　　版	中国社会科学出版社
社　　址	北京鼓楼西大街甲 158 号
邮　　编	100720
网　　址	http://www.csspw.cn
发 行 部	010-84083685
门 市 部	010-84029450
经　　销	新华书店及其他书店
印刷装订	北京市十月印刷有限公司
版　　次	2024 年 12 月第 1 版
印　　次	2024 年 12 月第 1 次印刷
开　　本	710×1000　1/16
印　　张	13
字　　数	201 千字
定　　价	69.00 元

凡购买中国社会科学出版社图书，如有质量问题请与本社营销中心联系调换
电话：010-84083683
版权所有　侵权必究

前　言

农业作为"三农"之首，它的问题不仅关系到国家粮食安全，而且是国民经济稳定的根本保障，还是自然生态环境的重要屏障，同时也是乡村振兴的关键。党的十九大报告指出："中国特色社会主义进入新时代，我国经济发展进入了新时代，其基本特征就是由高速增长阶段转向高质量发展阶段。"党的二十大报告指出："要加快构建新发展格局，着力推动高质量发展。"党的二十届三中全会指出："高质量发展是全面建设社会主义现代化国家的首要任务。"站在新时代的高度，考察和思考农业这一发展阶段的变化，就会深刻认识到，农业作为国民经济的基础和关系国家安全的战略性产业，其高质量发展是国民经济高质量发展的关键方面。2022年12月23日，习近平总书记在中央农村工作会议上指出："全面推进乡村振兴、加快建设农业强国，是党中央着眼全面建成社会主义现代化强国作出的战略部署""强国必先强农，农强方能国强""没有农业强国就没有整个现代化强国；没有农业农村现代化，社会主义现代化就是不全面的"。在此背景下，农业高质量发展已成为新时代中国高质量发展的鲜亮标志，农业高质量发展被提升到新的历史高度。

长久以来，在农业机械化、农业化学化等的推动下，中国农业经济产出效益得到了较快的增长，但农业发展过程中呈现经济增长动力不足、生态环境污染治理困难和社会效益亟待提升等问题。具体表现为，人均耕地面积少、亩产经济效益偏低，农业经济增长动力不足；农业资源过度开发，农业"高耗能、高污染、高排放"投入品过量，农业生态环境污染治理困难；城乡二元结构长期存在，农业社会效益亟待提升。这已成为新时代中国农业高质量发展的重要障碍。从某种程度上说，推进农业高质量发展既是新时代中国国民经济高质量发展的内在需要，也是党中央的明确要求，更是推进农业供给侧结构性改革、乡村振兴的关键和紧迫任务。那么，农业高质量发展的内涵特征是什么？如何构建可供核查的农业高质量发展评价指标体系？中国农业高质量发展水平存在怎样的变动趋势、脱钩特征及关键影响因素？应着力从哪些方面提升中国农业高质量发展水平？这些都是亟待回答的问题。鉴于此，本书聚焦中国农业高质量发展，进行了一系列的研究，所取得的主要成果有以下几个方面。

第一，对经济增长理论、绿色发展理论、资源配置理论、社会公平理论和效率理论及其与农业高质量发展的内在关联进行系统梳理与分析，并据此界定了农业高质量发展相关概念，认为农业高质量发展是一种追求农业经济增长、生态环境友好和城乡均衡发展的新型农业发展范式，而农业高质量发展效率是一种反映农业高质量发展水平的有效工具和方法。

第二，构建科学合理的评价指标体系，选择 PCA-DEA 综合评价模型对中国农业高质量发展静态效率进行了测度与评价，结果表明：无论是从全国层面还是分地区或省域层面，中国农业高质量发展综合效率、纯技术效率和规模效率总体上均处于增长阶段，但综合效率、纯技术效率和规模效率存在内在差异性和地区差异性。

第三，基于 DEA-Malmquist 指数方法对中国农业高质量发展进行实证分析，结果表明：中国大多数省份农业高质量发展效率还处于投入型增长阶段，但也伴随效率的改善，这反映出农业包容性增长效率本身与要素成本投入、环境成本投入和社会成本投入的关联，在某种意义上表明中国现阶段农业高质量发展与高质量发展目标还存在距离，还有很大的提升空间。

第四，基于 Tapio 脱钩模型对中国农业高质量发展效率与经济维度成本压力、环境维度成本压力、社会维度成本压力的脱钩关系进行实证分析，结果表明：中国农业高质量发展效率对要素成本、环境成本和社会成本的依赖程度渐趋弱化，但对不同维度成本的依赖程度存在差异，且依赖程度的弱化呈现不稳定性和省域差异性。

第五，基于2002—2022年中国农业高质量发展效率值，引入莫兰指数分析方法，运用Stata15和ARCGIS等统计分析工具，对中国农业高质量发展效率空间自相关性以及地理距离权重矩阵下的空间集聚特征进行深入分析，从而证明中国农业高质量发展的空间异质性。

第六，基于面板Tobit回归模型对中国农业高质量发展效率影响因素进行实证分析，结果表明：农户家庭经营性收入占比、农村人力资本存量、财政支农力度、农业机械化密度、农户经营规模、经济发展水平、城市化水平和灾害率等因素对中国农业高质量发展效率产生了不同程度的正负影响效应。

第七，梳理和总结美国在规模化农业生产经营、"三位一体"农业科技成果转化、完备的农业政策体系方面的实践与经验，德国在高水平农业信息化、完备农业职业教育方面的实践与经验，意大利在休闲农业、智慧农业方面的实践与经验，日本在小规模精细化农业、农协力量、"六次产业化"方面的实践与经验，韩国在有效保护政策、农村基础设施建设、农业科技创新体系方面的实践与经验。

第八，基于实证研究结论，借鉴国外先进经验，结合中国国情，从农业科技创新、农业模式优化、农业市场改革、农业制度完善和农业数字转型等方面，提出了新时代中国农业高质量发展的实现路径及建议。

本书出版得到了国家社会科学基金项目"新时代我国农业高质量发展的测度与实现路径研究"（19CJY040）、国家自然科学基金项目"'保险+期货'模式下农业收入风险定价与分担机制研究——以江西水稻为例"（72063001）、江西省社会科学"十四五"（2022年）基金项目"生态文明视角下长江流域农业包容性绿色发展的实现路径研究"（22WT13）、江西省哲学社会科学重点研究基地项目"长江经济带农业高质量发展成效评估、影响因素及突破路径研究"（23ZXSKJD22）的资助，也得到了赣东学院生态产品价值实现机制研究中心的大力支持。参与研究和出版修订、校对的人员还有邓俊红、胡海、裴艳、黄钰琦、陈建平、王怡婷、方羽、陈春晓等。由于笔者学术水平有限，本书难免存在一些缺陷和不足，敬请读者批评指正。

目 录

第一章 绪论 ………………………………………………………… 1

 第一节 研究背景与意义 …………………………………………… 1
 第二节 文献综述 …………………………………………………… 5
 第三节 技术路线、研究内容和方法 …………………………… 16
 第四节 主要创新之处 …………………………………………… 21

第二章 理论基础与相关概念界定 ………………………………… 22

 第一节 经济增长理论 …………………………………………… 22
 第二节 绿色发展理论 …………………………………………… 27
 第三节 资源配置理论 …………………………………………… 30
 第四节 社会公平理论 …………………………………………… 33
 第五节 效率理论 ………………………………………………… 36
 第六节 相关概念界定 …………………………………………… 39
 第七节 本章小结 ………………………………………………… 42

第三章 中国农业高质量发展静态效率的测度 …………………… 43

 第一节 评价指标体系构建 ……………………………………… 43
 第二节 评价方法选择 …………………………………………… 50
 第三节 实证结果与分析 ………………………………………… 54
 第四节 本章小结 ………………………………………………… 68

第四章 中国农业高质量发展 DEA-Malmquist 指数分析 …… 69

第一节 DEA-Malmquist 模型 …… 69
第二节 指标选取与数据来源 …… 71
第三节 实证结果与分析 …… 71
第四节 本章小结 …… 83

第五章 中国农业高质量发展效率 Tapio 脱钩指数分析 …… 86

第一节 脱钩模型 …… 86
第二节 数据来源及处理 …… 90
第三节 实证结果与分析 …… 91
第四节 本章小结 …… 104

第六章 中国农业高质量发展效率的空间相关分析 …… 106

第一节 研究方法 …… 106
第二节 实证结果与分析 …… 110
第三节 本章小结 …… 125

第七章 中国农业高质量发展效率的影响因素分析 …… 127

第一节 指标选取与数据来源 …… 127
第二节 Tobit 模型 …… 132
第三节 实证结果与分析 …… 134
第四节 本章小结 …… 144

第八章 国外农业发展的实践与经验 …… 145

第一节 美国的实践与经验 …… 145
第二节 德国的实践与经验 …… 151
第三节 意大利的实践与经验 …… 157
第四节 日本的实践与经验 …… 163
第五节 韩国的实践与经验 …… 167
第六节 本章小结 …… 170

第九章　中国农业高质量发展的实现路径及政策建议 …………… 171

第一节　以农业科技创新为导向，推动农业绿色低碳发展 …… 171
第二节　以农业模式优化为导向，探索先进农业生产方式 …… 175
第三节　以农业市场改革为导向，发挥市场资源配置效应 …… 177
第四节　以农业制度完善为导向，突出政府协调机制作用 …… 181
第五节　以农业数字转型为导向，强化数字技术深度融合 …… 184

参考文献 ………………………………………………………………… 187

第一章 绪论

第一节 研究背景与意义

一 研究背景

(一) 新时代中国经济发展已由"高速增长阶段"转向"高质量发展阶段"

党的十九大报告指出:"中国特色社会主义进入新时代,我国经济发展进入了新时代,其基本特征就是由高速增长阶段转向高质量发展阶段。"党的二十大报告指出:"要加快构建新发展格局,着力推动高质量发展。"党的二十届三中全会指出:"高质量发展是全面建设社会主义现代化国家的首要任务。"

第一,高质量发展已成为中国保持经济健康可持续发展的必由之路。当前,中国正处于转型升级的关键期,传统依赖廉价劳动力和高耗能高污染的发展模式难以为继,可持续发展问题比较突出。推进高质量发展,着力科技创新,打造品质高、效益高、成本低、绿色化、多样化的生产供给体系,持续满足人民的新需要,正成为中国经济可持续健康发展的必然选择。

第二,高质量发展已成为适应中国社会主要矛盾变化和全面建设社会主义现代化国家的必由之路。当前,中国社会主要矛盾发生了重大变化,经济发展也进入了历史性转变期,经济发展的突出问题是发展质量不高。推动高质量发展,关注量的同时更加重视解决质的问题,已成为化解中国社会主要矛盾和全面建设社会主义现代化国家的必然选择。

第三，高质量发展已成为中国遵循经济规律发展的必由之路。自20世纪60年代以来，中等收入国家或地区中仅有约10%成功转型为高收入国家或地区。这些国家或地区的成功经验表明，经济发展是螺旋式上升的过程，量变到一定阶段，必然走向质变，这也正是中国要遵循的重要经济发展规律。

（二）农业高质量发展是国民经济高质量发展的关键方面

站在新时代的高度，考察和思考农业这一发展阶段的变化，就会深刻认识到，农业既是国民经济的基础，也关系到国家战略安全，其高质量发展是国民经济高质量发展的关键方面。2013年，习近平总书记在中央农村工作会议上强调，"中国要强，农业必须强"；2017年中央一号文件指出"要坚持以农业供给侧结构性改革为主线，走质量兴农之路，实施质量兴农战略"；2018年，习近平总书记在中央农村工作会议上强调，"重农固本是安民之基、治国之要"；2018年中央一号文件指出，"必须坚持质量兴农、绿色兴农，以农业供给侧结构性改革为主线，加快构建现代产业体系、生产体系、经营体系，提高农业创新力、竞争力和全要素生产率"；2018年中央经济工作会议指出，"要坚持农业农村优先发展，合理调整'粮经饲'结构，着力增加优质绿色农产品供给"；2019年中央一号文件指出，"大力发展紧缺和绿色优质农产品生产，推进农业由增产导向转向提质导向"；2020年中央一号文件指出，"继续调整优化农业结构，加强绿色食品和有机农产品的认证和管理，增加优质绿色农产品供给"；2021年中央一号文件指出，"加快形成工农互促、城乡互补、协调发展、共同繁荣的新型工农城乡关系，促进农业高质高效、乡村宜居宜业、农民富裕富足"；2022年中央一号文件指出，"建设国家农业绿色发展先行区""开展农业绿色发展情况评价"；2023年中央一号文件指出，"推动乡村产业高质量发展"；2024年中央一号文件指出，"坚持产业兴农、质量兴农、绿色兴农"；2024年，党的二十届三中全会指出，"城乡融合发展是中国式现代化的必然要求""促进城乡共同繁荣发展""完善强农惠农富农支持制度"。

（三）新时代中国农业高质量发展面临诸多突出问题

农业是中国国民经济发展的基础和自然生态环境的重要屏障，既关系到中国粮食安全、经济安全和乡村振兴，同时也关系到中国的自然生态环境安全。因此，中国高质量发展离不开农业的高质量发展。中华人民共和国成立 70 多年来，中国农业农村取得了巨大成就，如农林牧渔业产值从 1952 年的 326 亿元增长至 2023 年的 15.85 万亿元；农民人均可支配收入水平从 1949 年的 43.8 元增长至 2023 年的 2.1 万元；农村贫困率从中华人民共和国成立初期的普遍贫困到 2020 年消除全部绝对贫困。历经 70 余年，在"大国小农"背景下，中国农业机械化和农业现代化水平得到快速发展，农业经济发展水平持续提升；但在农业发展过程中还面临着经济增长动力不足、生态环境污染严重和社会效益相对弱化等诸多挑战，具体表现如下。

第一，人均耕地面积少、亩产经济效益低，导致农业经济增长动力不足。根据自然资源部 2021 年发布的数据，尽管中国耕地总面积世界排名第 3 位，但中国人均耕地面积仅为 1.4 亩（1 亩≈666.67 平方米），占世界人均耕地面积的一半。与此同时，中国农村人口约 7 亿人，农业以"家庭式小农"生产经营为主，农业发展方式粗放，农业生产成本较大，导致亩产经济效益低下。据此，人均耕地少和亩产经济效益低已成为中国农业经济增长的重要障碍。

第二，农业资源过度开发、农业"高耗能、高污染、高排放"投入品过量，导致农业生态环境系统不断恶化。长期以来，中国农业取得巨大成就的同时，也付出了相当大的代价：一是农业资源过度开发、透支严重，复种指数过高，导致耕地质量持续下降；二是农业产出增长过度依赖农用化肥和农药等高投入，导致农业直接或间接污染严重。据此，农业资源过度开发和农业高碳物资投入过量已成为中国农业绿色增长的重要障碍。

第三，城乡二元结构长期存在，导致农业社会效益相对弱化。中华人民共和国成立以来，农村发生了翻天覆地的变化，农民的生活水平日益提高，但城市与农村的不均衡、工业与农业的不协调以及城乡差距未能得到根本改善，农业农村无法公平参与利益共享，特别是城乡收入分配差距较大，极大影响了农民生产积极性和农民幸福感，导致农业社会效益相对弱化。据此，城乡二元结构已成为农业包容性增长的重要障碍。由此表明，新时代中国农业发展面临保障粮食安全、缓解资源环境压力、缩小城乡收入分配差距等多重矛盾问题。从某种意义上说，农业经济增长、绿色增长和包容性增长是农业高质量发展的核心内涵，更加系统和全面地反映了农业发展过程中的经济问题、环境问题和社会问题等。可以说，推进农业高质量发展既是新时代中国农业可持续发展的内在需求，也是党中央的明确要求，更是实现中国国民经济高质量发展的关键和急迫任务。那么，新时代农业高质量发展的内涵特征是什么？如何构建可供核查的农业高质量发展评价指标体系？中国农业高质量发展水平或质量存在怎样的时序演化特征、空间分布格局、脱钩特征以及关键影响因素？应着力从哪些方面提升中国农业高质量发展水平或质量？这些都是亟待回答的问题。

二 研究意义

本书研究的出发点基于国家宏观经济政策层面上一个重要导向，依托农业高质量发展来推动国民经济高质量发展。

（一）理论学术价值

本书的理论学术价值体现在三个方面：一是对高质量发展内涵在内容上的完善和补充，认为高质量发展是一种注重经济增长、环境友好、社会公平等统筹协调的经济社会发展方式。二是对农业高质量发展的评价指标体系给予丰富和扩充，注重从经济系统、生态环境系统和社会系统等多维度考察，进一步完善了高质量发展综合评价指标体系和评价方法。三是能够正确揭示中国农业高质量发展效率，而且能够为我们准确认识中国农业高质量发展效率变化趋势及地区差异，准确判断其优化路径提供比较稳健的实证支撑，并为进一步推进中国农业高质量发展以及实现国民经济高质量发展奠定理论基础。

（二）实际应用价值

本书的应用价值也主要体现在三个方面：一是从经济、环境和社会等多维度构建了中国农业高质量发展的评价指标体系，为量化实证研究奠定了基础。二是利用中国农业农村等时空数据和PCA-DEA综合评价模型等科学统计方法，测度中国农业高质量发展效率，寻找不同阶段中国农业高质量发展效率的变化趋势、地区差异、脱钩效应及空间相关性。三是构建DEA-Tobit回归模型，分析新时代中国农业高质量发展效率的关键影响因素，为中国农业高质量发展效率的改进以及实现农业高质量发展提供决策思路。

第二节 文献综述

一 高质量发展相关概念演化

自18世纪60年代工业革命以来,全球经济社会取得巨大成就的同时,资源枯竭、环境污染等生态问题日益凸显,且贫困、不平等等社会问题未得到根本性的解决,人类为此开展了一系列的路径探索,试图实现绿色化、低碳化、包容性的可持续发展。据此,高质量发展经历了以"浅绿色"环保观念为起点的演进历程,如图1.1所示。

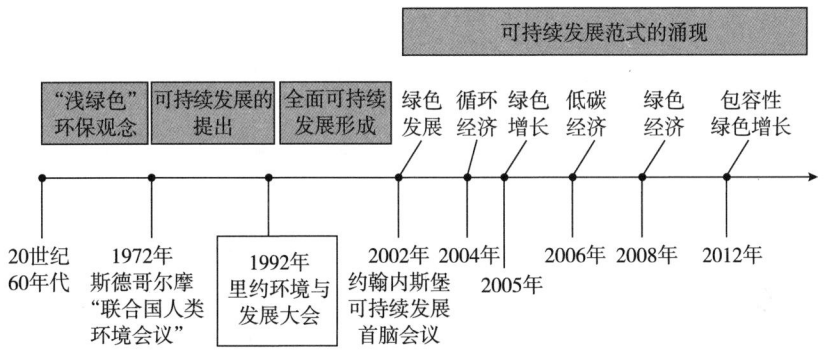

图1.1 高质量发展相关概念的演化历程

（一）"浅绿色"环保观念的产生

第二次世界大战后,以欧美日为主导的资本主义国家经济发展进入"黄金时代"（Crafts,1995）。经济的"热增长"使西方国家对经济发展盲目自信,从而忽视了经济发展过程中资源枯竭、环境污染、代际公平等外部性问题（Heinberg,2011）。

20世纪60年代,全球频繁出现污染和公共危害事件,引起了广泛关注。Carson（1962）的《寂静的春天》和1970年美国大规模的环保运动等,推动了"淡绿色"环保观念的普及,这也促成了联合国在瑞典斯德哥尔摩举行的第一次有关"人类环境"的国际会议,并通过了《联合国人类环境会议宣言》,呼吁世界各国和人民共同努力维护和改善人类环境。Donella Meadows等（1972）的《增长的极限》重新审视了经济和社会发展，使人类更加关注资源和环境负荷问题，从"热增长"转向"冷反思"，成为可持续发展理论的重要来源。这一时期，人类对经济增长的认识逐渐变得更加理性，环保意识也越来越普遍，但"淡绿色"的观念更多地局限于"为环保而环保"，很少探讨工业革命以来人类的经济发展是否存在问题（诸大建，2002），这无助于从根本上解决问题。

（二）可持续发展理念的提出及其发展

1972年联合国发表的《联合国人类环境会议宣言》提出了人与自然和谐共处的思想，并指出人类应将眼光延伸至代际，这为可持续发展理念的提出埋下了伏笔。1980年，世界自然保护联盟（IUCN）、联合国环境规划署（UNEP）和世界自然基金会（WWF）于1980年3月共同发布的《世界自然保护大纲》首次提出"可持续发展"一词，世界环境与发展委员会（WCED）于1987年提交的《我们共同的未来》将"可持续发展"定义为"在满足当代人需要的同时，又不损害人类后代满足其自身需要的能力"。1992年6月，联合国环境与发展会议在里约热内卢举行，通过了《里约环境与发展宣言》等文件，将可持续发展的概念推向高潮，并逐步从理论向实践过渡。受制于认识缺陷、理论不完善、实践指导性缺失等因素影响，直至20世纪末，可持续发展实践并未有较大突破。对此，探寻一种能桥接理论与实践的可持续发展范式已成为研究的重要方向。

Holling（2012）认为，片面追求环境保护或资源节约，甚至将环境置于经济和社会之上，实际上是一种单纯的"环境可持续"，但真正意义上的可持续发展并不是仅仅关注某单一生态、经济或社会问题，而是要关注三者共同的问题。自21世纪初以来，社会各界逐渐意识到，脱离经济来谈论可持续发展是不切实际的。2002年，约翰内斯堡可持续发展世界首脑会议首次提出了经济、环境和社会是可持续发展的"三大支柱"，就此打破了唯环境论的片面认识。至此，可持续发展开始从单纯"环境可持续发展"转向"全面可持续发展"阶段。

（三）从可持续发展到"高质量发展"

可持续发展理念在20世纪末特别是1992年联合国可持续发展大会之后被广泛流传；进入21世纪后，"生态经济""低碳经济""绿色经济""绿色发展"等概念逐渐进入大众视野,并频频活跃于政府倡导、文件及行动方案中,从而使"绿色增长"成为可持续发展的一种新的范式。Brown(2001)首次提出了"生态经济"的概念,引发了以"生态产业"为重点的经济运动,探索经济增长与生态保护的协调统一。2002年,联合国开发计划署(UNDP)首次提出"绿色发展"一词,掀起了全球的绿色浪潮。2004年,中国引入"循环经济"理念,积极推动循环经济发展。2005年,第五届亚太地区环境与发展部长级会议提出要转变经济增长方式,首次提出"绿色增长"的概念,明确"绿色增长"是实现可持续发展的关键途径。2006年,全球气候变暖问题越来越受到关注,世界各国掀起了"低碳经济"热潮。2008年,UNEP发起了"绿色经济"的倡议,追求振兴经济和推进环保的双目标。2009年,经济合作与发展组织(OECD)开始意识到生态环境问题给发展中国家带来了巨大的成本压力,有必要探索新的发展模式,促进世界经济的繁荣。"绿色""增长"不再被孤立地考虑,"绿色增长"日益受到重视。2011年,OECD在《迈向绿色增长》报告中进一步深化了对"绿色增长"概念的认识,并构建了"生产—资源—消费—政策"的绿色增长相关评估框架,从而为实践提供了客观具体的检验标准。"绿色增长"的定义、评估框架的制定和测试标准的建立,推动了"绿色增长"从"概念"向"制度"的转变,引起了学术界对"绿色增长"相关研究的兴趣,为"绿色增长"进入全球政策议程奠定了基础。2012年,"里约+20"联合国可持续发展大会提出了"在经济范式改革的基础上促进绿色增长"的新理念,再次在全球掀起了绿色浪潮。2012年5月,在韩国首尔召开的全球绿色增长峰会上,世界银行发布的《包容性绿色增长:可持续发展之路》报告对经济增长、生态环境保护及社会可持续性发展问题开展了系统性的讨论,认为经济的快速增长对于满足世界贫困人口的迫切发展需求是必要的,但如果这种增长不具有社会包容性,不是绿色的,那么从长远看,这种增长是不可持续的;而当前世界增长模式的低效和不可持续性,迫使各国应采取行动,包容、高效和可负担的包容性绿色增长成为一种必要的发展范式。2017年,党的十九大报告首次提出"高质量发展",表明中国经济由高速增长阶段转向高质量发展阶段,并提出"建立健全绿色低碳循环发展的经济体系",为新时代下高质量发展指明了方向。2022年,党的二十大报告进一步明确提出,实现高质量发展是中国式现代化的本质要求。

此外,国内外学者根据研究对象的不同,对高质量发展也作出了一些界定。张晓颖(2014)认为,高质量发展是一种全新的增长范式,强调广大发展中国家面临经济快速增长、减少贫困与保护生态环境之间的矛盾,突出"人"在经济、社会与环境中的地位和作用,特别是对贫困、弱势群体的包容。Bouma 和 Berkhout(2015)认为,高质量发展既关注绿色化、包容性和经济增长统筹协调,也关注代际利益的可持续增长。Slingerland 和 Kessler(2015)认为,高质量发展十分重视生态环境的可持续性以及社会的公平性,并致力于社会福利的改善。张旭和杜瑶(2015)认为,高质量发展的目的是实现生态环境保护与经济增长的协调发展,创造就业机会,消除贫困,实现可持续发展和社会公平。廖盛华(2016)认为,高质量发展能够对经济增长的前期条件、经济增长过程的各种要素使用、经济增长的直接和间接结果以及机会公平和减贫等社会要素实现最大限度的包容,并充分考虑资源和环境的软约束从而将其作为内生变量纳入经济增长的过程,能够实现经济长期有效公平绿色的新经济增长模式。郭玲玲(2016)认为,高质量发展是指在可持续发展理念指导下,通过技术创新、制度创新、产业转型等手段,以最小的资源消耗和最小的环境成本,开创资源高效、环境友好、包容等效益协调发展的经济增长新模式。田磊和张宗斌(2018)认为,高质量发展是将一种融入经济、政治、文化、社会、生态建设各方面的全新发展理念和增长模式。周小亮和吴武林(2018)从经济系统、社会系统与自然系统三个维度将高质量发展内涵定义为一种追求资源节约、经济增长、生态环境良好、社会公平、成果共享的可持续发展方式。赵奥和武春友(2019)认为,高质量发展强调经济发展、资源环境、社会进步和国民福祉四个维度的统筹协调。韩雷和钟静芙(2021)认为,高质量发展强调"以人民为中心"的发展理念,着力提高市场配置资源效率,增进人民福利和化解社会矛盾,进而实现经济社会的高效运作。刘耀彬和聂长飞(2023)认为,高质量发展主要体现在质的有效提升、量的合理增长和生产力的高度发达以及以人民为中心。总体上说，目前国内外政府机构、研究机构和学者对高质量发展的概念没有形成统一且明确的定义，但现有的关于高质量发展相关研究及文献对形成科学合理的高质量发展概念有借鉴意义。本书认为，高质量发展是一种注重经济增长、生态环境友好和社会公平等协调统一的经济社会发展方式，其特点主要表现在：一是在资源约束和环境约束条件下追求经济效益。二是在保障经济效益和社会效益的同时侧重生态环境保护。三是在经济增长和生态环境保护过程中关注利益共享、社会公平的重要性。

二 农业高质量发展相关测度与评价

学术界和政界都认为，要构建一套科学的指标体系来衡量和评价农业高质量发展水平，切实增强各级干部推动经济高质量发展的动力和自觉性。目前，关于农业高质量发展相关测度与评价还处在研究初期，并未制定出一套大家都认可的评价体系，这对于中国经济理论界和实际工作部门是一项具有挑战性、开创性的工作。从有限的文献中，对农业高质量发展的相关测度与评价主要可归纳出以下几种。

（一）基于农业绿色全要素生产率视角的相关研究

农业绿色全要素生产率，主要衡量农业资源开发利用效率。诸多学者将农业全要素生产率作为客观指标用于评价农业高质量发展水平，如王翌秋（2023）从技术和能源消耗类型两个角度出发，采用中国30个省份（不含西藏及港澳台地区）2000—2022年的相关数据进行量化实证研究，分析农业机械化对农业绿色全要素生产率的作用机制与影响，在研究中采用一步法的超越对数SFA模型对农业全要素生产率进行测度，并用该指标作为衡量农业绿色发展水平的参考，得出传统农业机械化不能促进农业绿色技术进步且反而会加剧环境污染的结论。时悦和刘紫薇（2023）在SBM-ML指数法的基础上，加入Dagum基尼系数和Markov链法对中国29个垦区的17年数据进行全要素生产率区域差异和空间溢出效应的分析，该研究主要是对不同区域中国农业绿色全要素生产率面板数据的分析以衡量区域农业发展水平差异，并得出在空间滞后因素考虑下农业全要素生产率一定程度上具有两极分化的马太效应等结论。这些研究将农业全要素生产率作为一个指标，通过全要素生产率的高低反映农业高质量发展水平，此时的农业全要素生产率是作为研究主体存在的。也有研究将农业全要素生产率作为研究客体，探究某个变量对全要素生产率的影响，如李晓慧等（2023）采用连续性双重差分模型，对31个省份的平衡面板数据进行分析以评估高标准农田建设是否能够提高农业绿色全要素生产率。通过一系列稳健性检验得出高标准农田建设政策对农业绿色全要素生产率有正向作用的结论，且该积极作用主要来自对农业绿色技术效率的提升方面。杜建国等（2023）以人口老龄化为背景，探究人力资本对绿色全要素生产率的影响，在研究中构建了中国31个省份（不含港澳台地区，下同）的农村劳动力系数，运用超效率SBM方法结合GM指数测度了农业绿色全要素生产率以及分解指标，与农村劳动力系数指标结合，认为老龄化的人力资本结构显著抑制了农业绿色全要素生产率提升，创新水平起部分中介作用，老龄化对农业绿色全要素生产率的抑制作用存在空间差异。这些研究将农业绿色全要素生产率作为因变量，探究不同变量对其的影响，但无论农业绿色全要素生产率作为主体还是客体，本质上都是认为该指标是对农业高质量发展水平的测度指标之一，能够反映农业高质量发展的绝大部分情况。

（二）基于农业生态效率视角的相关研究

农业生态效率，主要衡量农业经济与农业资源环境协调发展。已有研究多基于农业生态效率的视角对农业高质量发展进行评价，大致可分为宏观面板数据测度和微观影响因素测度。宏观方面，陈阳和穆怀中（2022）的研究采取了中国30个省份的面板数据，从农业经济增长、生态环境保护、资源节约三个方面构建了分析框架并纳入碳排放量指标，在研究中使用超效率DEA-SBM模型和DEA-Malmquist指数法，还结合了面板固定效应模型分析农业生态效率的影响因素，旨在对全国农业生态效率进行整体性测度并分析区域差异以及影响因素；通过检验发现，农业生态效率水平的区域排序为东部地区、中部地区、西部地区和东北地区，且总体未达到有效水平，城市化、财政支农、农业机械化对农业生态效率存在影响。除此之外，大部分宏观层面的研究以单一省份内的县域为研究对象，如李晓龙等（2023）选取贵州78个县域的面板数据，采用SBM方向性距离函数的Malmquist-Luenberger指数、Dagum基尼系数分解法、Kernel密度估计法和β收敛模型分析其2015—2020年的时空演变特征，研究发现贵州五大农业生态区域间存在不均衡问题且日益严峻，并对差异分解发现其问题根源。杨国华等（2023）则以山西省各县为研究对象，结合超效率分析法构建了 SSBM-ESDA 模型对山西省各地农业生态效率的县域差异以及影响因素进行分析，此外还选择了 Tobit 模型分析主要影响因素，该研究对山西省整体农业生态效率作出评价并指出主要影响因素，研究发现山西省整体农业生态效率水平偏低，县域差异明显。微观方面，已有文献多是某行业对农业生态效率的影响研究，如黄志斌和杨建州（2022）在研究中测度财政支农资金对农业生态效率影响，在研究中采用了非期望产出的超效率松弛变量度量模型对中国 10 年内的农业生态效率进行测算，结合系统动态广义矩阵估计模型测算财政支农资金对农业生态效率的影响，利用门槛面板模型对财政支农资金和农业生态效率进行检验，探查二者间是否存在门槛效应，研究结果表明财政支农资金在城镇化水平低于阈值时会对农业生态效率产生抑制作用，高于阈值时则为促进作用，该研究通过门槛效应检验较为全面地探究了财政支农资金在不同条件下对农业生态效率的影响。张昆扬等（2023）探究农机作业服务对农业生态效率的影响，在研究中使用规模报酬可变型非期望超效率 SBM 模型测算农业生态效率，使用双向固定效应模型和双固定空间杜宾模型分析农机作业服务对农业生态效率的本地效应和空间溢出影响，实验结果表明二者存在正向关系且主要为间接效应。

（三）基于农业绿色发展水平视角的相关研究

农业绿色发展水平，主要衡量农业资源节约、环境友好、生态保育和质量高效统筹协调。总结前人的研究，大部分关于农业绿色发展水平的文献内容主要由两部分组成：指标体系的构建和具体测度。其中，在指标体系构建研究中熵权法被学者广泛使用，该方法通过对原始数据归一化处理再重新赋权以避免主观偏差，是一种适用于多指标综合评价的客观方法，已有研究对农业绿色发展水平的测度中常用此方法，如：刘惠良等（2023）基于乡村振兴视角对农业绿色发展水平进行测度时，从中国农业绿色发展理论基础、逻辑机制入手，构建了包含粮食安全、生态文明、科技创新、产业引领、传承传统、成果惠民六大系统 37 个具体指标的评价体系，并采用熵权法进行标准化处理；值得借鉴的是该学者在使用熵权法时为避免计算对数无意义对正负指标统一加 0.01 以进行非负化处理，在此基础上该研究得出中国农业绿色发展水平整体较低，地区间差异显著的结论。郭书娟等（2023）对河南省农业绿色发展水平进行评估时，采用基于熵权法的 TOPSIS 模型，选取资源节约、环境友好、生态保育、质量高效四个维度和 14 个具体指标构建了综合评价指数；研究中的 TOPSIS 模型多依靠专家打分确定权重，该学者将熵权法引入使评价指标更为客观，结果表明河南省农业绿色发展水平存在整体水平低、各地区间不平衡的问题，并进一步将河南省农业绿色发展水平分为三类区域。在具体测度中，学者构建了大量各具特色的模型，包括 TOPSIS 模型、Dagum 基尼系数、Kernel 密度估计法等。李菲菲等（2023）在对山东省农业绿色发展水平时空差异的研究中，在熵权法和阻碍度模型的基础上，使用 Dagum 基尼系数分析区域异质性；该研究重点在于对山东农业绿色发展水平的时空差异进行分析，Dagum 基尼系数分解法在分析区域异质性时可有效识别差异来源，解决样本重叠问题。此外，陈玉兰等（2023）在中国农业绿色发展水平地区差异和分布动态演进研究中，首先采用熵权法和线性加权法进行指标构建；其次结合了 Dagum 基尼系数、Kernel 密度估计法以及 Markov 链方法，对地区差异、分布动态以及长期转移趋势进行分析。该学者的研究是对农业绿色发展水平的多方面多角度的分析，运用了三种分析模型进行了时空研究并得出了较为全面的结论，对农业绿色发展水平研究领域有较强启示性和较高参考价值。

然而，现有文献关于农业高质量发展相关评价指标体系的设计存在重经济指标、轻环境指标或缺失社会指标等问题，更注重主观筛选构建指标体系，对客观筛选法的应用不多，而主、客观筛选相结合的方法更是较少。本书在广泛借鉴已有成果的基础上，构建融合经济、环境和社会多维度的农业高质量发展评价指标体系，并结合主、客观方法选定指标，运用 PCA-DEA 综合评价法，以更好地测度农业高质量发展的水平或质量。

三　农业高质量发展实现路径

（一）技术导向的相关研究

技术导向着重发挥农业科技创新对农业质量发展的促进作用，将节能、环保、绿色等农业技术引入农业生产过程，以实现农业绿色发展。

如陶汪海等（2023）在研究中提出结合现代科学技术与生态工程原理形成生态农业发展框架以突破西北旱区受到的一系列环境制约，该研究以农业生物技术为动力、提升农业生产力为抓手、高质量农业模式为突破口，构建了生态农业高质量发展体系和多业态多模式规模化生态农业高质量发展模式，系统论述了技术引领下的多种发展模式，并结合了具体实践经验佐证该理念的优越性。机械化生产技术是中国农业技术发展的方向之一，有学者认为绿色高效的机械化生产技术对水稻种植业高质量发展有重要意义，张佳（2023）将机械化生产技术分解为机械化耕整地秸秆还田处理技术、水稻钵苗行栽技术、水稻节水直播技术等6项技术，是利用现代工业技术促进农业发展的分解研究。除此之外，数字技术作为新时代产业变革的先导力量也为农业高质量发展注入了新的动力，史小坤和宋鹏鹤（2023）在探索金融科技促进农业高质量发展的具体路径研究中，解析了数字金融技术对农业高质量发展的支持机制，利用双向固定效应模型检验数字普惠金融支持农业高质量发展的作用，认为数字保险和数字支付技术在其中有显著作用，深化数字保险和数字支付是利用金融科技全面支持农业高质量发展的关键领域，该研究立足数字化背景，结合数字金融技术对农业高质量发展的实现路径作出了新的探索。

（二）模式导向的相关研究

模式导向着重发挥集约化投入和标准化生产的优势，促进各要素的优化组合，以实现农业精细化和规模化的融合发展。基于乡村产业振兴需求、乡村战略政策和后疫情时代农业复苏乏力等现实问题，苏国东等（2023）在研究中提出"链式+场景"的休闲农业智慧化发展模式，该模式是对传统休闲农业模式的转型升级，以农业主题场景化、农村产业融合智慧化打造多个休闲农业链式场景，有助于解决乡村智慧旅游中理念、人才、资金等问题，是农村产业突破发展瓶颈、创新多元消费需求和促进城乡融合的重要模式。郝志瑞和王闰平（2023）研究山西省杂粮产业集群发展模式并对其竞争力作出评价分析，从生产规模、种类分布、品牌建设等多方面入手，结合区位商、集中系数、优势指数等指标对山西杂粮集群发展模式的竞争力进行分析，认为山西杂粮种植专业化程度略高于全国平均水平，并对具体粮食种类发展情况作出判断，提出因地制宜优化粮食布局、重点培育龙头企业、加强区域品牌建设等建议，该研究对农业集群发展模式的优化有重要意义。除了种植业集群模式，王江（2023）对北方农牧交错带中畜牧（羊）业集群发展模式作出了探索，在研究中对目标地区的历史传统、文化基础、自然条件、生产方式等因素进行分析，发现该产业是涉及广泛配套机构多样的综合体并呈现传统农业向高技术加工业和高附加值产品的农业产业集群发展趋势，据此得出产业集群是一种行之有效的发展途径，可显著提高生产力和竞争力并吸引外部投资，对乡村振兴和畜牧业发展有重要现实意义。

（三）市场导向的相关研究

市场导向着重发挥市场配置农业资源要素的决定性作用，将农业生产经营活动引入市场化轨道，以实现生产者和消费者的双赢。农业生产离不开水资源利用，水资源供需矛盾日益紧张会制约农业高质量发展，郭家力等（2023）认为，关于水资源的合理配置可引入市场机制，在研究中将农业水权交易发展因素分为社会经济、市场主体和微观交易，并对各维度指标在农业水权交易中的影响效果进行了定性分析，提出了水权政策和水系连通建设、政企参与、水权交易与土地同步流转等建议，对完善水权交易市场及巩固市场主体地位作出了巨大贡献。徐亚东和张应良（2023）基于资源配置视角对脱贫攻坚衔接乡村振兴进行了学理阐释，认为二者的资源配置动力应从"行政为主"转向"市场为主"，且必须和"有能集体"紧密结合，研究中的具体路径构建包括治理机制、市场定价机制、项目扶持资金管理以及市场资本转化机制四个方面，该研究虽属乡村振兴领域，但也是农业高质量发展应有之义，其中关于市场化决定资源配置的实现路径可作为农业发展参考。

（四）制度导向的相关研究

制度导向着重发挥好政府对农业经济的调节作用，不断完善和改革农业农村体制机制，为高质量发展转型提供制度保障。李敏和符平（2023）基于"外部环境—基层策略"视角下的绿色农业发展进行了政策创新研究，通过研究地方政府运用多元策略构建外部条件的案例分析，发现政府作为能动者可以通过体制保障、产业政策、项目包装、品牌打造等引领机制塑造农业产业发展的外部环境，该研究为政府通过制定政策制度引领农业发展行为提供了理论支持。中国农业发展中存在随意焚烧废弃秸秆破坏生态的现象，为了促进农业绿色发展，秸秆还田政策应运而生。高雅罕等（2023）构建了秸秆综合利用生态补偿与农户秸秆还田行为的理论分析框架以分析二者间的影响与作用机制，该研究是对秸秆还田政策的具体实施效果和农业绿色发展实施途径的量化研究，通过检验发现秸秆利用生态补偿政策能够促进农户秸秆还田行为并进一步提出政策建议，为农业高质量发展政策的具体落实提供了理论支持。苏岚岚（2023）探究了农业数字化发展路径，将数字治理融入乡村治理形成数字化治理制度，提出了数字治理制度的效能解析框架并进行了内在逻辑阐述，其中重点在处理好数字技术供给与需求、工具理性与制度理性、精英和大众等的关系；该研究是形成数字治理制度的理论研究，对于乡村治理和农业高质量发展有重要意义。

（五）信息化导向的相关研究

信息化导向着重发挥信息技术和互联网平台在农业产品生产、储运、加工和销售等环节的应用，以实现中国农业高质量发展。在农产品生产方面，薛希霞（2023）认为，中国农业发展机械化水平越来越高，在数字时代应将信息技术、数据技术应用于机械化生产，为实现农业自动化生产奠定基础，并在研究中具体提出了农业机械生产设计环节、制造环节、使用环节和管理环节的信息化应用途径；在农产品运输方面，侯娟（2023）认为，农业物流存在集中、保鲜要求高、与信息技术融合紧密等特点，且目前农业发展向集约化、机械化、智能化深入，种种因素下农业物流越发受到广泛关注，该学者在研究中分析农产品物流存在的问题后，提出建立电商配套物流、培育物流经营主体、加强冷链物流管理等具体物流信息化质量提升措施。在农产品加工方面，徐冬寅和陈慧琴（2022）认为，现代社会信息化发展已经到达以数据分析为核心的智能化发展阶段，因此"互联网+"推动农业实现高质量发展需运用信息化手段创新农产品质量监管方式，构建农产品"互联网+监管"大数据平台，通过数据决策实现农产品质量提高。在农产品销售方面，农产品电子商务是传统农业和信息化结合的有效实现形式之一，王朝川等（2023）认为，在大数据背景下，农产品电子商务存在信息化基础设施薄弱、商业流程不通畅、人才匮乏和品牌建设等问题，对此其在研究中提出基础设施、商务流程、人才培养和品牌建设等具体农产品销售信息化提升路径。

四 文献述评

综上所述，高质量发展已成为可持续发展研究的重要方向，高质量发展评价指标和测度方法日趋丰富，高质量发展相关研究所涉领域不断拓展和深化，农业高质量发展问题越来越受到关注。现有相关研究成果为本书奠定了良好基础，但从目前检索到的农业高质量发展相关文献来看，还存在以下方面的不足。

第一，现有文献还没有形成统一的高质量发展概念，缺乏对高质量发展的系统论述，高质量发展内涵有待进一步丰富，其在农业研究领域的应用有待进一步拓展。

第二，现有文献的高质量发展相关评价指标体系繁杂，并未形成统一的评价指标体系，且更注重主观筛选构建指标体系，对客观筛选法应用不多，而主客观相结合的方法更少见。

第三，现有文献对农业高质量发展相关测度更多关注经济系统、环境系统指标，对社会系统指标考虑不够，所选指标不全面，有待构建基于经济—环境—社会的多维度复合指标，从而更科学地对农业高质量发展进行评价。

本书将竭力在以上方面有所突破，以农业为研究对象，以"中国农业高质量发展"为核心议题，构建更加科学合理的农业高质量发展评价指标体系，运用 PCA-DEA 模型、DEA-Malmqusit 模型、Tapio 脱钩模型、面板 Tobit 模型等方法，分别对中国农业高质量发展静态效率、增长潜力、脱钩特征、空间自相关、影响因素等进行深入分析，最后结合实证结论以及中国国情，提出实现路径及政策建议，为中国农业高质量发展效率改进及农业高质量发展的实现提供决策参考。

第三节 技术路线、研究内容和方法

一 技术路线

本书遵循"问题提出→理论分析→实证分析→政策建议"的研究思路，以"中国农业高质量发展"为研究主线，以经济增长、生态经济学、可持续发展、包容性增长等理论为基础，明确农业高质量发展的内涵和特征，构建农业高质量发展评价指标体系，选择合理评价方法，对中国农业高质量发展静态效率、DEA-Malmquist指数、Tapio脱钩指数、莫兰指数、关键影响因素进行实证分析，借鉴国外先进经验，结合中国国情，提出中国农业高质量发展的实现路径及政策建议，为中国农业高质量发展效率改进及农业高质量发展的实现提供理论参考和决策依据。具体技术路线如图1.2所示。

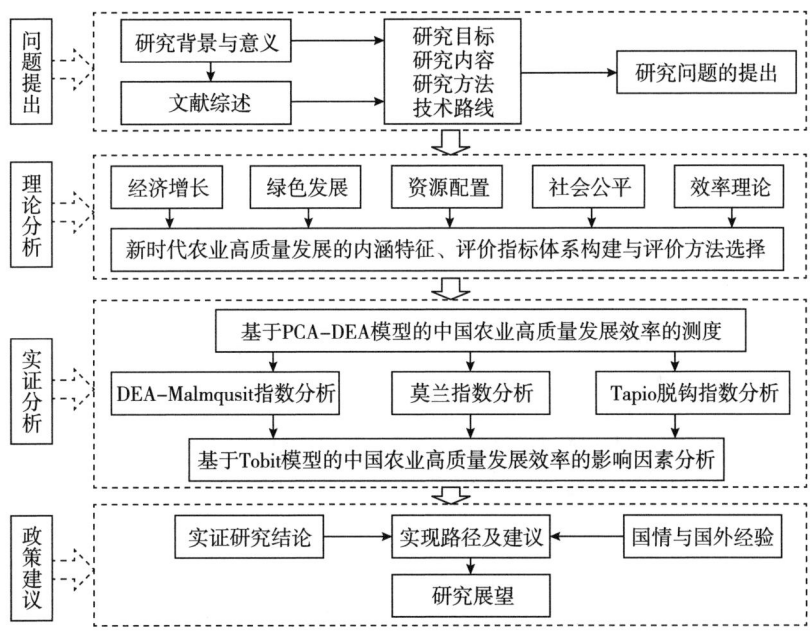

图1.2 技术路线

二 研究内容

农业高质量发展是农业可持续发展领域的一个新兴研究内容，特别是在中国经济社会发展进入新时代以及乡村振兴战略实施的背景下，需要结合经济、环境和社会等方面的发展现状对中国农业高质量发展及其动态变化规律、影响因素等进行研究与探讨。

本书的核心议题是为新时代中国农业高质量发展的实现提供理论参考与实证依据。基于这一核心议题，本书将研究焦点落在区域或省域的农业高质量发展的静态效率、增长潜力、增长效率与要素成本投入的关联性、空间自相关及其影响因素等研究之上，拟解决以下问题：

第一，新时代农业高质量发展的内涵特征是什么？其与经济增长、生态经济、可持续发展、包容性增长等相关理论存在怎样的内在联系？

第二，如何科学测度农业高质量发展水平或质量？其呈现怎样的静态表现和动态特征？

第三，中国农业高质量发展与经济成本、环境成本、社会成本存在怎样的脱钩关系特征？

第四，中国农业高质量发展存在怎样的空间异质性？空间自相关、空间集聚呈现怎样的特征？

第五，影响中国农业高质量发展的关键因素是什么？对此，政府应着力从哪些方面采取何种措施以推进农业高质量发展及实现农业高质量发展？

本书紧扣"农业高质量发展"主题，在现有理论基础和已有文献的基础上，界定了新时代农业高质量发展的内涵和特征，构建了科学合理的农业高质量发展评价指标体系，并对中国农业高质量发展效率进行了测度。此外，还深入分析中国农业高质量发展效率的时空分布格局、动态变化特征、脱钩关系特征、空间自相关特征以及关键影响因素等，梳理和总结国外农业发展先进经验，并据此提出一些政策建议。主要研究内容有以下几个方面。

第一，理论基础与相关概念界定。对已有文献和理论进行梳理、归纳，系统论述经济增长理论、绿色发展理论、资源配置理论、社会公平理论和效率理论等的主要内容或历史演化，分析农业高质量发展与这些理论存在的内在关联，并据此界定新时代农业高质量发展相关概念及内涵特征，为后续实证研究奠定坚实的理论基础。

第二，中国农业高质量发展静态效率的测度。基于农业高质量发展内涵特征，遵循指标体系构建的一些基本原则和总体思路，构建农业高质量发展效率评价指标体系，将农业生产要素作为经济成本投入性指标、农业碳排放作为环境成本投入指标、城乡失衡作为社会成本投入性指标、农业生产总值作为经济效益产出性指标，引入PCA-DEA综合评价模型对中国农业高质量发展静态效率进行测度，并对其时空演化特征进行分析。

第三，中国农业高质量发展 DEA-Malmquist 指数分析。引入 DEA-Malmquist 指数模型对中国农业高质量发展开展进一步实证分析，探索中国农业高质量发展 DEA-Malmquist 指数的总体变化特征、时空特征、年度平均变化规律和区域特征等，以得知中国农业高质量发展效率的动态变化，判断中国农业高质量发展的未来趋势。

第四，中国农业高质量发展效率 Tapio 脱钩指数分析。基于农业高质量发展效率、农业要素投入、农业碳排放、城乡差距等相关数据，运用 Tapio 脱钩模型，进一步分析农业高质量发展效率与经济成本压力、环境成本压力和社会成本压力的脱钩关系特征，并进行年际脱钩特征对比和省际脱钩特征对比分析，以更加深入细致地掌握农业高质量发展与要素成本、环境成本和社会成本的内在关联。

第五，中国农业高质量发展效率的空间自相关分析。基于 2002—2022 年中国农业高质量发展效率值，引入莫兰指数分析方法，运用 Stata15、ARCGIS 等统计分析工具对中国农业高质量发展效率的全局空间自相关性、局部空间自相关及地理距离权重下的空间集聚特征进行了深入分析，探索中国农业高质量发展的空间异质性。

第六，中国农业高质量发展效率的影响因素分析。基于农业高质量发展静态效率的测算、动态效率分析、脱钩效应分析，结合已有文献研究，选择农户经营性收入占比、农村人力资本存量等影响因素，运用 DEA-Tobit 模型进行空间面板数据回归分析，探寻中国农业高质量发展效率的关键影响因素以及这些因素对中国农业高质量发展效率的影响程度。

第七，国外农业发展的实践与经验。梳理美国的规模化农业生产经营、"三位一体"农业科技成果转化、完备的农业政策体系，德国的高水平的农业信息化、完备的农业职业教育，意大利的休闲农业、智慧农业，日本的小规模精细化农业、农协力量、"六次产业化"，韩国的有效保护政策、农村基础设施建设、农业科技创新体系，为中国农业高质量发展的实现路径提供先进经验借鉴。

第八，中国农业高质量发展的实现路径及政策建议。基于各部分的实证研究结论，并结合中国国情，提出中国农业高质量发展的实现路径及一些可行性政策建议，以提升中国农业高质量发展效率，为实现中国农业高质量发展的相关决策提供重要参考。

三 研究方法

本书在总结归纳国内外现有相关文献资料的基础上，围绕研究内容，并基于经济增长理论、绿色发展理论、资源配置理论、社会公平理论和效率理论等理论指导，采用定性分析与定量分析、规范分析与实证分析等相结合，构建科学合理的指标体系，运用恰当的研究方法与工具，对中国农业高质量发展进行多角度的深入分析。具体研究方法与工具主要有以下几个方面。

第一，文献分析法。通过收集、整理和研读国内外文献资料，夯实理论基础，追踪学术热点，把握研究前沿，以确定本书研究内容、研究框架和研究方法，为本书奠定坚实基础。

第二，规范分析法。基于经济增长理论、绿色发展理论、资源配置理论、社会公平理论和效率理论及其与农业高质量发展的内在关联的系统论述，界定了农业高质量发展相关概念，并据此构建科学合理的评价指标体系，为后续实证研究奠定了理论基础。

第三，综合分析法。选用 DEA 方法，将农业环境污染和城乡失衡作为成本投入性指标，结合 PCA 方法对各经济要素投入进行降维处理，以测度中国农业高质量发展静态效率；结合 Malmquist 指数，测度中国农业高质量发展动态效率。

第四，脱钩分析法。选用 Tapio 脱钩模型，对中国农业高质量发展效率与经济、环境和社会等多维度成本压力之间的脱钩关系特征进行分析，从而得知中国农业高质量发展效率与多维度成本压力脱钩关系的时空特征及变化规律。

第五，莫兰指数分析方法。引入莫兰指数分析方法，运用 Stata15、ARCGIS 等统计分析工具对中国农业高质量发展效率的全局空间自相关性、局部空间自相关即地理距离权重下的空间集聚特征进行深入分析，从而得知中国农业高质量发展的空间异质性。

第六，回归分析方法。基于中国农业高质量发展效率和相关影响因素的空间面板数据，进行 Tobit 回归分析，以获知中国农业高质量发展效率的关键影响因素及这些因素的正负影响效应和内在作用机制。

第四节 主要创新之处

相较现有的研究，本书在以下方面具有独特性和先进性。

第一，本书进一步丰富了高质量发展的内涵，并结合效率理论及其评价工具和方法，拓展了其在农业领域的应用。已有研究鲜有对高质量发展的内涵进行系统阐述，特别是对农业高质量发展内涵的论述更是不多见，本书不仅阐述了农业高质量发展与诸多理论存在的内在联系，并界定了农业高质量发展概念，从而进一步丰富了高质量发展的内涵。此外，本书利用效率工具，选择 PCA-DEA 模型及其 Malmquist 指数模型从静态和动态两个视角分析了各区域或省域农业高质量发展现状和潜力，拓展了高质量发展理论在农业研究领域的应用。

第二，本书将城乡失衡因素纳入农业高质量发展的评价指标体系，不仅弥补了现有农业高质量发展相关评价对社会系统关注的不足，同时也有利于更加准确衡量中国农业高质量发展水平的真实状况。已有研究更多关注农业生态发展、农业绿色增长或农业绿色发展等问题，其评价指标体系也多局限于经济系统指标和环境系统指标，较少关注社会系统指标，本书从经济系统、环境系统和社会系统三个维度综合考察，构建了较为科学合理的农业高质量发展评价指标体系，为农业高质量发展的量化研究奠定了重要基础。

第三，本书在农业高质量发展效率评价过程中将农业碳排放、城乡失衡分别作为环境成本投入性指标和社会成本投入性指标，改变了已有相关研究中通常将农业碳排放、城乡失衡等作为非期望产出的做法。以其作为成本投入性指标，能更加科学合理地反映农业高质量发展的本质内涵，同时使效率的测算结果更具显著性和可比性。

第四，本书将农业高质量发展效率作为"好的增长"，将经济成本、环境成本和社会成本作为"坏的压力"，引入 Tapio 模型对"好的增长"与"坏的压力"之间的脱钩关系进行分析，进一步丰富了 Tapio 模型在农业研究领域的应用，有利于更加深入地获知中国农业高质量发展状况及趋势，为农业高质量发展效率的改进及农业高质量发展的实现指明方向。

第二章 理论基础与相关概念界定

农业高质量发展是一种新型农业可持续发展范式，蕴含着新的发展理念。为更加深入地对中国农业高质量发展开展科学合理的研究，有必要对经济增长理论、绿色发展理论、资源配置理论、社会公平理论和效率理论等理论的主要内容或历史演化进行梳理和总结，分析这些理论与农业高质量发展存在的内在关联，并据此界定新时代农业高质量发展相关概念及内涵特征，以为后续农业高质量发展评价指标体系的构建以及相关实证研究奠定坚实的理论基础。

第一节 经济增长理论

从社会历史发展轨迹来看，一个经济体的增长往往伴随其生产产品的劳动总量的增加。而作为社会发展的基础，经济增长问题一直是学术界关注的重要课题之一，学者对于经济发展规律及其内在动力进行了众多探讨，并取得了丰硕成果。

一 新经济增长理论的发展历程

纵观经济增长理论两百年发展历程，经济增长理论在模型和时代内涵上都取得了较大突破，演化趋势也逐渐明显，经历了古典经济增长理论、新古典经济增长理论、新经济增长理论等不同阶段。

（一）古典经济增长理论

古典经济增长理论是现代经济增长理论的思想源泉和理论基石。为了探索影响经济稳定增长的因素及机制，以亚当·斯密为首的经济学家开始展开了对实际物质生产领域的研究，并产生了多种经济增长理论。

其中，一些代表性学者主要包括亚当·斯密、大卫·李嘉图、马尔萨斯等。

1776年，亚当·斯密在《国富论》中提出"分工促进经济增长"的理论，明确区分了经济增长与货币增加的区别，确定了经济增长的实质，着重强调了分工对效率提升的思想及重要性，并从劳动分工的角度解释了经济增长的内在机制。他认为，经济增长是一个不断前进、循环的过程，国民财富的增加取决于劳动分工，劳动分工水平越高，产出就越高，资本利润和劳动者的工资也会随之增加，从而会引起人均收入和消费水平的提升，最终促进经济增长。而在经济不断增长的情况下，资本积累率会进一步提高，由此又会推动分工不断深化，从而形成一个经济增长的循环过程。

在继承亚当·斯密思想的基础上，大卫·李嘉图着眼于收入分配，对经济增长展开了进一步分析，创造性地提出了"报酬递减规律"，并将其应用于经济增长理论的相关研究，这也是新古典生产函数中边际生产力递减规律的最初形式。然而，李嘉图的增长理论也存在一些缺陷，主要体现在以下两个方面：一是他过于强调收益递减在农业领域中的应用，提出土地只有一种用途的假设，显然，这是不切实际的；二是针对经济增长的问题，他持悲观态度，基于边际生产力递减规律，他提出了经济增长最终会陷入停滞这一结论。

1798年，马尔萨斯在其代表作《人口论》中提出，人口增殖与食物或生活资料的增长之间存在正向关系，人口的增殖比生活资料的增长快，因此，他认为限制人口增速是有效促进经济增长的重要政策手段，这就是"马尔萨斯人口论"。尽管马尔萨斯的人口理论自问世起就遭到猛烈抨击，但就经济学来说，其一些论点还被古典派用来论证某些理论，进一步丰富了古典增长理论。

总体来看，经济学家从不同研究方法和视角阐释了古典经济增长理论，在研究思路上，也更侧重分析经济增长的影响因素和过程，并重点强调了劳动、资本、土地、人口等对经济增长的作用。然而，由于古典增长理论是一个丰富且复杂的思想库，不同思想和理论有着不同分析框架，经济学家很难从大量素材中归纳出系统的结果，因而此时经济增长理论的发展呈现较零散的特征，还未形成统一的理论体系。但毋庸置疑，古典经济学是经济增长理论发展的第一个高峰，对经济发展产生了重要影响。

（二）新古典经济增长理论

由于古典经济增长理论缺乏对模型的构建和量化分析，存在一定的局限性，新古典经济学范式随之兴起。新古典经济学是在古典经济学基础上的进一步发展，相较经济增长理论的研究，其在研究思路和研究重点上发生了重大转变。此时，经济学家更加关注资源配置问题，尤其是针对"静态市场均衡"有更加深入的研究，这样的转变促使经济增长理论逐渐消失在人们的视野中。而在这一"静态插曲"中，阿尔弗雷德·马歇尔、熊彼特和阿林·杨格从不同的角度探讨了长期经济增长问题，从而进一步拓展了经济增长理论。

1890年，阿尔弗雷德·马歇尔在《经济学原理》中引入了内部和外部经济的概念，指出生产规模的扩大可分为两种类型：一种是生产规模的扩大在一定程度上依赖产业的发展，称为外部性经济；另一种是生产规模的扩大取决于企业自身资源的组织和管理效率，称为内部经济。阿尔弗雷德·马歇尔极为强调外部经济的作用，他认为在经济增长的过程中，除土地、劳动和资本等要素外，还有第四类要素，即工业组织。马歇尔重点强调了工业组织的变化是如何导致产量增加的，并提出通过增加人口数量、提高智力水平、引入工业组织等，能够促进经济增长实现边际递增效应。

基于奥地利学派分析传统，1912年熊彼特在《经济发展理论》中提出了创新理论，该学者用创新来解释经济的发展，认为创新是经济增长和发展的动力，并从经济周期的视角深入分析了影响经济增长的因素。

1928年，阿林·杨格在《报酬递增与经济进步》这一经典论文中对斯密定理进行了重要发展，该学者十分重视迂回生产的重要性，并从报酬递增的角度出发，指出分工能够提高劳动生产率，但分工受到市场规模限制，而市场规模又取决于购买力，也就是生产的数量，即分工的水准。因而，杨格认为，分工一般地取决于分工，其对经济发展具有重要影响，这就是所谓的"斯密—杨格定理"。

1928年后，经济增长理论进入了一个发展新时期，以哈罗德、罗伯特·索洛等为代表的一批经济学家的出现，将经济增长理论再一次推向了发展高潮。基于凯恩斯的国民收入均衡理论，哈罗德创建了一个全新的经济增长模型理论，即哈罗德—多马经济增长模型，其将经济增长问题抽象为三个宏观变量之间的函数关系，这三个变量分别是经济增长率、储蓄率、资本—产出比率。通过研究，哈罗德发现，很难同时实现资本、劳动充分就业和经济长期均衡增长，经济增长往往呈现"刀刃"特征。哈罗德—多马模型的出现，是数理经济方法应用在经济增长理论研究中的标志，也是经济增长理论研究领域中的一次重大变革。

罗伯特·索洛的新古典增长理论是后来诸多经济模型研究的基石和起点，作为创立新古典经济增长模型的先驱，索洛模型是在一系列经典假设之上建立的，其既吸收了哈罗德—多马模型的优点，又摒弃了其假设条件中的不足，从而建立了一种长期增长模型，模型中的生产比例假设并不是固定的。索洛认为，只有存在外力推动时，经济才能实现持续增长，并将技术进步视为经济增长的重要源泉。然而，这一理论也存在明显缺陷，它既将技术进步视为经济增长的决定因素，又将其作为外生变量排除在外，试图通过假设技术进步来解释经济增长本身，因而并未能解释经济增长的真正动力（宗良等，2022）。

（三）新经济增长理论

在古典与新古典经济学框架下，经济增长理论得到了较大发展。20世纪中后期，经济学家逐渐转变关注重点，着重探讨以经济体系的"内生技术变化"为核心长期增长的可能前景，并掀起了"新增长理论"研究热潮（胡树光等，2011）。20世纪80年代前，技术进步往往被认为是外生的、无法控制的，随着研究不断深入，罗默、卢卡斯等开始将技术进步、人力资本等要素以内生化的形式进行讨论，并提出了新经济增长理论。该理论认为内生因素（如内生技术变化）是经济增长的决定性因素，而不是外部力量作用的结果，因而也被称为内生增长理论，其很好地解释了科学技术在一国经济持续增长中的重要作用。

1986年，保罗·罗默在《收益递增经济增长模型》中提出了内生经济增长模型，他认为技术进步是经济增长的核心。同时，与此前研究不同的是，该模型不只是将"劳动力"作为经济要素的分析范式，还引入了人力资本，进一步拓展了劳动力的范畴。罗默还强调，政府要重视教育发展和科技投入、激励和保护创新，从而推动经济增长和发展。

卢卡斯的经济增长理论实际上是一个人力资本积累的增长模型。在这一理论中，人力资本的变化率就是技术进步的速度。人力资本的积累可以促进技术进步，从而促进经济增长，所以经济增长源于人力资本的积累。卢卡斯还指出，人力资本的增值和增速与部门经济产出成正比，且人力资本积累与人力资本存量也成正比。与旧的理论相比，他的突出贡献是将人力资本作为一个独立的因素纳入经济增长研究，分析了人力资本形成的过程。人力资本的积累被认作经济增长的主要因素，人力资本是经济持续增长的真正源泉。

新经济增长理论的出现，突破了新古典增长理论的束缚，很多外生变量逐渐内生化，并着重强调技术在经济增长中不可或缺的作用，有助于我们认识知识和技术创新在经济发展中的重要性。但新经济增长理论也存在一定缺陷，主要表现在以下几个方面：一是新经济增长理论是对总量生产函数的修补，但并未能克服该研究结构本身的局限性，将制度对经济增长的作用排除在外了。二是依赖对动态一般均衡的分析，忽视了结构问题对经济增长的研究。在此之后，经济增长理论得到了更加深入的研究和发展，许多学者都致力于直接从现实出发，研究经济增长的内在机制及动力因素，从而实现理论与实践的统一。

二 经济增长理论在农业中的应用

现代经济增长理论广泛研究了经济增长过程中的限制因素及动力，无论是对宏观经济增长研究，还是政策制定，抑或是产业发展都具有重要指导意义。对于中国来说，改革开放以来，中国经济发生了翻天覆地的变化，实现了跨越式发展，农业作为中国经济发展的基础性产业，在过去的几十年间取得了巨大进步，一直是中国"三农"之首，是中国经济安全的第一要务。在过去的古典经济学范式中，农业也常被认为是增长函数的一个变量，随着中国现代化进程加快，加快推动农业现代化是全面建设社会主义现代化国家的重大任务。因而对于农业而言，要实现绿色、高产、高效目标，就要以经济增长为核心，探寻农业经济增长的内在动力。一个产业和区域的经济增长不仅依赖物质的原始积累，除劳动、土地等基础要素外，更需要人力资本的投入和科学技术的支持，通过人力资本和技术进步的作用，形成经济增长的正向循环。同时，还需克服传统经济增长理论的局限，综合考虑产业结构、制度等因素的影响，从而推动农业可持续发展。因此，经济增长是农业高质量发展的核心内涵之一，而农业高质量发展研究基于人口、资本、劳动、资源、环境和制度等多因素的考察分析，以探寻农业经济增长动力和可持续发展问题。

第二节 绿色发展理论

随着世界发展理论与主题的不断演化，人们愈加认识到人与自然和谐共生的重要性，并致力于探寻经济生产和生态环境的平衡关系，强调发展的可持续性。而纵观历史长河，绿色发展理论一直生动应用在不同阶段的治国思想和农业发展中，为实现农业现代化奠定历史理论根基。

一 绿色发展思想的历史渊源

绿色发展理论是在可持续发展理论的基础上发展而来的，其又承续于马克思的生态文明思想，凝练于中国生态文明建设实践，是各种生态理念的集合，蕴含着深刻的历史逻辑和现实逻辑，具有深厚的理论根基（刘香玲、孙斌，2023）。

（一）可持续发展理论

20世纪60年代以来，随着经济发展同人口、资源、环境等矛盾的日益突出，人类生存发展环境持续恶化，全世界范围内掀起了关于人类发展方式的一场大的争论，人们开始反思并意识到可持续发展的重要性，可持续发展理论正是在这一时代背景下发展而来的。

可持续发展概念的提出最早可追溯到1987年，世界环境与发展委员会在"*Our Common Future*"报告中将可持续发展定义为"不仅要满足当代人生存和发展的需要，也要保证后代人可以维持生存和发展的能力的发展"（薛蕾，2019）。从本质上讲，可持续发展的核心思想是保持人口、资源、环境与发展的和谐关系，在不损害他人和子孙后代利益的前提下谋求发展。此后，《气候变化框架公约》《21世纪议程》等一系列文件的出台，促使全球范围内掀起可持续发展战略行动。中国也积极作出响应，将可持续发展战略作为现代化建设中必须实施的战略。

综合来看，可持续发展理论涉及多方面的内容：一是可持续发展理论是对当下的可持续发展模式的科学设计，其非常注重发展的基础作用，并认为发展是人类生存的第一要务。二是可持续发展理论是对之前发展方式的否定与思考，通过树立一种全新的发展观念，改变传统的高能耗、高污染、高排放的发展模式，探寻一种低能耗、低污染、低排放的生产和消费方式，从而实现经济社会可持续发展。

（二）马克思的生态文明理论

马克思诞生于19世纪初，当时生态环境问题并不突出，还未引起人们的普遍关注，很多人认为，自然界提供的资源是无穷无尽的，自然环境提供的自我调节和净化能力是无限的，并提出诸如人类可以征服自然的论断，忽视了人与自然的内在联系和真实关系。直到20世纪60年代后，生态保护、绿色可持续发展的概念才出现在大众视野中。从马克思主义相关文献中不难看出，生态文明思想随处可见。马克思、恩格斯通过对当时经济生产、消费的特点进行分析，以极具前瞻性的眼光预见资本主义社会可能会产生严重的生态危机，为人类追求经济发展而破坏生态环境的行为敲响警钟（秦蕾，2020）。

基于人类活动实践，马克思、恩格斯还从哲学角度对人、自然与社会三者之间的关系进行了系统研究和深入思考。主要体现在两个方面：一方面，人是自然界的重要组成部分。在人类社会发展过程中，人类的生产活动和自然界的生产力都是社会物质生产的一部分，人类生产活动依赖自然环境，并从中直接获取生产资料，他明确指出："没有自然界，没有外部的感性世界，劳动者就什么也不能创造。"（中共中央马克思恩格斯列宁斯大林著作编译局，2012）因而，不难看出，人不仅是自然的产物，也是自然环境的组成部分。另一方面，尊重自然是人类活动实践的前提。马克思主义生态文明理论蕴含着科学的辩证思维，他对人与自然的辩证关系进行了深刻阐述，并指出人类的生活实践活动要以尊重和善待自然为前提，任何破坏自然环境、违背自然运行规则、对自然过度开发和索取的行为，都将招致自然的报复。恩格斯也指出："我们不要过分陶醉于我们对自然界的胜利。对于每一次这样的胜利，自然界都在对我们进行报复。"（恩格斯，1984）

生态文明是绿色文明，生动体现了绿色发展的重要思想，强调人与自然和谐共生。在当前资源枯竭、环境污染等生态问题日趋严重的情况下，马克思主义生态文明理论为人类社会缓解生态环境危机提供了重要启示，也为建设生态文明社会提供了思想武器。

（三）习近平生态文明思想

习近平生态文明思想是对马克思主义生态文明理论的进一步发展，是马克思、恩格斯的生态文明思想中国化的结晶。习近平生态文明思想已经历了从"生态文明建设系列重要论述"到"生态文明思想"、从更多是概念范畴到日渐完备的理论体系、从党和政府治国理政重大战略到全社会全方位实践的发展演化（郇庆治，2022），日益成为一个符合中国国情、指导中国经济发展的科学体系。

习近平生态文明思想最早可追溯到"绿水青山就是金山银山"的相关论述，其本质上是对过去以牺牲环境换取经济发展这一模式的反拨，是系统思维、创新思维和底线思维的重要体现。习近平总书记指出："保护生态环境就是保护生产力，改善生态环境就是发展生产力。"党的十八大以来，"绿水青山就是金山银山"的理念不断丰富发展，并被写入《中国共产党章程》和宪法，成为党和国家工作的根本遵循。此后，习近平生态文明思想不断推进发展，并相继提出了诸多重要论断。2015年，在党的十八届五中全会上，习近平总书记提出创新、协调、绿色、开放、共享的新发展理念，为破解中国发展难题提供了新的方案。2017年，在党的十九大报告中，习近平总书记指出"人与自然是生命共同体"，我们要建设的现代化是人与自然和谐共生的现代化，因此我们要遵循自然规律，有效防止对自然过度开发利用（习近平，2020）。2018年，在全国生态环境保护大会上，习近平总书记首次提出了新时代生态文明建设必须坚持的"六项原则"（习近平，2022）。2021年，在全球领导人气候峰会上，习近平主席进一步提出要"共同构建人与自然生命共同体"。2022年，在党的二十大报告中，习近平总书记再次强调"必须牢固树立和践行绿水青山就是金山银山的理念，全方位、全地域、全过程加强生态环境保护"（习近平，2022）。

习近平生态文明思想是在生态环境问题日益加剧的时代背景下发展而来的，它是应对环境危机、解决经济发展与环境保护矛盾的中国答卷，其展现了中国化马克思主义绿色发展观在人类社会文明发展规律上的新概括，在绿色发展自然观和价值观上的新意境，在绿色生产力观和经济发展观上的新突破（黄志斌、高慧林，2022），为全球生态环境治理和经济可持续发展提供重要借鉴。

二 绿色发展理论在农业中的应用

绿色发展理论经历了不同阶段的变迁，在实践中逐渐丰富完善，绿色发展理念也深入人心。农业作为中国国民经济发展的基础，与经济社会和自然环境关联紧密，随着农业生产规模不断扩大，农业发展稳定性和可持续性矛盾日益突出。因此，自改革开放以来，改善农业生态环境成为一项重要任务。

21世纪以来，中国经济逐渐由量变向质变发展，这也对农业发展提出了新要求，农业绿色发展也成为中国新的发展基调，过去的传统农业生产模式逐渐不适应现代经济社会的需要，人们转而加强了对低碳生产新模式的探索。2003年以来，随着低碳经济概念的提出，中国开始探索低碳循环农业生产方式，旨在通过优化农业生产方式实现农业提质增效和生态可持续发展的双重效应（冯丹萌、许天成，2021），此时，农业绿色产品逐渐在市场上兴起。党的十八大以来，农业绿色发展理念在中国"三农"实践中发挥的作用越来越大，中国农业发展也实现了从理论到实践的重大突破，推动农业绿色发展成为中国整体发展观的重大变革（魏琦等，2018）。

农业高质量发展与绿色发展都强调资源的有效利用和环境保护，走高质量发展之路也是在农业领域落实绿色发展理论的客观要求，通过转变发展思路，实现目标导向到过程导向的转变，从而进一步增强农业农村发展的可持续性。

第三节 资源配置理论

资源包括人力、物力、财力等各要素，资源的稀缺性是社会实践广泛存在的问题，资源配置也逐渐成为解决资源需求的无限性和供给的有限性矛盾的有效方式，长期以来一直是经济学研究的核心。对资源进行合理有效配置，就是要以实现资源利用效益最大化为目标，对各种资源要素进行时间、空间上的有效整合、布局，从而满足社会生产生活需要。

一 资源配置理论的历史演化

资源配置理论是经济学领域重要基础理论,对于资源的有效利用和均衡发展具有重要的理论与现实指导意义。随着经济学的发展,资源配置效率也不断发展完善,先后经历了古典经济学和新古典经济学发展阶段。

(一) 古典经济学与资源配置理论

资源配置概念的出现可以追溯到古典经济时期,当时更强调市场在资源配置中的作用。1776年,亚当·斯密在其代表作《国富论》中关注资源配置问题,提出了市场是资源配置的"看不见的手"的经典论点。亚当·斯密认为,在完全自由的经济条件下,市场存在一种调节机制,这种机制可以引导资源的优化配置,因而也被称为"看不见的手",政府只在其中充当"守夜人"角色。他指出,完全自由的经济条件是指"每一个人,在他们不违反正义的法律时,都应任其完全自由,让他采取自己的方法,追求自己的利益,以其劳动及资本和其他人或其他阶级相竞争"(亚当·斯密,1979)。同时,这种调节机制源于个体的利益和欲望,在这种状态下,个体会把有限的资源放在对自己最有利的地方,从而满足个体的需求(阿兰·兰德尔,1989)。此外,亚当·斯密还提出,财富自由和资源的合理配置取决于有用劳动比例,要充分发挥人在资源配置中的作用。可见,古典经济学中的资源配置理论认为,市场是实现资源配置的重要途径,通过市场机制可以优化资源配置,从而提高资源配置的效率。

(二) 新古典经济学与资源配置理论

古典经济学的市场机制理论为宏观资源调配、资源无节制使用与浪费问题提供解决思路,但也存在明显弊端,因而,与古典经济学的劳动价值论不同,新古典经济学逐渐转向效用价值的研究,且更加重视"自由配置"的资源配置理论。新古典经济学资源配置理论的核心思想如下:一是资源稀缺性假设。新古典经济学家认为,在资源稀缺的情况下,人们面临着资源稀缺与欲望无限的矛盾,而这也将导致出现生产什么、如何生产、为谁生产三大经济问题,为解决这些问题,必须对资源进行合理有效的配置,而完全竞争性的市场环境是实现社会资源最优配置的前提。二是强调价格均衡的作用。新古典经济学家将价格作为衡量资源配置合理性的标准，并将其作为资源合理配置的基础理论。三是强调市场机制的作用。新古典经济学家认为，市场机制可以发挥"看不见的手"的作用，通过调节供求，解决三大生产问题，因而市场在资源配置中起主导作用。

除基础理论研究外，资源配置效率也是学者研究的核心问题之一。配置效率这一概念的提出，最早可追溯到20世纪60年代，美国经济学家哈维·莱宾斯坦提出了X效率理论，并从投入—产出视角研究配置效率问题。他指出，投入越少，产出越大，则决策单位效率最高；反之，投入越大，产出越小，则效率最低。而后，在哈维·莱宾斯坦的理论基础上，维尔弗雷多·帕累托提出了衡量资源配置效率是否达到最优状态的标准，即"帕累托最优"，也被称为经济效率，其是指资源配置的改变不能使一个人的状态变好，也不会使其他人的状态变坏，此时，资源的配置达到最优状态，这种状态下资源的投入产出效率，也就是所谓的帕累托最优配置效率（徐德云，2017）。然而，帕累托最优状态的前提是任何人利益的增加都不能以牺牲其他人的利益为代价，这在现实中很难实现。因此，针对现实中不满足帕累托最优状态的情况，卡尔多、希克斯提出了"补偿原理"，也被称为"潜在帕累托最优状态"，补偿原理为社会成员福利分配问题提供了可能的解决方案，但其自身也存在缺陷，即补偿金如何确定、对双方的效用如何，这些问题还有待解决。此外，与莱宾斯坦、帕累托等不同，诺斯更注重制度的变化，并将关注点从经济效率转向了制度效率，指出制度优化是提高经济效率或资源配置效率的重要途径（诺斯，1994）。

二 资源配置理论在农业中的应用

纵观资源配置理论的发展历程，学者从诸多角度探讨了资源配置问题，资源配置理论已经成为一个涉及系统理论、博弈论、运筹学等的跨学科理论。在社会化大生产条件下，在各领域中的应用也日益广泛。在农业发展过程中，资源配置优化是农业高质量发展的主要表现之一（夏显力等，2019）。

改革开放后，中国采用家庭联产承包责任制进行农业生产。在以劳动力和土地为主体的农业生产要素投入结构下，中国农业实现了快速发展。然而，随着城市偏向政策的提出，大量劳动力从农村向城市转移，传统的农业资源配置模式逐渐崩溃，未能实现向高机械化率、高资本—劳动比的现代农业资源结构的转型。农村劳动力的流失进一步加剧了"资源稀缺"与"资源闲置"的矛盾（王京雷等，2022）。由此可见，资源配置是影响农业发展的重要原因。

当前，中国农业正处于转型发展时期，农业发展受诸多因素的影响，从生产函数角度看，农业经济增长受到可观测因素和不可观测因素影响；从经济理论角度看，在无摩擦市场中，资源能够实现最优配置，而在有摩擦市场中，资源只能实现次优配置，其共同决定了农业经济增长（李政通、顾海英，2021）。现如今，中国农业发展还存在一些问题，如环境资源约束趋紧、生产要素配置不合理、要素流动不顺畅等，从而造成农业资源错配，阻碍了农业生产率提升和农业经济增长（郑宏运等，2019）。因此，优化农业资源配置成为推动农业农村发展的重要途径，只有当劳动力、资本等要素得到有效配置时，农业发展才能最大限度地实现向现代化的转变。除此之外，资源配置理论认为，产业发展模式在一定程度上取决于资源的形成与流动组成的资源调动性，从而影响产业现代化程度（陈国军、王国恩，2023）。而技术进步作为形成资源和提高资源流动性的核心动力，在农业资源配置和农业现代化发展过程中也发挥着重要作用。因此，为满足进一步提升农业资源配置效率的迫切要求，需要在政策层面寻求更多保障和支持，促进城乡要素资源流动，实现土地、劳动、资本、技术等各类要素的最优化配置。

第四节　社会公平理论

公平是一个古老的概念，其拥有丰富的内涵和宽泛的外延。从社会经济发展的现实来看，社会公平不仅是一种制度安排，也是一种价值取向，是人们合理利益关系的反映。在社会生活领域，社会公平的内容和实践一直都是社会科学的重要研究主题，在历史发展的不同阶段，社会公平问题一直贯穿其中，并不断发展，追求社会公平已成为推动社会进步、经济高质量发展必不可少的重要因素。

一　社会公平理论的思想渊源

关于社会公平的探讨，影响最为深远的当为马克思主义的公平观。

马克思、恩格斯首次提出社会公平的概念及公平观,可追溯到自由资本主义时期,在批判继承德国古典哲学、英国古典政治经济学及法国的空想社会主义理论的基础上,基于社会实践,对人类公平理论进行了创新,逐渐形成了马克思主义公平理论。马克思主义公平理论包含了丰富的辩证思维,是迄今最具科学性的公平理论。该理论经历了不同发展阶段,逐步发展成熟。

第一,初始研究阶段。19世纪40—50年代,马克思和恩格斯的思想发生了较大变化,逐步向共产主义者转变,并开始将社会公平问题纳入研究范围,出版了一系列代表性著作,包括《神圣家族》《德意志意识形态》等。马克思对社会公平的阐述最早可追溯到《黑尔格法哲学批判》,此后,马克思逐步以唯物主义思想为基础,开始探索社会不公平问题产生的经济原因。在《神圣家族》中,黑尔格学派的唯心主义哲学遭到了马克思和恩格斯的无情批判,无产阶级世界观开始萌芽。紧接着,《德意志意识形态》的发表,标志着马克思和恩格斯唯物史观的正式确立,他们首次对唯物史观进行了系统性的阐述,揭示了生产力和生产关系的辩证关系,还对施蒂纳的错误理论、空想社会主义者提出的相关思想进行了批判,这使他们的公平思想有了科学的基础。

第二,深入探索阶段。19世纪50年代末至70年代,马克思、恩格斯在深入研究政治经济学的基础上,开始将历史唯物主义及其所学的理论运用到社会正义的进一步研究中。这一时期的代表作有《〈政治经济学批判〉导言》《资本论》《共产党宣言》等,马克思、恩格斯在这些著作中严厉批判了普鲁东的错误思想,重新研究了财富积累的过程,揭示了剩余价值的本质,明确阐述了生产、分配、消费等社会生产环节的关系。由此,马克思和恩格斯提出了生产决定分配这一重要论断,并指出社会公平是历史发展的产物,与生产关系的发展紧密相关。而后,《共产党宣言》的发表,也成为马克思主义公平观初步形成的标志。可以说,在这个时期,马克思和恩格斯的社会公平思想实现了质的飞跃,他们开始从公平问题产生的条件和内容出发,对公平问题进行深入研究。

第三,理论形成阶段。这一阶段从1875年《哥达纲领批判》发表持续至马克思和恩格斯离世。在这一时期,马克思批判了拉萨尔错误的正义理论，指出正义是理想与社会现实的统一。他们把共产主义的发展分为两个阶段，有不同的社会分配制度，只有在共产主义社会才能按需分配。社会主义社会实行按劳分配制度，按劳分配在本质上是一种公平的形式，但不能实现真正意义上的公平。

总之，马克思主义的公平观在历史进程中不断发展完善，对人类公平发展史和公平理论的研究发挥了重要作用，促进了公平理论在社会实践中的应用，具有强大的科学性。

二 社会公平理论在农业中的应用

党的二十大报告指出，高质量发展是全面建设社会主义现代化国家的首要任务。促进全体人民共同富裕，是社会公平发展的根本目标，也是社会主义的本质要求，更是中国式现代化的本质特征。因此，只有通过高质量发展，推动经济实现量的增长和质的飞跃，才能为实现共同富裕奠定坚实的物质基础。随着中国进入高质量发展阶段，农业经济也面临新要求，即如何在农业高质量发展过程中扎实推动农民农村实现共同富裕（李冠霖、史作廷，2023）。

而要推动农业高质量发展，就要关注几个重要问题：一是实现农业高质量发展的动力问题。改革开放以来，中国农业经济发展出现诸多社会公平问题，如经济不平等、贫富差距扩大等，而随着贫富分化加剧，社会收入结构趋于两极化。结合社会公平理论和中国农业生产实践可以发现，创新是引领发展的第一动力，通过农业技术创新，可在生产过程中将劳动力、土地、资本等其他生产要素进行有效配置，从而创造更大的社会价值，提高农业生产效率。二是实现农业高质量发展的分配机制问题。社会公平理论提出，可以通过初次分配、再分配、三次分配的手段和共享发展的理念促进共同富裕，因而在农业高质量发展的过程中，要更加重视利益分配机制的不合理导致的城乡失衡问题，只有避免城乡差距进一步扩大，才能实现发展成果共享，从而实现共同富裕。三是实现农业高质量发展的原则问题。与传统农业发展相比，农业高质量发展更加注重资源有效利用、生态环境友好和城乡统筹协调发展，同时，还要坚持发展的科学性、发展机会的均等性和发展成果的共享性。四是实现农业高质量发展的路径问题。农业高质量发展离不开政策的支撑，只有通过政策保障，才能实现效率与公平、发展与共享的均衡。

因此，在推进农业高质量发展的过程中，应着重考虑农业发展所带来的社会公平问题，将社会公平的实现作为检验农业发展质量的重要标准。

第五节 效率理论

效率（Efficiency）最早源于物理学领域，是指有用功率与驱动功率之间的比值，以反映机械作用过程中的能量损耗程度。此后，效率被引入各学科领域，其内涵也不断被拓展与延伸。而效率被引入经济管理相关研究领域，旨在探索市场经济环境下资源配置合理程度与经济增长质量的问题，主要反映生产单元的实际产出与最佳产出之间的距离。目前，效率评价的范围比较广泛，不仅包括对个人或企业等微观主体的考察，也包括对行业、区域或国家等宏观主体的考察；通过将既定的投入要素转换为经济产出或服务，可以对任何生产活动或生产行为进行衡量。

效率作为学术界关注的研究热点问题，在不同的历史时期和不同的研究领域，存在理解的差异性。在经济学领域，马克思认为效率是指在短期内创造更多的劳动成果；萨缪尔森认为效率是指最大限度地利用现有资源以满足各种需求；帕累托则认为效率的实质是资源配置问题，帕累托最优被认为是资源配置的最理想状态。对于投入端，当决策单元在生产过程中不以增加其他投入或减少产出量为代价时，无法做到进一步减少某种投入，那么该决策单元是有效率的；对于产出端，当决策单元在生产过程中不以减少其他产出量或增加投入为代价时，无法做到进一步减少某产出量，那么该决策单元是有效率的。因此，效率是用来描述各种生产资料的使用情况的一种度量，是在一定的产出水平下追求投入的最小化，或者在一定的投入水平下追求产出的最大化。

一 效率理论的历史演化

（一）古典经济学中的效率思想

尽管古典经济学没有十分明确地提出效率概念，但其所倡导的经济自由主义中蕴含着浓厚的效率思想。古典学派认为，自由竞争可创造出一个十分繁荣、稳定的社会，使人民实现普遍富裕。斯密在《国富论》中就提到"政治经济学的任务是富国裕民"，并且提出了具体目标：给人民提供充足收入或生计的同时，也给国家或社会提供充分的收入，使公务得以进行。斯密还认为，可通过提高劳动生产率来增加财富。因此，斯密很重视劳动效率，即劳动生产力。此外，斯密在《国富论》中表达了一核心论点：市场竞争机制是最具有效率的制度安排，同时也是富国裕民的根本出路。换句话说，斯密认为经济学的中心主题是效率，效率的提高也意味着劳动生产力的提高，而市场竞争机制是最有效率的。从某种程度上说，斯密经济学的精髓实际上是分工效率理论和竞争效率理论。

法国经济学家巴蒂斯塔·萨伊是斯密理论的重要继承者和支持者，萨伊对古典宏观经济理论作出了突出贡献。萨伊市场定律奠定了经济波动与经济增长古典宏观模型的基础，其表明了古典宏观经济的有效率。萨伊认为，古典宏观经济效率蕴含着宏观经济可自动平衡，并不会存在任何一般性的"过剩"，同时也不会出现资源闲置或资源浪费。除此，萨伊还从宏观上阐述了经济效率的思想，认为 X 供给创造出了 Y 需求，进而形成稳定的、有效率的宏观经济自由竞争体系。

（二）新古典经济中的效率思想

稀缺资源配置效率问题是新古典经济学的重要研究对象。新古典经济学认为，完全的市场竞争可以使社会效益最大化，即配置效率是最好的，配置效率等同于经济效率，将配置效率简称为"效率"。基于分析方法的不同，新古典经济学中的效率理论可以分为马歇尔分配效率理论和帕累托效率理论。

马歇尔将完全竞争市场中的消费者边际效用函数设为需求函数，将代表性企业的边际成本函数设为供给函数。需求函数和供给函数的联立方程分别为均衡产量和均衡价格。那么，当均衡价格等于边际成本时，完全竞争市场可以达到最优配置效率。帕累托对效率作了新的定义：对于一定的经济资源配置，如果没有其他可行的生产配置，使经济资源中的每个人至少和他们的初始情况一样好，并且至少有一个人的情况比初始情况好，则经济资源配置是最优的，称为"帕累托效率"。新古典经济学认为，完全竞争市场是帕累托效率的充要条件，即完全竞争市场满足帕累托效率的重要条件：任意产品的边际替代率相等，各要素的边际技术替代率相等，边际转化率是相等的。古典经济学将任何偏离帕累托效率的行为称为"市场失灵"。

（三）X效率理论

X效率理论由哈维·莱宾斯坦提出，其阐述了投入与产出之间的某种关系。莱宾斯坦通过修改新古典经济学中的"理性人"假设，建立了"X效率"理论。X效率理论模型如图2.1所示。

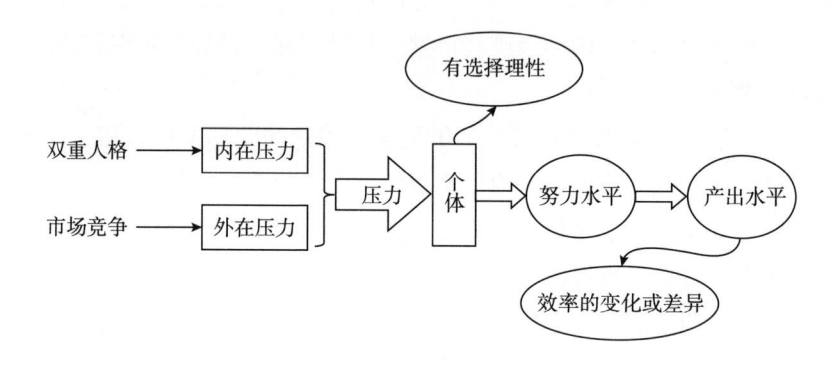

图2.1 X效率理论模型

莱宾斯坦认为，个体具有双重人格，即本我功能和超我功能，当超我功能表现得更明显时，个体表现出理性；当本我的功能更明显时，个体就不理想。因此，正如新古典经济学所说，个体并不总是理性的经济人，而是具有"选择理性"的个体。个体的理性选择主要取决于应激条件，当应激水平高时，个体的理性行为会更多；当压力水平较低时，人们会选择非理性行为。压力可以来自个人的内部因素，也可以来自市场的外部压力。简言之，当压力水平波动时，个体在理性和非理性之间切换，直接导致个体努力水平的波动。一般来说，理性行为导致更高的努力水平；否则，努力程度就会降低。这进一步导致了企业产出的波动和企业间效率的差异。

二 效率理论与农业高质量发展

无论是传统经济学中的效率思想还是X效率理论，都认为经济效率的重要内涵是"不浪费资源"。从可持续发展角度看，真正意义上的经济效率既包含了传统经济中的效率思想，也反映了 X 效率理论逻辑。高质量发展是一种注重经济增长、生态友好和社会公平协调统一的经济社会发展方式，其特点主要表现在：一是在资源约束和环境约束条件下追求经济效率。二是在保障经济效益和社会效益的同时侧重环境效率。三是在经济增长和生态环境保护过程中关注社会效率。因此，高质量发展理念蕴含了相关效率理论的本质内涵和思想逻辑。

长期以来，农业产出持续增长，但农业发展过程中还面临诸多挑战：农业经济效益低下、农业环境污染依然存在、农业社会效益相对弱化。而要实现农业可持续发展，既要考虑经济效益，也要重视环境效益和社会效益，也就是说，农业的可持续发展需要注重经济效益、环境效益和社会效益的协调统一。农业高质量发展作为农业可持续发展的一种新型范式，同样蕴含着效率思想，既要考虑要素成本、环境成本和社会成本等的最小化，也要实现农业经济产出效益的最大化，追求农业发展过程中经济效率、环境效率和社会效率的协调与统一。基于经济、环境和社会等多维度视角，构建农业高质量发展的投入产出指标体系，运用 DEA 方法对其投入产出效率进行测度，可得出农业高质量发展效率。并据此可分析农业高质量发展效率的时序演化特征、地区差异等，从而为农业可持续发展奠定理论基础和实证支撑。

因此，效率理论是农业高质量发展相关研究的重要理论基础。

第六节 相关概念界定

一 高质量发展

作为一种规范性价值判断，高质量发展的内涵特征界定是一个"仁者见仁，智者见智"的问题。目前，学术界对高质量发展的概念并未形成统一的定义。2012 年世界银行提出高质量发展同时具有绿色增长和包容性增长的本质特征，是一种重要的可持续发展实现途径。张晓颖（2014）认为，高质量发展侧重经济增长、减少贫困和保护环境的协调统一。Bouma 和 Berkhout（2015）认为，高质量发展不仅注重绿色化、包容性和经济增长之间的统筹协调，还注重代际福利的持续增长。Slingerland 和 Kessler（2015）认为，高质量发展关注环境可持续性与社会公平性。周小亮和吴武林（2018）认为，高质量发展强调经济增长应建立在资源节约、环境友好和成果共享的基础上。邬晓霞等（2020）认为，高质量发展的内涵体现在经济增长合理、产业结构优化、创新驱动能力强、对外开放水平更高、发展可持续、发展成果共享等方面。高帆（2021）认为，高质量发展的内涵与社会主要矛盾转化之间存在严格的耦合和极其密切的逻辑关联，是一个包括动力、形式、路径、目标在内的完整体系。陈雯等（2022）提出了高质量发展的"四更"内涵，即更高定位、更高效率和水平、更加协调、更优形态。然而，从已有文献资料来看，高质量发展的外延并未得到较清晰的定义，作为一个综合性概念，高质量发展模糊的外延在一定程度上导致其内涵特征缺乏清晰明确的范围和准确界定，从而可能导致无法对其进行精确的测度。

基于已有文献研究和理论基础，本书将从经济、生态和社会三个方面界定高质量发展的外延，认为高质量发展是一种注重经济增长、生态环境友好和社会公平协调统一的经济社会发展方式，其内涵特征主要表现在：一是在社会约束和环境约束条件下追求经济效益。二是在保障经济效益和社会效益的同时侧重生态环境保护。三是在经济增长和生态环境保护过程中关注利益共享、社会公平的重要性。与传统增长方式相比，高质量发展是一种全新的发展范式，反映了经济增长、绿色增长和包容性增长的综合目标，强调经济效益、环境效益和社会效益的统筹协调，也是高质量发展的重要范式之一。

二 农业高质量发展

目前，学术界对农业高质量发展的相关研究主要涉及农业低碳发展、农业生态发展、农业绿色发展、农业可持续发展等问题，但还未对农业高质量发展的概念作出统一的界定。作为国民经济和粮食安全的保障，农业经济效益尤为重要，粮食增产增收成为农业发展的首要任务；作为自然生态环境的重要屏障，农业环境效益越来受到重视，低碳、绿色等环境友好型农业生产方式成为未来趋势；作为城乡统筹发展的关键，农业社会效益不可忽视，农业的增收功能以及在乡村振兴中的重要性备受关注。这在某种程度上表明，农业问题不仅涉及经济安全，也关系到自然生态环境，同时是个社会问题。据此，本书认为，农业高质量发展就是将高质量发展的概念用在农业研究领域，其内涵定义为一种追求农业经济增长、生态环境友好和城乡均衡发展的农业可持续发展方式，该内涵可概括为农业经济增长、生态环境友好和城乡均衡发展三个维度。三个维度都强调经济、自然和社会三大系统之间的统筹协调，因此，农业高质量发展的内涵特征主要表现为以下几点。

第一，农业高质量发展以农业经济增长为重要基础，经济增长是其核心内涵。农业问题是中国"三农"问题之首，保障粮食安全是国民经济安全的第一要务，即农业经济增长事关国民经济安全及健康稳定发展。无论何时，稳定农业产出或粮食供给均是农业发展的主要目标。

第二，农业高质量发展十分注重农业生产过程的生态环境友好，强调农业绿色增长。农业生产过程中高耗能、高污染和高排放等问题日益突出，农业经济发展与生态环境保护之间的关系趋于恶化，这要求农业生产过程中既要重视农业资源充分利用和农业产出持续增长，同时也要考虑减少农业面源污染、农业碳排放等生态环境污染或破坏行为，注重农业经济效益与生态环境效益的协调统一，以实现农业绿色增长。

第三，农业高质量发展遵循城乡统筹协调发展理念，特别关注城乡收入分配差距的缩小。从当前中国农村居民与城镇居民、农村与城市、农业与工业等的现实情况看，城乡失衡问题凸显，特别是城乡收入分配差距未得到根本性改善，甚至有些地区趋于持续恶化，这要求农业发挥其在城乡均衡发展中的作用，增强农业增收功能，从而不断缩小城乡收入分配差距，实现城乡收入相对均衡。

三　农业高质量发展效率

一直以来，传统的农业经济增长效率是衡量各要素配置的重要绩效标准，也是评估农业经济增长质量的有效方式，但农业经济增长效率往往以农业经济效益最大化为目标，从而忽视了生态效益和社会效益。

当前，农业经济发展过程中的生态环境问题和城乡失衡问题日益恶化，成为农业高质量发展的重要阻碍，推行经济增长、环境友好和城乡均衡等协调统筹的新型农业发展模式迫在眉睫。农业高质量发展效率是在传统农业经济增长效率测算方式的基础上，将生态环境因素和城乡失衡因素置入投入产出过程而进行效率测算的一种方法。农业高质量发展效率则如同"农业生产效率""农业环境效率""农业生态效率""农业绿色全要素生产率"等与生产、环境、生态相关的效率概念，将农业生产要素作为投入，将农业环境污染和城乡失衡作为成本投入或非期望产出，将农业经济效益作为期望产出，并通过生产前沿对比，以评定农业高质量发展的水平或质量。通过效率的改进，可实现农业高质量发展水平或质量的提升，由此农业生产发展过程中既要注重要素成本、环境成本和社会成本等的最小化，同时也要实现农业产出的最大化，追求农业发展过程中经济效率、环境效率和社会效率的协调与统一。

基于经济、环境和社会等多维度视角，构建农业高质量发展的投入产出评价指标体系，运用DEA方法对其投入产出效率进行测度，可得出农业高质量发展的水平或质量。

第七节 本章小结

本章对经济增长、绿色发展、资源配置、社会公平和效率等理论相关内容进行了较为深入和系统的梳理总结，阐述了这些理论与农业高质量发展存在的内在关联，并据此界定农业高质量发展相关概念及内涵特征，从而为本书奠定坚实的理论基础。

通过相关理论梳理、总结与分析，可知经济增长是农业高质量发展的核心内涵之一，而农业高质量发展研究基于人口、资本、劳动、资源、环境和制度等多因素的考察分析，以探寻农业经济增长动力和可持续发展问题；农业高质量发展与绿色发展都强调资源的有效利用和环境保护，走高质量发展之路也是在农业领域落实绿色发展理论的客观要求，通过转变发展思路，实现目标导向到过程导向的转变，从而进一步增强农业农村发展的可持续性；为满足进一步提升农业资源配置效率的迫切要求，需要在政策层面寻求更多保障和支持，促进城乡要素资源流动，实现土地、劳动、资本、技术等各类要素的最优化配置；农业高质量发展作为农业可持续发展的一种新型范式，同样蕴含着效率思想，既要考虑要素成本、环境成本和社会成本等的最小化，也要实现农业经济产出效益的最大化，追求农业发展过程中经济效率、环境效率和社会效率的协调与统一。

第三章 中国农业高质量发展静态效率的测度

基于高质量发展相关理论基础与相关概念内涵，本章从经济系统、环境系统和社会系统三个方面，遵循指标选择的科学性、目标性、系统性、动态性、精简性及可操作性等原则，基于定性方法与定量方法的结合，构建农业高质量发展的评价指标体系，选择PCA-DEA综合评价模型对中国农业高质量发展的静态效率进行测度，并探讨静态效率的时序变化及地区差异，为后续章节的研究奠定基础。本章的分析框架如图3.1所示。

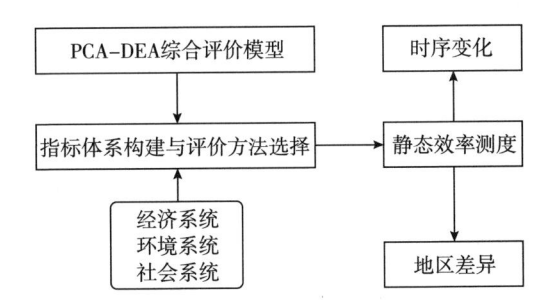

图3.1 中国农业高质量发展静态效率的测度分析框架

第一节 评价指标体系构建

一 评价指标体系设计的基本原则

评价指标体系的构建是量化研究的基础，农业高质量发展评价指标体系构建的科学性及合理性对中国农业高质量发展水平的综合测度至关重要。但评价指标体系的构建在学术界存在"仁者见仁，智者见智"的情况，不同学者基于不同的出发点或视角，所设计的评价指标体系会有所不同。本书基于农业高质量发展内涵特征以及评价目标，在构建农业高质量发展评价指标体系时遵循以下几个基本原则。

（一）坚持科学性原则

在某种程度上，科学性原则是构建评价指标体系应遵循的首要原则。农业高质量发展评价指标的选取既要结合农业高质量发展的内涵和特点，又要尽可能涵盖研究涉及的各个方面，保证评价结果的客观性、合理性和准确性。

（二）坚持目标性原则

评价指标体系的构建需以目标为导向，明确评价对象和评价目标。因为只有明确了评价对象和目标，才可确定需要选取哪些指标以及如何收集、分析这些指标。根据农业高质量发展的目标，农业高质量发展的评价指标体系应有能够支撑较高层次的评价准则，从而为农业高质量发展水平的判定提供依据。

（三）坚持系统性原则

系统性原则要求评价指标体系内各指标之间的关系要具有一定逻辑性而不是简单的杂乱无章的。农业高质量发展评价指标体系的构建不但要从不同层面反映出资源、经济、生态和社会等系统的主要特征及状态，还要反映出资源—经济—生态—经济系统之间的内在联系，从而使评价系统成为一个有机整体。

（四）动态性原则

动态性原则要求评价指标选择时充分考虑到动态变化特征，制定充分的评价维度。农业高质量发展评价指标体系的构建要注重农业高质量发展持续改进的动态调整或改进，应具有一定的灵活性和先进性，并处于持续修改或补充中。

（五）精简性原则

精简性原则总的来说就是"能少则少"，在能够完成研究目的和任务的情况下用尽量少的指标、尽量简单设计来完成指标体系的构建。农业高质量发展评价指标体系构建要充分考虑到现实情况，在反映出农业高质量发展内在相关要素的基础上，应尽量做到简单明确，用较少的主要指标来反映农业高质量发展水平状况。

（六）坚持可行性原则

可行性原则不仅保证了所选评价指标具有较强的代表性，而且保证了评价指标的可得性，因为数据的可得性和完整性将对研究结果产生直接甚至决定性的影响。故而，在选择农业高质量发展评价指标时应考虑可行性，确保农业高质量发展评价指标的可用性和完整性。

二　评价指标体系设计的基本思路与架构

（一）评价指标体系设计的基本思路

评价体系架构的设计，有助于选择、管理指标所要量化的问题，从而提供一个更易理解且更加直观的研究机制。而不同评价体系框架之间的主要区别在于选择的评价问题及构建方法上有所不同。基于前文文献综述中关于高质量发展相关评价指标体系的梳理、归纳和总结，本书结合农业高质量发展内涵特征来设计农业高质量发展评价体系的基本思路，具体如图3.2所示。

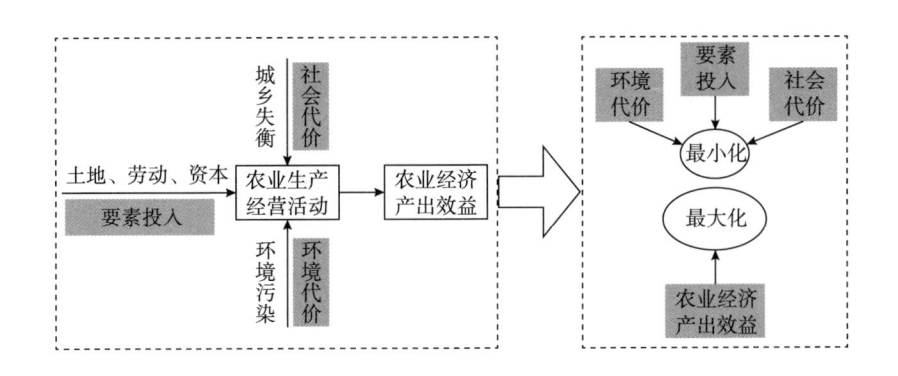

图3.2　农业高质量发展评价体系的基本思路

第一，农业高质量发展着力要素投入的最小化。农业生产经营活动涉及土地、劳动、资本等经济要素的投入，那么农业高质量发展的目标就是实现农业生产要素投入既定情况下的农业经济产出收益的最大化，或实现农业经济产出收益既定情况下的农业生产要素投入的最小化，不断提高农业亩产经济效应或降低亩产成本要素的投入。为此，经济要素投入应作为农业高质量发展评价指标体系的重要指标类型。

第二,农业高质量发展突出环境代价的最小化。农业的机械化和化学化在一定程度上提升了农业的生产效益,但农业生产经营过程中化肥、农药、农膜、柴油等农用物资的使用直接或间接造成了环境污染,从某种程度上说是为保障农业经济产出或降低农业生产成本而付出的生态环境代价,那么农业高质量发展就是要在既定农业经济产出效益的基础上实现生态环境牺牲的最小化。为此,生态环境代价应作为农业高质量发展评价指标体系的重要指标类型。

第三,农业高质量发展关注社会代价的最小化。在家庭式小农经济背景下,农民留在农村维系农业生产经营活动的机会成本较大,而这种机会成本主要表现为"因选择务农而放弃了城市高薪工作机会,导致收入减少",进一步扩大了城乡收入差距;同时,城乡教育、医疗等公共服务的差距,也一定程度上导致城乡消费的差距。简言之,为维系农业生产经营活动,必然要有部分人放弃城市高收入的工作机会,不能享有城市公共服务的福利,而是留在农村务农,在农业与工业的收入分配机制不公平的情况下,农业生产经营活动不仅不能缩小城乡收入差距和消费差距,反而在一定程度上成为推动城乡差距的重要助力因素,这也是当前农村存在很多农民抛荒耕地而选择去城市务工的重要原因。因此,城乡失衡一定程度上反映了农业生产经营活动的社会代价,而城乡收入和城乡消费差距是城乡失衡的主要表现,应作为农业高质量发展评价指标体系的重要指标类型。

总的来说,农业高质量发展评价指标体系的基本思路反映了农业高质量发展的主要目标是实现要素投入、环境代价和社会代价的最小化,农业经济产出效益的最大化;较为全面和系统地诠释了农业高质量发展的内涵特征,将经济系统、环境系统和社会系统等紧密联系在一起,以期实现农业经济增长、生态环境友好和城乡均衡发展的协同与统一。本书将以此评价体系架构为指导,选择可量化指标进行中国农业高质量发展水平的测度与评价分析。

(二)评价指标体系设计的基本架构

农业高质量发展是一个具有多重性特点的评价对象,这需要从多维度选取一些能切实反映评价对象本质特征的具有代表性的评价指标。从已有文献看，指标的选择方法分为定性和定量两种。其中，定性方式选取是指主要依赖评价者或相关专家的经验和知识来主观选定，海选指标可适用该方式；而定量方式选择主要通过主成分分析法、相关分析法等数学统计方法来计算出具有代表性的指标，筛选指标时较适合使用。本书结合已有文献资料在农业高质量发展相关评价指标体系中常用的评价指标，并咨询相关农业问题专家，海选主观评价指标；同时，利用主成分分析方法对一些关联性较大的指标进行降维处理，进行指标筛选，形成具有代表性的简化指标。结合前文的文献综述、农业高质量发展的内涵特征界定，遵循科学性、目标性、系统性、动态性、可行性等基本原则以及指标体系设计的基本思路，本书基于投入产出视角从经济、环境和社会三个维度构建农业高质量发展评价指标体系，如表3.1所示。

表 3.1　　基于投入产出视角的中国农业高质量发展评价指标体系

指标类型	一级指标	指标细化	二级指标	指标含义
投入性指标	要素成本	农地占用	农作物播种面积（万公顷）	反映农业发展过程中土地、劳动、资本等各类要素占用或投入，即要素投入
		灌溉投入	有效灌溉面积（万公顷）	
		劳动力投入	第一产业从业人数（万人）	
		中间消耗	农林牧渔生产中间消耗（亿元）	
		固定资产	农业固定资产投入（亿元）	
		农机投入	年末农业机械总动力（万千瓦）	
	环境成本	环境污染	农业碳排放（万吨）	反映农业生产过程中人类活动直接或间接引致的环境污染，即环境代价
	社会成本	城乡失衡	城乡收入比（%）	反映农业发展过程中利益分配机制的不合理引致的城乡失衡，即社会代价
			城乡消费比（%）	
产出性指标	经济效益	农业总产出	农林牧渔业产值（亿元）	反映农业经济产出及增长

第一，要素成本投入性指标。从生产实践来看，农地占用、灌溉投入、劳动力投入、中间消耗、固定资产、农机投入等基本反映了农业发展过程中土地、劳动、资本等各类要素占用或投入，可作为经济要素成本投入性指标；该模块中，农地占用以农作物播种面积（万公顷）表

示，灌溉投入以有效灌溉面积（万公顷）表示，劳动力投入以乡村第一产业人数（万人）表示，中间消耗以农林牧渔生产中间消耗（亿元）表示，固定资产以农业固定资产投入（亿元）表示，农机投入以年末农业机械总动力（万千瓦）表示，数据均可直接从《中国统计年鉴》（2000—2023年）和《中国农村统计年鉴》（2000—2023年）获取。同时，对多个要素成本性投入指标进行归一化处理，运用主成分分析方法对其进行降维处理，并对所得主成分值再做归一化处理。

第二，环境成本投入性指标。该指标主要体现为农业环境污染或环境代价，农业碳排放基本反映了农业生产过程中人类活动直接或间接引致的环境污染或环境代价，可作为环境成本投入性指标。目前，学术界对农业碳排放存在两种理解：一种认为，农业碳排放仅局限于农业生产过程中因人的生产活动和产出物导致的直接或间接的温室气体碳排放效应（田云等，2012）；另一种认为，农业碳排放还包括农业本身及产出物的碳汇效应（尚杰、杨滨键，2019）。从李俊杰（2012）、吴贤荣等（2014）、黎孔清（2018）等学者已有的农业碳排放相关研究成果来看，大多数研究更侧重第一种理解。基于此，本书认为农业碳排放主要包括农业种植行为或畜牧养殖行为直接或间接引致的温室气体碳排放，其主要源于以下几类活动：一是化肥、农药和农膜在生产及使用过程中所引致的直接或间接碳排放。二是农业机械使用过程中消耗的柴油和电力等能源在生产及使用过程中引致的直接或间接排放。三是翻耕等行为破坏了土壤有机碳库，导致有机碳释放到空气中而形成的碳排放。四是猪、牛和羊等动物养殖带来的甲烷气体排放。目前，学术界并未形成对农业碳排放的统一测算方法，本书主要借鉴张俊飙等学者对农业碳排放相关研究成果，确定农业碳排放的测算公式如式（3.1）所示：

$$c = \sum c_i = \sum e_i \cdot \varepsilon_i \tag{3.1}$$

式中：c 为农业碳排放总量；i 为农业碳排放源的种类；e_i 为第 i 种碳源的投入量；ε_i 为第 i 种碳源的碳排放系数。其中，农业各碳源的碳排放系数如表3.2所示。

表 3.2　　　　　　　　　农业主要碳源碳排放系数

类别	碳源	碳排放系数	参考来源
种植业	化肥	0.8956 千克/千克	美国橡树玲国家实验室（马涛，2011）
	农药	4.9321 千克/千克	美国橡树玲国家实验室（马涛，2011）
	农膜	5.18 千克/千克	南京农业大学农业资源与生态环境研究所（王宝义、张卫国，2016）
	柴油	0.5927 千克/千克	IPCC（2013）
	灌溉	266.48 千克/立方米	段华平等（2011）
	翻耕	312.6 千克/平方米	中国农业大学农学与生物技术学院（李波等，2011）
畜牧业	猪	5.53 千克/（头·年）	IPCC（2013）
	牛	64.7 千克/（头·年）	IPCC（2013）
	羊	6.03 千克/（头·年）	IPCC（2013）
	马	21.13 千克/（头·年）	IPCC（2013）
	驴	12.29 千克/（头·年）	IPCC（2013）
	家禽	0.04 千克/（只·年）	IPCC（2013）

注：化肥、农药、农膜、柴油、灌溉、翻耕、猪、牛、羊等数据均来自《中国农村统计年鉴》《中国统计年鉴》。

第三，社会成本投入性指标。从社会实践来看，城乡失衡涉及多方面，但最为突出的失衡主要反映在收入方面和消费方面，同时考虑到数据的可得性及可比性原则，本书主要用城乡收入比和城乡消费比来反映城乡失衡指数，在一定程度上反映了农业发展过程中的利益分配不合理引致的城乡失衡（社会代价），本书将其作为社会成本投入性指标。对于用城乡收入比和城乡消费比来反映城乡失衡，学术界存在两种不同的意见：一部分学者认为，从城市化发展规律来看，城市必然是收入和消费主体，这种经济自然发展规律是客观存在的，不能作为城乡失衡的主要因素（李欣广，2014）。另一部分学者认为，实现城乡收入及消费均衡或缩小城乡收入及消费差距是城乡统筹发展的重要内容，城乡收入及消费差距是城乡失衡的主要表现（武小龙，2015）。鉴于本书主要关注农业的增收功能及在缩小城乡差距方面所发挥的作用，本书侧重第二种理解，即城乡收入比和城乡消费比是反映城乡失衡的关键指标。因此，在指标体系构建过程中，可在一定程度上将城乡收入比和城乡消费比作为城乡失衡替代指标，作为社会成本投入性指标。其中，城乡收入比和城乡消费比的数据主要源于《中国农村统计年鉴》（2000—2023年），对城乡收入比和城乡消费比进行加总，并对加总所得数值进行归一化处理。

第四，经济效益产出性指标。本书将农业总产出作为经济效益产出性指标，而农业总产出主要是指农林牧渔业总产值，其数据主要源于《中国统计年鉴》（2000—2023年）。

第二节　评价方法选择

本书绪论部分已对高质量发展相关测度方法进行了较详细的梳理、总结和比较，主要包括数据包络分析法（DEA）、层次分析法、TOPSIS分析法、熵值法、主成分分析法（PCA）等，这些评价方法各有优劣点、适用范围和对象，总体上看，以"相对效率"为基础的数据包络分析法，因其赋权客观、无量纲化、无须设定函数等独特优势而获得诸多研究者的青睐，特别是在多投入产出指标评价中得到广泛应用。但数据包络分析方法自身存在一定缺陷，数据包络分析方法要求评价对象的个数必须大于投入指标个数与产出指标个数之和的两倍以上。然而，在样本数量相对较少的情况下，若减少指标个数或省略重要指标，则不能够反映评价系统的原有信息。此外，投入指标与产出指标之间如果存在较强相关性，则会出现评价对象有效性普遍接近1的情况，导致缺乏区分度，影响评价结果的准确性（曹阳龙、史本山，2006）。从现有文献资料看，大多学者在应用数据包络分析方法进行效率评价时没有较好地解释指标强相关性所带来的问题。主成分分析法因其较强的提取能力，在指标降维和指标筛选广泛应用中凸显其强大优势。

因此，在基于多投入产出所构建的农业高质量发展评价指标体系的基础上，本书选用PCA-DEA综合评价模型对中国农业高质量发展进行测度与评价，以提升其评价的准确性和科学性，为中国农业高质量发展的进一步深入分析奠定基础。

一　主成分分析法

主成分分析法是一种较为普遍使用的统计方法，其基本原理是将利用降维思想，将最初的多个指标转化为少个综合指标（主成分），且各主成分指标都是最初指标的线性组合，每个主成分之间不存在相关性，这些主成分可反映指标的绝大多数信息，并且所含信息互不重叠。若每项指标方差较大，那么该指标可用来区分总体分布中的个体；若方差为"0"，则该指标不能用来区分总体中的个体，原因是这些个体指标值相同。根据综合指标（主成分）的方差信息由多到少，依次被确定为第一主成分、第二主成分、第三主成分……

假设选择 P 个指标来描述所要研究的对象，令初始指标为 x_1，x_2，…，x_P，这些指标构成了 P 维随机向量 $\boldsymbol{X}=(x_1, x_2, \cdots, x_P)'$。假设有 m 个样本单元，对其进行比较，那么共有 mp 个数据，待求解的综合指标有 z_1，z_2，…，z_P，选择一个正交变量，使这些初始指标组成为互相独立的综合指标，可由 $\boldsymbol{Z}=\boldsymbol{CX}$ 表示，记为 $z_j = \sum c_{ij}x_j (i, j = 1, 2, \cdots, p)$。$\boldsymbol{Z}$ 的具体表示如下所示：

$$\boldsymbol{Z}=\begin{cases} z_1 = c_{11}x_1 + c_{12}x_2 + \cdots + c_{1p}c_p \\ z_2 = c_{21}x_1 + c_{22}x_2 + \cdots + c_{2p}c_p \\ z_3 = c_{31}x_1 + c_{32}x_2 + \cdots + c_{3p}c_p \\ z_4 = c_{41}x_1 + c_{42}x_2 + \cdots + c_{4p}c_p \end{cases} \quad (3.2)$$

式中：C 矩阵向量满足正交条件，即 $CC'=I$，且遵循以下准则：①z_i 与 $z_j(i \neq j)$ 相互独立；②z_1 的方差是 z_i 所有方差中最大的，z_2 的方差是 $z_i(i \neq 1)$ 所有方差中最大的，以此类推。

计算出来的综合指标 z_1，z_2，…，z_P 分别表示为第一主成分、第二主成分、第三主成分……第 P 个主成分，这些主成分指标的方差通常呈现递减分布。而综合指标 z_1，z_2，…，$z_r(r<p)$ 可表示样本总方差中的最重要内容。

主成分分析法可克服单一指标无法反映样本总体情况的缺点，通过引入多个指标并将其降维为几个综合指标，即将多个复杂影响因素归结为几个主成分因素，从而使复杂问题变得简单化。目前，主成分的提取可运用 SPSS 软件来完成，从而使主成分分析法的应用更加简便。

二　数据包络分析法

数据包络分析方法自 1978 年被提出以来，其相关理论研究不断深入,并在诸多领域得到日益广泛的应用,特别是已成为经济管理科学领域的一种重要且有效的分析工具(魏权龄、岳明,1989)。DEA 是在相对效率概念基础上形成的一种系统分析方法,比较适合于多投入—多产出的决策单元,主要用来评价决策单元的技术有效性、规模有效性。数据包络分析法的基本思路:①把任意的一个评价对象视为决策单元(DMU),诸多的 DMU 共同构成了被评价主体,且这些 DMU 都具有相同类型的投入指标和产出指标。②综合分析投入与产出之间的比率,并且评价计算每个 DMU 的投入或产出指标权重,以确定有效生产前沿面。③通过对比 DMU 偏离 DEA 前沿面的程度,来判断 DMU 的相对有效性。

数据包络分析法无须预先设定估计参数,这最大限度地减少了主观因素的影响,其计算简化且过程中的误差较小,可较为理想地呈现研究对象自身的信息和各自特点。因此,数据包络分析法被广泛应用于不同行业、不同区域和不同领域的数量研究。

目前,最具有代表性的数据包络模型有 CCR 模型和 BCC 模型。其中,CCR 模型是在假定规模报酬保持不变情况下对相关投入产出作综合技术效率分析;而 BCC 模型是将 CCR 模型中的综合技术效率分解成规模效率和纯技术效率,以判定 DEA 无效的决策单元是因规模无效还是因技术无效造成的,由此能更好地反映决策单元管理者经营管理水平。BBC 模型又可分为投入导向型与产出导向型,其中投入导向型是在产出效益不变情况下最大限度地减少成本投入量以提高效率,而产出导向型是在成本投入不变的情况下尽量增加产出效益。对农业而言,关于成本投入相对容易控制,而对产出效益的控制相对较困难。因此,本书选择投入导向型的 BCC 模型。

设 n 个决策单元(DMU),每个 DMU 均有 m 种投入以及 s 种产出,x_{ij} 表示第 j 个决策单元 DMU_j 的第 i 种投入,y_{rj} 表示第 j 个决策单元的第 r 种产出,λ_j 为 n 个 DMU 的投入产出指标权重,$\sum_{j=1}^{n} x_{ij}\lambda_j$ 和 $\sum_{j=1}^{n} y_{ij}\lambda_j$ 表示加权处理后的 DMU 投入量和产出量。那么,BCC 模型具体如下:

$$\begin{cases} \min\left[\theta - \varepsilon\left(\sum_{i=1}^{m} S_i^- + \sum_{i=1}^{m} S_r^+\right)\right] \\ \text{s.t.} \begin{cases} \sum_{j=1}^{n} x_{ij}\lambda_j + S_i^- = \theta x_{ij}, \ i \in (1, 2, \cdots, m) \\ \sum_{j=1}^{n} y_{ij}\lambda_j + S_i^+ = y_{rj}, \ r \in (1, 2, \cdots, s) \\ \sum_{j=1}^{n} \lambda_j = 1 \\ \theta, \lambda_j, S_i^-, S_i^+ \geq 0 \\ j = 1, 2, \cdots, n \end{cases} \end{cases} \quad (3.3)$$

式中：θ 为相对效率；S_i^- 和 S_r^+ 为松弛变量；ε 为非阿基米德无穷小，通常情况下取 $\varepsilon = 0.000001$。假设模型最优解是 θ^*、S^{*+}、S^{*-}、λ^*，则有：

（1）若 $\theta^* = 1$，则表明 DMU 至少为弱 DEA 有效。

（2）若 $\theta^* = 1$ 且 $S^{*+} = S^{*-} = 0$，则表明 DMU 为 DEA 有效。

（3）若 $\theta^* < 1$ 或 $S^{*+} \neq 0$、$S^{*-} \neq 0$，则表明相应 DMU 为非 DEA 有效，且 θ^* 值越大，则 DMU 相对效率就越高。

（4）采用最优解 λ^* 分析 DMU 相对应的规模收益状况。若 $\sum_{j=1}^{n} \lambda_j = 1$ 时，则规模收益不变；若 $\sum_{j=1}^{n} \lambda_j < 1$ 时，则规模收益递增；若 $\sum_{j=1}^{n} \lambda_j > 1$ 时，则规模收益递减。

三 PCA-DEA 综合评价模型

数据包络分析法的模型特点表明，决策单元的个数、投入指标个数和产出指标个数在一定程度上会影响到评价结果的意义。通常情况下，投入指标数量与产出指标数量之和数值越小，其评价结果的效果越好；决策单元的个数要超过投入指标个数和产出指标个数之和的两倍，否则评价结果将丧失意义。以赋权客观、无量纲化、无须设定函数等为优势的数据包络分析法能够良好应对多维度构建的投入产出评价指标体系，特别是对农业高质量评价将覆盖多个方面，但数据分析包络方法本身又存在一定缺陷，如投入产出指标之间的相关性可能在一定程度上影响评价结果等。基于此，考虑到主成分分析法具有较强的提取能力，应用于指标降维、指标筛选等方面能够充分发挥其优势。故为确保评价结果的科学性和准确性，本书运用PCA-DEA综合评价模型对农业高质量发展进行测度与评价，大体评价流程如图3.3所示。

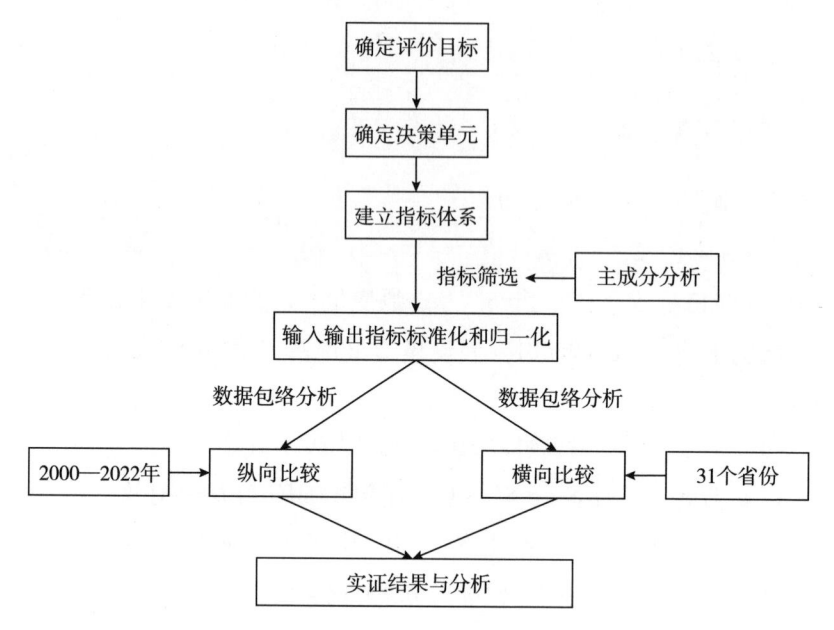

图3.3 PCA-DEA模型评价流程

第三节 实证结果与分析

本节选用DEP2.1软件，利用PCA-DEA综合评价模型测算2000—2022年中国31个省份（不含港澳台地区，下同）的农业高质量发展静态效率，包括综合效率、纯技术效率和规模效率，测算所得数值结果如表3.3、表3.4和表3.5所示。

表3.3 2000—2022年中国31个省份农业高质量发展综合效率结果

省份	2000年	2002年	2004年	2006年	2008年	2010年	2012年	2014年	2016年	2018年	2020年	2022年
北京	0.228	0.245	0.294	0.256	0.401	0.402	0.539	0.642	0.591	0.719	0.783	0.823
天津	0.211	0.184	0.214	0.175	0.266	0.264	0.368	0.437	0.409	0.506	0.546	0.590

续表

省份	2000年	2002年	2004年	2006年	2008年	2010年	2012年	2014年	2016年	2018年	2020年	2022年
河北	0.158	0.171	0.234	0.236	0.353	0.349	0.567	0.688	0.648	0.740	0.869	0.906
山西	0.071	0.077	0.105	0.125	0.208	0.191	0.336	0.374	0.356	0.364	0.424	0.472
内蒙古	0.094	0.099	0.139	0.168	0.232	0.231	0.367	0.413	0.409	0.433	0.505	0.533
辽宁	0.171	0.195	0.241	0.269	0.372	0.405	0.677	0.721	0.594	0.676	0.768	0.792
吉林	0.125	0.128	0.161	0.197	0.285	0.296	0.398	0.428	0.357	0.363	0.379	0.418
黑龙江	0.098	0.111	0.154	0.210	0.325	0.292	0.523	0.628	0.667	0.785	0.838	0.851
上海	0.256	0.277	0.386	0.319	0.383	0.410	0.506	0.537	0.598	0.659	0.723	0.758
江苏	0.246	0.260	0.313	0.353	0.476	0.470	0.779	0.885	0.989	1.000	1.000	1.000
浙江	0.287	0.294	0.341	0.340	0.429	0.427	0.630	0.711	0.861	0.966	1.000	1.000
安徽	0.142	0.151	0.204	0.201	0.294	0.295	0.437	0.495	0.522	0.618	0.717	0.701
福建	0.240	0.242	0.285	0.315	0.433	0.436	0.700	0.800	0.843	1.000	1.000	1.000
江西	0.132	0.147	0.179	0.212	0.308	0.283	0.407	0.495	0.551	0.584	0.637	0.664
山东	0.221	0.242	0.325	0.359	0.461	0.466	0.771	0.939	0.961	0.992	1.000	1.000
河南	0.187	0.195	0.253	0.291	0.400	0.398	0.630	0.772	0.784	0.878	0.941	0.948
湖北	0.146	0.159	0.234	0.254	0.379	0.378	0.599	0.720	0.786	0.890	0.929	0.985
湖南	0.149	0.162	0.222	0.240	0.386	0.374	0.591	0.647	0.622	0.692	0.730	0.806
广东	0.233	0.252	0.300	0.388	0.484	0.482	0.666	0.821	0.923	1.000	1.000	1.000
广西	0.131	0.145	0.202	0.258	0.372	0.369	0.507	0.558	0.640	0.713	0.818	0.865
海南	0.156	0.172	0.188	0.293	0.368	0.340	0.541	0.585	0.700	0.747	0.820	0.836
重庆	0.100	0.113	0.155	0.149	0.234	0.218	0.352	0.420	0.491	0.550	0.635	0.656
四川	0.161	0.181	0.254	0.283	0.414	0.421	0.641	0.765	0.864	0.918	1.000	0.944
贵州	0.083	0.088	0.109	0.152	0.215	0.207	0.321	0.446	0.628	0.713	0.828	0.841
云南	0.109	0.120	0.151	0.186	0.259	0.256	0.399	0.467	0.540	0.580	0.654	0.876
西藏	0.020	0.022	0.026	0.055	0.063	0.060	0.080	0.098	0.120	0.130	0.155	0.174
陕西	0.094	0.101	0.131	0.173	0.270	0.258	0.468	0.534	0.617	0.619	0.691	0.364
甘肃	0.072	0.078	0.103	0.132	0.179	0.172	0.290	0.333	0.307	0.357	0.378	0.390
青海	0.022	0.024	0.034	0.070	0.115	0.108	0.175	0.200	0.192	0.213	0.237	0.514
宁夏	0.059	0.065	0.076	0.106	0.160	0.141	0.225	0.251	0.263	0.298	0.330	0.343
新疆	0.091	0.096	0.130	0.152	0.199	0.196	0.330	0.411	0.492	0.492	0.554	0.571

表 3.4 2000—2022 年中国 31 个省份农业高质量发展纯技术效率结果

省份	2000年	2002年	2004年	2006年	2008年	2010年	2012年	2014年	2016年	2018年	2020年	2022年
北京	0.830	0.785	0.798	0.827	0.885	0.919	0.969	0.980	0.974	1.000	1.000	1.000
天津	0.878	0.810	0.794	0.795	0.823	0.796	0.950	1.000	1.000	1.000	1.000	1.000
河北	0.676	0.653	0.659	0.608	0.624	0.591	0.704	0.798	0.838	0.909	0.983	0.987
山西	0.598	0.553	0.549	0.562	0.589	0.608	0.662	0.740	0.759	0.754	0.785	0.805
内蒙古	0.745	0.598	0.532	0.579	0.562	0.529	0.604	0.710	0.724	0.780	0.852	0.873
辽宁	0.702	0.680	0.685	0.702	0.643	0.656	0.782	0.839	0.765	0.808	0.852	0.856
吉林	0.619	0.627	0.614	0.664	0.676	0.693	0.768	0.802	0.831	0.851	0.885	0.896
黑龙江	0.619	0.585	0.598	0.664	0.731	0.740	0.834	0.851	0.872	0.986	1.000	1.000
上海	0.901	0.883	0.866	0.892	0.914	0.895	0.999	0.996	0.982	1.000	1.000	0.999
江苏	0.830	0.802	0.736	0.777	0.762	0.782	0.854	0.934	0.990	1.000	1.000	1.000
浙江	0.760	0.734	0.680	0.730	0.753	0.757	0.837	0.917	0.995	1.000	1.000	1.000
安徽	0.664	0.624	0.730	0.562	0.590	0.609	0.634	0.706	0.738	0.908	1.000	0.957
福建	0.890	0.811	0.736	0.664	0.687	0.696	0.842	0.914	0.936	1.000	1.000	1.000
江西	0.745	0.670	0.660	0.652	0.861	0.655	0.739	0.777	0.877	0.863	0.908	0.910
山东	0.702	0.691	0.669	0.621	0.637	0.642	0.773	0.940	0.963	1.000	1.000	1.000
河南	0.664	0.596	0.565	0.583	0.593	0.602	0.677	0.797	0.833	0.950	1.000	1.000
湖北	0.652	0.581	0.584	0.598	0.627	0.646	0.721	0.808	0.848	0.976	1.000	1.000
湖南	0.640	0.619	0.594	0.589	0.603	0.584	0.689	0.731	0.774	0.833	0.894	0.963
广东	0.598	0.566	0.534	0.563	0.581	0.575	0.700	0.862	0.932	1.000	1.000	1.000
广西	0.545	0.498	0.459	0.537	0.527	0.525	0.594	0.664	0.735	0.842	0.961	0.973
海南	0.777	0.751	0.778	0.773	0.818	0.821	0.937	0.981	0.965	1.000	1.000	1.000
重庆	0.516	0.525	0.559	0.555	0.592	0.573	0.661	0.738	0.781	0.856	0.917	0.972
四川	0.608	0.558	0.563	0.579	0.590	0.633	0.738	0.831	0.892	0.929	1.000	0.958
贵州	0.480	0.478	0.479	0.475	0.497	0.503	0.559	0.626	0.698	0.746	0.828	0.842
云南	0.521	0.480	0.419	0.445	0.487	0.495	0.567	0.621	0.665	0.709	0.778	0.920
西藏	0.846	0.841	0.878	0.880	0.896	0.887	0.971	0.931	0.908	0.929	0.936	0.949
陕西	0.480	0.458	0.478	0.493	0.539	0.535	0.654	0.687	0.756	0.763	0.827	0.423
甘肃	0.491	0.480	0.486	0.491	0.521	0.514	0.590	0.612	0.613	0.657	0.684	0.685
青海	0.800	0.790	0.822	0.816	0.815	0.776	0.922	0.903	0.895	0.922	0.953	0.968
宁夏	0.732	0.706	0.702	0.688	0.712	0.730	0.788	0.792	0.808	0.854	0.886	0.912
新疆	0.640	0.468	0.503	0.514	0.524	0.567	0.608	0.668	0.690	0.692	0.720	0.734

表 3.5 2000—2022 年中国 31 个省份农业高质量发展规模效率结果

省份	2000年	2002年	2004年	2006年	2008年	2010年	2012年	2014年	2016年	2018年	2020年	2022年
北京	0.275	0.312	0.369	0.310	0.454	0.438	0.556	0.655	0.607	0.719	0.783	0.823
天津	0.240	0.227	0.270	0.220	0.323	0.331	0.388	0.437	0.409	0.506	0.546	0.590
河北	0.234	0.261	0.355	0.388	0.565	0.590	0.804	0.862	0.773	0.815	0.884	0.918
山西	0.119	0.139	0.192	0.222	0.353	0.314	0.507	0.505	0.469	0.483	0.540	0.586
内蒙古	0.126	0.166	0.261	0.289	0.413	0.437	0.607	0.581	0.565	0.555	0.593	0.610
辽宁	0.243	0.287	0.352	0.383	0.578	0.617	0.865	0.859	0.776	0.836	0.901	0.925
吉林	0.201	0.204	0.262	0.297	0.421	0.428	0.518	0.533	0.430	0.426	0.428	0.467
黑龙江	0.158	0.190	0.257	0.316	0.444	0.395	0.628	0.738	0.765	0.796	0.838	0.851
上海	0.284	0.314	0.446	0.357	0.419	0.458	0.507	0.539	0.609	0.659	0.723	0.759
江苏	0.297	0.324	0.425	0.455	0.625	0.601	0.911	0.948	1.000	1.000	1.000	1.000
浙江	0.377	0.400	0.502	0.466	0.571	0.563	0.753	0.775	0.865	0.966	1.000	1.000
安徽	0.213	0.242	0.279	0.357	0.499	0.484	0.690	0.702	0.707	0.680	0.717	0.732
福建	0.270	0.298	0.387	0.474	0.629	0.627	0.832	0.875	0.901	1.000	1.000	1.000
江西	0.178	0.220	0.272	0.325	0.357	0.432	0.551	0.637	0.628	0.677	0.701	0.730
山东	0.314	0.350	0.486	0.578	0.723	0.726	0.997	0.999	0.998	0.992	1.000	1.000
河南	0.282	0.327	0.448	0.499	0.675	0.662	0.930	0.969	0.942	0.925	0.941	0.948
湖北	0.223	0.273	0.400	0.424	0.605	0.585	0.831	0.891	0.927	0.912	0.929	0.985
湖南	0.232	0.262	0.374	0.408	0.640	0.640	0.858	0.885	0.804	0.830	0.817	0.837
广东	0.390	0.445	0.561	0.689	0.833	0.837	0.952	0.952	0.990	1.000	1.000	1.000
广西	0.241	0.292	0.441	0.480	0.706	0.702	0.853	0.840	0.871	0.847	0.851	0.889
海南	0.201	0.229	0.241	0.380	0.450	0.414	0.577	0.596	0.725	0.747	0.820	0.836
重庆	0.195	0.216	0.278	0.268	0.395	0.380	0.532	0.570	0.629	0.643	0.692	0.675
四川	0.265	0.324	0.451	0.488	0.702	0.665	0.868	0.920	0.969	0.988	1.000	0.985
贵州	0.173	0.184	0.227	0.320	0.432	0.411	0.574	0.712	0.899	0.956	1.000	0.999
云南	0.209	0.250	0.361	0.418	0.533	0.517	0.704	0.753	0.813	0.818	0.841	0.952
西藏	0.024	0.026	0.030	0.063	0.070	0.068	0.082	0.105	0.132	0.140	0.166	0.183
陕西	0.196	0.221	0.274	0.351	0.501	0.482	0.716	0.778	0.816	0.812	0.835	0.861
甘肃	0.146	0.163	0.212	0.268	0.343	0.333	0.492	0.545	0.500	0.543	0.552	0.569
青海	0.027	0.031	0.041	0.086	0.141	0.139	0.190	0.222	0.214	0.231	0.249	0.531

续表

省份	2000年	2002年	2004年	2006年	2008年	2010年	2012年	2014年	2016年	2018年	2020年	2022年
宁夏	0.081	0.093	0.108	0.154	0.224	0.193	0.286	0.316	0.325	0.350	0.372	0.376
新疆	0.141	0.206	0.258	0.296	0.380	0.346	0.542	0.614	0.714	0.712	0.769	0.778

一 全国农业高质量发展静态效率分析

根据表3.3、表3.4和表3.5中的相关测算所得数值，可知2000—2022年中国各省份农业高质量发展效率均值（见表3.6）和2000—2022年全国农业高质量发展效率变化趋势（见图3.4）。从表3.6中可以发现，中国农业高质量发展效率总体上处于较低水平，存在较大的发展潜力；2000—2022年，综合效率、纯技术效率和规模效率的均值分别为0.424、0.754和0.539，距离数据包络分析效率前沿面还分别存在57.64%、24.61%和46.09%的差距，由此可见，中国农业高质量发展效率还有待进一步提升。中国农业高质量发展综合效率较低可能主要归因于农业生产要素集约化利用程度不高、农业生产碳排放高或城乡利益配置不合理，尤其是农业生产规模效率较低。农业生产要素集约化利用程度不高主要源于农业生产方式的落后导致农业生产要素未得到充分利用；而农业补贴政策和粮价限制措施影响到农业生产要素的集约化利用。为保障粮食安全，持续增加农业产量，中国农业长期依赖高投入、高消耗和高排放的生产经营方式，由此直接或间接引致的碳排放居高不下。农业发展与工业发展、乡村与城市发展在经济增长利益的分配中存在不公平，导致城乡差距不断扩大。此外，中国农业资源地理分布不均衡，仍以家庭式农业生产为主，农业规模化生产受到极大限制，从而导致农业生产资料的浪费与农业资源未充分利用。

表3.6 2000—2022年中国31个省份农业高质量发展效率均值

效率	2000年	2002年	2004年	2006年	2008年	2010年	2012年	2014年	2016年	2018年	2020年	2022年
综合效率	0.145	0.155	0.198	0.223	0.314	0.310	0.478	0.556	0.591	0.651	0.706	0.730
纯技术效率	0.682	0.642	0.636	0.641	0.666	0.662	0.752	0.811	0.840	0.888	0.924	0.922
规模效率	0.211	0.241	0.317	0.356	0.484	0.478	0.648	0.688	0.702	0.728	0.785	0.787

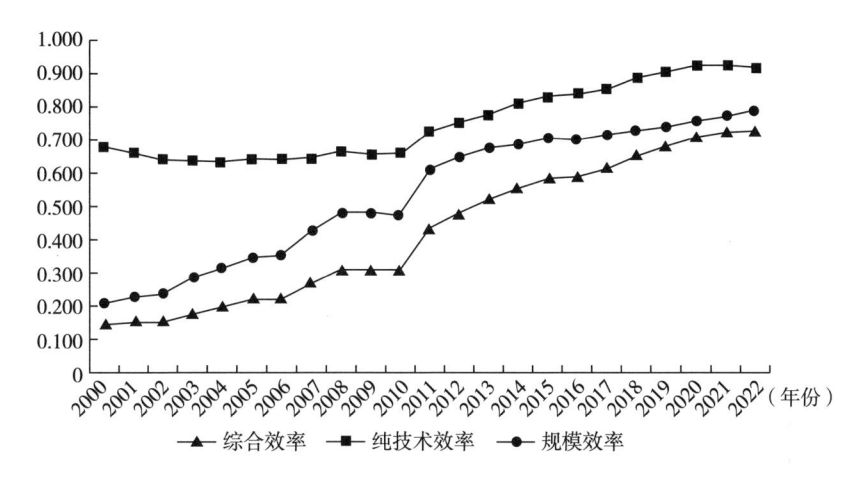

图 3.4　2000—2022 年中国农业高质量发展效率变化趋势

由图 3.4 可知，全国农业高质量发展效率 2000—2022 年总体处于上升趋势，综合效率从 2000 年的 0.145 上升至 2022 年的 0.730，纯技术效率从 2000 年的 0.682 上升至 2022 年的 0.922，规模效率从 2000 年的 0.211 上升至 2022 年的 0.787。这可能主要得益于以下几点因素：一是中国农业农村的大力改革促进了农业资源、农业环境和农业经济等协调发展以及农业高质量发展效率的提升。二是农业机械化以及农业技术的进步极大推动了农业生产要素的集约化度，促进了规模效应。三是农户自身技能和素质的提高对农业高质量发展效率的提升起到十分关键的作用。但 2009 年和 2010 年，全国农业高质量发展效率出现了短暂的下降，这可能是受国际金融危机的影响，农业生产资料价格上涨，优势农产品出口困难，农产品价格全面下行，农民工就业困难，从而导致农业成本增加和农业经济效益减少，造成农业高质量发展效率的下降。由图 3.4 可知，纯技术效率最高，规模效率次之，综合效率最低，且综合效率主要受规模效率的影响较大，因此，要想进一步提升农业高质量发展效率，应不断加快农业的集约化生产和规模化生产，以提升农业规模效率。

二　区域农业高质量发展静态效率分析

本书依据中国经济区域划分方法，将中国划分为四大地区：东部地区、中部地区、西部地区和东北地区。根据表 3.3 中的相关测算数值，可知 2000—2022 年中国不同地区农业高质量发展综合效率及其变化趋势，由表 3.7 和图 3.5 可知，中国四大地区农业高质量发展综合效率均呈上升趋势,但总体上呈现从"东部地区>东北地区>中部地区>西部地区"状态转向"东部地区>中部地区>东北地区>西部地区"状态的趋势。其中,东部地区综合效率从2000年的0.224持续上升至2022年的0.891;中部地区综合效率从2000年的0.138上升至2022年的0.763,但2009年、2010年和2016年出现了短暂间歇性微降;西部地区综合效率从2000年的0.086上升至2022年的0.589,但2009年和2010年呈现短暂的下降;东北地区综合效率从2000年的0.131上升至2022年的0.687,于2016年出现了较大幅度的短暂下降,但2017年又重启上升趋势。从农业高质量发展综合效率的上升幅度来看,呈现"西部地区>中部地区>东北地区>东部地区"的强弱情形,这表明近年来中国农业高质量发展效率得到了较大的改善并日趋向好。对比不同地区综合效率值,地区间的差距趋于扩大,特别是西部地区与东部地区的综合效率存在较大距离,这表明中国农业高质量发展效率的差异性较大且趋于扩大的趋势。

表3.7 2000—2022年中国不同地区农业高质量发展综合效率

区域	2000年	2002年	2004年	2006年	2008年	2010年	2012年	2014年	2016年	2018年	2020年	2022年
东部地区	0.224	0.234	0.288	0.303	0.405	0.405	0.607	0.705	0.752	0.833	0.874	0.891
中部地区	0.138	0.149	0.200	0.221	0.329	0.320	0.500	0.584	0.604	0.671	0.730	0.763
西部地区	0.086	0.094	0.126	0.157	0.226	0.220	0.346	0.408	0.464	0.501	0.565	0.589
东北地区	0.131	0.145	0.185	0.225	0.327	0.331	0.533	0.592	0.539	0.608	0.661	0.687

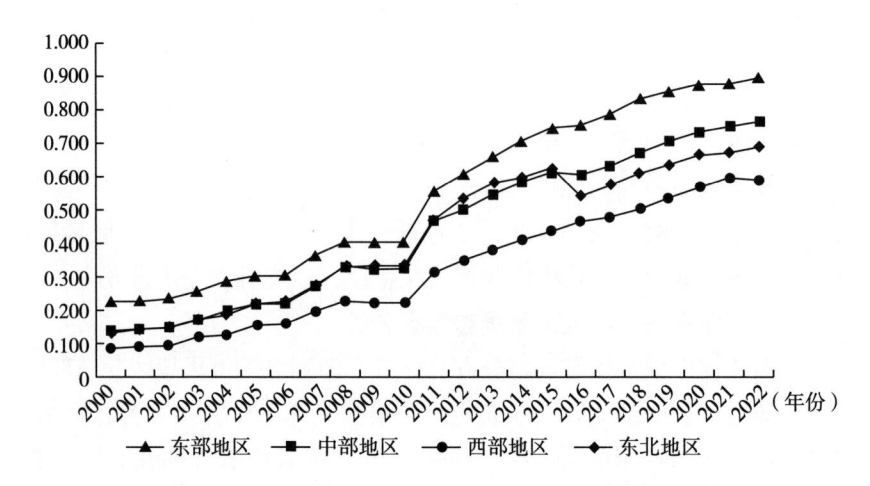

图3.5 2000—2022年中国不同地区农业高质量发展综合效率变化趋势

根据表3.4中的相关测算数值，可知2000—2022年中国不同区域农业高质量发展纯技术效率及其变化趋势，如表3.8和图3.6所示，2000—2022年，中国四大地区的农业高质量发展纯技术效率总体上趋于上升。东部地区纯技术效率持续上升，处于较高水平状态，年均值达0.850，这表明东部地区农业生产要素的集约化水平较高、农业生产方式更加环境友好或农业附加值较高等；中部地区与西部地区纯技术效率总体上处于较低水平；东北地区纯技术效率增速呈现不稳定状态，2016年出现了短暂的负增长。总的来看，2000—2022年，东部地区纯技术效率增长幅度约为27.34%，中部地区、西部地区和东北地区增幅分别为42.19%、37.88%和41.86%，这表明不同区域的纯技术效率增幅水平较为接近，而中部地区在纯技术效率改善方面表现得更为突出。

表3.8　2000—2022年中国不同地区农业高质量发展纯技术效率

区域	2000年	2002年	2004年	2006年	2008年	2010年	2012年	2014年	2016年	2018年	2020年	2022年
东部地区	0.784	0.749	0.725	0.725	0.748	0.747	0.857	0.932	0.958	0.991	0.998	0.999
中部地区	0.661	0.607	0.614	0.591	0.644	0.617	0.687	0.760	0.805	0.881	0.931	0.939
西部地区	0.617	0.573	0.573	0.588	0.605	0.606	0.688	0.732	0.764	0.807	0.862	0.851
东北地区	0.647	0.631	0.632	0.677	0.683	0.696	0.795	0.831	0.823	0.882	0.912	0.917

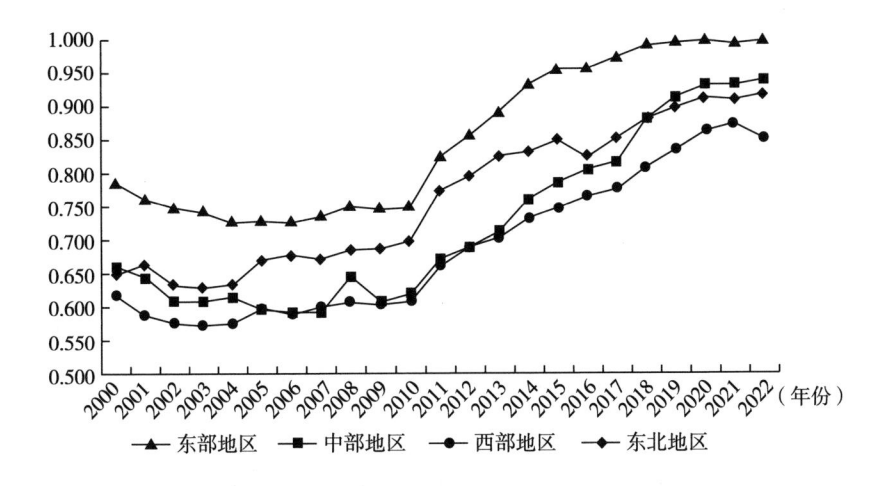

图3.6　2000—2022年中国不同地区农业高质量发展纯技术效率变化趋势

根据表3.5中的相关测算数值,可知2000—2022年中国不同区域农业高质量发展规模效率及其变化趋势,如表3.9和图3.7所示,中国四大区域的农业高质量发展规模效率总体处于上升趋势,但整体效率水平普遍偏低,还存在较大的提升空间,且不同区域呈现各自特点。2000—2022年,东部地区、中部地区、西部地区和东北地区的农业高质量发展规模效率均值分别为0.636、0.572、0.455和0.524。从上升幅度来看,东部地区为206.45%,中部地区为286.37%,西部地区为360.96%,东北地区为272.59%,且整体上升幅度较大。这在一定程度上表明东部地区农业规模化生产水平总体较高,而西部地区农业规模化生产水平还存在较大的提升空间或拥有较大的发展潜力。

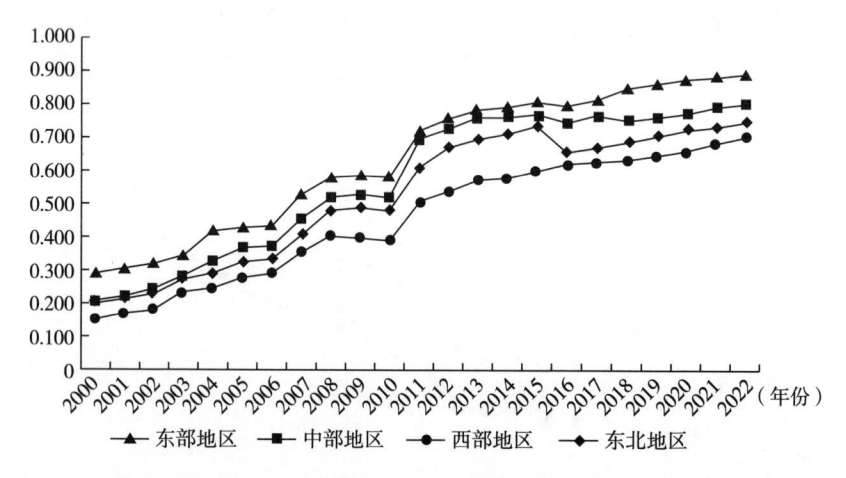

表3.9　2000—2022年中国不同地区农业高质量发展规模效率

区域	2000年	2002年	2004年	2006年	2008年	2010年	2012年	2014年	2016年	2018年	2020年	2022年
东部地区	0.291	0.319	0.418	0.435	0.578	0.581	0.756	0.793	0.796	0.849	0.875	0.893
中部地区	0.208	0.244	0.328	0.373	0.522	0.520	0.728	0.765	0.746	0.751	0.774	0.803
西部地区	0.152	0.181	0.245	0.290	0.403	0.389	0.537	0.580	0.621	0.633	0.660	0.701
东北地区	0.201	0.227	0.290	0.332	0.481	0.480	0.670	0.710	0.657	0.686	0.722	0.748

图3.7　2000—2022年中国不同地区农业高质量发展规模效率变化趋势

基于上述分析,可发现中国农业高质量发展综合效率受规模效率的影响较大,而受纯技术效率的影响相对较小,且区域之间差距呈扩大趋势。由此表明，东部地区农业高质量发展综合效率处于较高水平，而西部地区综合效率提升幅度高于其他区域；同时，东部地区受纯技术效率的影响较大，而西部地区受规模效率的影响较大。这可能归因于两点：一是中国东部地区农业生产技术、资金等要素投入要高于其他区域，农业生产要素集约化程度和环境友好程度更高。二是西部地区农业资金缺乏、农业技术创新水平较低、农业生产方式相对落后，只能依赖农业资源开发数量的增长或高碳排农用物资投入的增长提升农业产出量。三是东部地区城乡差距相对较小，即表现为东部地区农业发展更具有包容性。

三 省份农业高质量发展静态效率分析

通过计算，可知2000—2022年中国31个省份农业高质量发展效率均值（见表3.10）。为了更加直观地对比省际农业高质量发展效率的差异性，采用自然间断法，将效率划分为5个水平，即效率值0—0.2、效率值0.2—0.4、效率值0.4—0.6、效率值0.6—0.8、效率值0.8—1.0，如表3.10所示。从均值来看，中国各省份（不含港澳台地区）综合效率整体较低，其中西藏、青海、宁夏3个省份的效率值处于0—0.2，新疆、甘肃、内蒙古、云南、山西、贵州等12个省份的效率值处于0.2—0.4，北京、上海、海南等12个省份的效率值处于0.4—0.6；浙江、福建、山东、广东4省效率值处于0.6-0.8，纯技术效率水平整体较高，其中，西藏、青海、北京、天津、上海、江苏、浙江、海南、山东等10个省份的效率值处于0.8—1.0，黑龙江、吉林、内蒙古、辽宁、河南、四川、湖南、湖北、广东、新疆等18个省份的效率值处于0.6—0.8，甘肃、云南、贵州3个省份的效率值处于0.4—0.6；规模效率整体较低，其中，西藏和青海2个省份的效率值处于0—0.2，天津、甘肃、宁夏、山西和吉林5个省份的效率值处于0.2—0.4，江西、安徽、云南、黑龙江等12个省份的效率值处于0.4—0.6，山东、江苏、浙江等11个省份的效率值处于0.6—0.8。广东省效率值处于0.8-1.0。由此可见，中国农业高质量发展效率存在较大的省际差异，绝大多数省份的综合效率主要受规模效率的影响，并且农业高质量发展效率的省际空间布局与各省份农业资源禀赋、经济社会发展程度等存在较大的相关性。农业资源丰富和经济社会发展水平高的省份，其综合效率普遍偏高；而农业资源稀缺和经济社会发展水平低的省份，其综合效率普遍偏低。这可能归因于几点因素：一是农业资源丰富的地区有利于农业规模化和集约化生产。二是经济社会发展水平高的地区更加注重农业技术创新、农业清洁生产和农产品附加值，且城乡收入差距相对较小。

表 3.10　2000—2022 年中国 31 个省份农业高质量发展效率均值水平

省份	综合效率	纯技术效率	规模效率	省份	综合效率	纯技术效率	规模效率
北京	0.487	0.915	0.518	湖北	0.540	0.748	0.674
天津	0.351	0.903	0.378	湖南	0.475	0.706	0.646
河北	0.495	0.749	0.629	广东	0.629	0.738	0.813
山西	0.263	0.665	0.378	广西	0.464	0.649	0.675
内蒙古	0.303	0.664	0.442	海南	0.486	0.883	0.528
辽宁	0.498	0.752	0.643	重庆	0.341	0.688	0.461
吉林	0.300	0.746	0.392	四川	0.571	0.736	0.726
黑龙江	0.460	0.791	0.538	贵州	0.386	0.597	0.582
上海	0.478	0.944	0.499	云南	0.377	0.587	0.596
江苏	0.652	0.874	0.719	西藏	0.084	0.908	0.091
浙江	0.609	0.844	0.692	陕西	0.376	0.607	0.577
安徽	0.397	0.717	0.533	甘肃	0.236	0.568	0.396
福建	0.613	0.845	0.699	青海	0.161	0.867	0.178
江西	0.384	0.766	0.484	宁夏	0.196	0.772	0.246
山东	0.653	0.806	0.772	新疆	0.310	0.604	0.486
河南	0.557	0.731	0.721				

由表 3.11 可知，2000 年，北京、天津、山东、江苏、上海、浙江、福建、广东 8 个省份的农业高质量发展综合效率值处于 0.2—0.4，其他 23 个省份的综合效率值都处于 0—0.2；2005 年，黑龙江、辽宁、河北、河南 5 个省份的综合效率值上升到 0.2—0.4；2012 年，中国农业高质量发展综合效率得到了极大的提升，黑龙江、河北、北京、陕西、湖北、湖南、安徽、上海、江西、广西、海南 11 个省份的综合效

率值步入 0.4—0.6，辽宁、山东、河南、江苏、浙江、福建、广东、四川 8 个省份的综合效率值提升至 0.6—0.8；2022 年，绝大多数省份的综合效率水平都有所提升。

表 3.11　　中国 31 个省份农业高质量发展综合效率的省际时空演化特征

省份	2000 年	2005 年	2012 年	2022 年	省份	2000 年	2005 年	2012 年	2022 年
北京	0.228	0.255	0.539	0.823	湖北	0.146	0.406	0.599	0.985
天津	0.211	0.203	0.368	0.590	湖南	0.149	0.410	0.591	0.806
河北	0.158	0.249	0.567	0.906	广东	0.233	0.667	0.666	1.000
山西	0.071	0.140	0.336	0.472	广西	0.131	0.424	0.507	0.865
内蒙古	0.094	0.161	0.367	0.533	海南	0.156	0.404	0.541	0.836
辽宁	0.171	0.268	0.677	0.792	重庆	0.100	0.301	0.352	0.656
吉林	0.125	0.181	0.398	0.418	四川	0.161	0.467	0.641	0.944
黑龙江	0.098	0.205	0.523	0.851	贵州	0.083	0.321	0.321	0.841
上海	0.256	0.297	0.506	0.758	云南	0.109	0.402	0.399	0.876
江苏	0.246	0.333	0.779	1.000	西藏	0.020	0.061	0.080	0.174
浙江	0.287	0.343	0.630	1.000	陕西	0.094	0.321	0.468	0.364
安徽	0.142	0.194	0.437	0.701	甘肃	0.072	0.246	0.290	0.390
福建	0.240	0.307	0.700	1.000	青海	0.022	0.083	0.175	0.514
江西	0.132	0.201	0.407	0.664	宁夏	0.059	0.154	0.225	0.343
山东	0.221	0.339	0.771	1.000	新疆	0.091	0.281	0.330	0.571
河南	0.187	0.284	0.630	0.948					

由表 3.12 可知，2000 年，甘肃、陕西、山西、重庆、贵州、云南、广西等 8 个省份的纯技术效率处于 0.4—0.6，黑龙江、吉林、辽宁、内蒙古、新疆、青海、山东、河北、江西、湖南等 16 个省份的纯技术效率处于 0.6—0.8，北京、天津、江苏、上海、福建、西藏等 7 个省份的纯技术效率处于 0.8—1.0；2005 年，新疆、云南、河南、安徽等省份的纯技术效率由 0.6—0.8 降低至 0.4—0.6，江苏、福建等省份的纯技术效率由 0.8—1.0 降低至 0.6—0.8；2012 年，效率值 0.8—1.0 的省份数量和效率值 0.6—0.8 的省份数量有所增加，而效率值 0.4—0.6 的省份数量有所减少；2022 年，全国纯技术效率水平得到

了较大改善，效率值0.8—1.0的省份数量进一步扩大，已增加至27个，新疆、甘肃2个省份的纯技术效率处于0.6—0.8，省际差距总体上趋于缩小。

表3.12　　　　　　中国31个省份农业高质量发展
纯技术效率的省际时空演化特征

省份	2000年	2005年	2012年	2022年	省份	2000年	2005年	2012年	2022年
北京	0.830	0.825	0.969	1.000	湖北	0.652	0.605	0.721	1.000
天津	0.878	0.801	0.95	1.000	湖南	0.64	0.603	0.689	0.963
河北	0.676	0.627	0.704	0.987	广东	0.598	0.559	0.700	1.000
山西	0.598	0.572	0.662	0.805	广西	0.545	0.543	0.594	0.973
内蒙古	0.745	0.612	0.604	0.873	海南	0.777	0.782	0.937	1.000
辽宁	0.702	0.706	0.782	0.856	重庆	0.516	0.579	0.661	0.972
吉林	0.619	0.634	0.768	0.896	四川	0.608	0.599	0.738	0.958
黑龙江	0.619	0.667	0.834	1.000	贵州	0.480	0.472	0.559	0.842
上海	0.901	0.898	0.999	0.999	云南	0.521	0.426	0.567	0.920
江苏	0.830	0.772	0.854	1.000	西藏	0.846	0.883	0.971	0.949
浙江	0.760	0.723	0.837	1.000	陕西	0.480	0.489	0.654	0.423
安徽	0.664	0.561	0.634	0.957	甘肃	0.491	0.498	0.59	0.685
福建	0.890	0.655	0.842	1.000	青海	0.800	0.837	0.922	0.968
江西	0.745	0.658	0.739	0.910	宁夏	0.732	0.703	0.788	0.912
山东	0.702	0.635	0.773	1.000	新疆	0.640	0.513	0.608	0.734
河南	0.664	0.571	0.677	1.000					

由表3.13可知，2000年，中国各省份的规模效率均处于0—0.2或0.2—0.4；2005年，新疆、甘肃、内蒙古、黑龙江、陕西、重庆、贵州、江西、山西9个省份的规模效率由0—0.2提升至0.2—0.4，山东、河南、江苏、浙江、福建、湖北、湖南、四川、云南、广西、海南11个省份的规模效率由0.2—0.4提升至0.4—0.6，广东省由0.2—0.4提升至0.6—0.8；2012年，西藏、青海两个省份的规模效率处于低水平，宁夏和天津处于0.2—0.4，新疆、甘肃、山西、重庆、贵州、江西、吉林、海南、北京9个省份的规模效率处于0.4—0.6，黑龙江、内蒙古、陕西、云南、安徽、浙江6个省份的规模效率处于0.6—0.8，

辽宁、河北、山东、河南、江苏、湖南、湖北、四川、广西、广东、福建等13个省份的规模效率处于0.8—1.0；2022年，青海省的规模效率提升至0.531，上海、江西、重庆、新疆的规模效率由0.4—0.6提升至0.6—0.8，贵州、海南、北京的规模效率由0.4—0.6提升至0.8—1.0，黑龙江、陕西、浙江、云南等省份的规模效率由0.6—0.8提升至0.8—1.0。

表3.13 中国31个省份农业高质量发展规模效率的省际时空演化特征

省份	2000年	2005年	2012年	2022年	省份	2000年	2005年	2012年	2022年
北京	0.275	0.309	0.556	0.823	湖北	0.223	0.406	0.831	0.985
天津	0.240	0.254	0.388	0.590	湖南	0.232	0.410	0.858	0.837
河北	0.234	0.397	0.804	0.918	广东	0.390	0.667	0.952	1.000
山西	0.119	0.245	0.507	0.586	广西	0.241	0.424	0.853	0.889
内蒙古	0.126	0.263	0.607	0.610	海南	0.201	0.404	0.577	0.836
辽宁	0.243	0.380	0.865	0.925	重庆	0.195	0.301	0.532	0.675
吉林	0.201	0.286	0.518	0.467	四川	0.265	0.467	0.868	0.985
黑龙江	0.158	0.307	0.628	0.851	贵州	0.173	0.321	0.574	0.999
上海	0.284	0.331	0.507	0.759	云南	0.209	0.402	0.704	0.952
江苏	0.297	0.432	0.911	1.000	西藏	0.024	0.061	0.082	0.183
浙江	0.377	0.474	0.753	1.000	陕西	0.196	0.321	0.716	0.861
安徽	0.213	0.346	0.690	0.732	甘肃	0.146	0.246	0.492	0.569
福建	0.270	0.469	0.832	1.000	青海	0.027	0.083	0.190	0.531
江西	0.178	0.305	0.551	0.730	宁夏	0.081	0.154	0.286	0.376
山东	0.314	0.534	0.997	1.000	新疆	0.141	0.281	0.542	0.778
河南	0.282	0.498	0.930	0.948					

综上所述，中国农业高质量发展综合效率在2000年、2005年、2012年和2022年呈现较为显著的省份时空变化特征；总体而言，中国31个省份的农业高质量发展纯技术效率时序上趋于改善，空间省际差异趋于缩小；中国农业高质量发展规模效率时序上总体趋于改善，但省际差异性不断趋于扩大。从效率水平来看，沿海发达地区农业大省偏高，而西部欠发达地区偏低，这一定程度表明经济社会发展水平和农业资源环境是影响农业高质量发展综合效率的关键影响因素。从效率波动幅度看，西部省份的波动幅度相对较大，而东部省份的波动幅度相对较

低，由此表明，发达地区的农业高质量发展效率处于较稳定的增长状态，而西部欠发达地区效率提升空间较大且提升幅度相对较大。

第四节 本章小结

本章以中国31个省份2000—2022年的农业农村等相关基础数据，遵循指标体系构建的一些基本原则和思路架构，构建科学合理的农业高质量发展评价指标体系，选用PCA-DEA综合评价模型，测算了中国31个省份2000—2022年的农业高质量发展综合效率、纯技术效率和规模效率，所得结论如下。

第一，中国农业高质量发展综合效率、纯技术效率和规模效率均保持持续上升的态势，其中综合效率上升幅度更大。

第二，通过不同区域对比可发现，综合效率东部地区较高，但上升幅度西部地区较高；技术效率东部地区较高，但上升幅度中部地区较高；规模效率东部地区较高，但上升幅度西部地区较高；同时，东部地区受纯技术效率的影响较大，而西部地区受规模效率的影响较大。

第三，中国31个省份的农业高质量发展纯技术效率时序上趋于改善，空间省际差异趋于缩小；中国农业高质量发展规模效率时序上总体趋于改善，但省际差异性不断趋于扩大。从效率水平来看，沿海发达地区偏高，西部欠发达偏低；这一定程度表明经济社会发展水平和农业资源环境是影响农业高质量发展综合效率的关键影响因素。从效率波动幅度来看，西部省份的波动幅度较大，东部省份的波动幅度较低，由此表明，东部发达地区的农业高质量发展效率处于较稳定的增长状态，而西部欠发达地区省份效率提升空间较大且提升幅度相对较大。

总的来说，本章实证分析认为，无论是从全国层面还是分地区或省份层面，中国农业高质量发展效率均处于增长阶段，但效率改善、技术进步和规模效应的提升程度存在内在差异性和地区差异性。因此，如何推动"技术进步、规模效应和效率改进"的齐头并进和不同地区的协同发展，将成为未来农业发展的重要努力方向之一。

第四章 中国农业高质量发展 DEA-Malmquist 指数分析

本章基于第三章的农业高质量发展评价指标体系构建、评价方法选择以及实证结果与分析，结合 DEA-Mallmquist 指数模型，分析中国农业高质量发展 DEA-Malmquist 指数的总体变化特征、省份分布特征、年度平均变化规律和区域情况，并通过分解出农业高质量发展技术变化指数与技术效率指数，进一步探讨技术进步对农业高质量发展的促进作用，从而有助于识别中国各省份（不含港澳台地区，下同）的高质量发展潜力，并判定其未来趋势。本章具体分析思路与框架如图 4.1 所示。

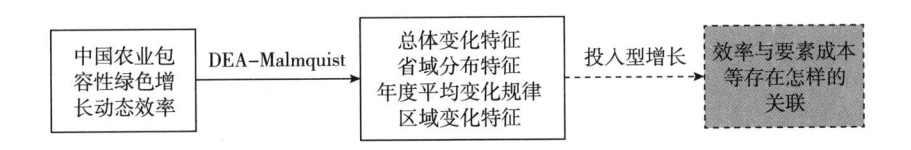

图 4.1 中国农业高质量发展 DEA-Malmquist 指数分析的分析思路与框架

第一节 DEA-Malmquist 模型

Malmquist 指数由瑞典学者 Sten Malmquist 于 1953 年提出，该指数最初主要用于商品消费价格指数的测算与评价，后来为纪念 Sten Malmquist 对效率研究作出的突出贡献，将其姓名命名为该种效率评价方法（Caves, et al., 1982）。Malmquist 指数被提出之初，因其应用场景有限，并未引起学术界足够重视。Caves 等（1982）首次利用 Malmquist 指数对生产率变化进行考察，而 Fare 等（1994）又将其与 DEA 模型结合起来使用，至此，DEA-Malmquist 指数才成为当前研究效率动态变化的最主流方法，并在国内外金融数据分析、工业生产、工程关联、医疗健康等领域得到广泛应用。

与其他动态效率测度方法相比，DEA-Malmquist 指数具有三大优势：一是该方法具有 DEA 法的优点，其采用非参数形式构建生产前沿面，即无须设定某特定生产函数，从而避免了研究者可能在函数设定过程中出现的主观错误影响到测算结果，使测算结果具有很强的客观性。二是该方法对数据的量纲化没有严格要求，可容纳较多不用分类的投入指标和产出指标。三是该方法将效率变化的原因分解为技术变化和技术效率变化，并将技术效率变化进一步细分为纯技术效率变化和规模效率变化，从而对效率进步的内外作用机制进行更加合理的判断和解释，有助于更具针对性地提出改善措施，以显著促进效率提升。基于此，利用 DEA-Malmquist 指数方法，农业高质量发展效率的变动便分为技术变动与技术效率变动，而技术效率变动又包括纯技术效率变动与规模效率变动。通过实证分析，可以找出纯技术效率和规模效率对技术效率变化的贡献程度。如果非技术效率来源于农业高质量发展，它从何而来？其中有多少来自纯技术效率？又有多少来自规模效率？这些问题的解答将有助于正确引导农业高质量发展效率提升的实践方向。

随着 Malmquist 指数的不断完善和进步，有三个经典公式可以显示该指数的基本原理：

$$M_{i,t+1}(x_i^t, y_i^t, x_i^{t+1}, y_i^{t+1}) = \left[\frac{D_i^t(x_i^{t+1}, y_i^{t+1})}{D_i^t(x_i^t, y_i^t)} \times \frac{D_i^{t+1}(x_i^{t+1}, y_i^{t+1})}{D_i^{t+1}(x_i^t, y_i^t)} \right]^{1/2} \quad (4.1)$$

式中：x_i^t 为第 i 个决策单元时期 t 的投入量；x_i^{t+1} 为第 i 个决策单元时期 $t+1$ 的投入量；y_i^t 为第 i 个决策单元时期 t 的出产量；y_i^{t+1} 为第 i 个决策单元时期 $t+1$ 的产出量；$D_i^t(x_i^t, y_i^t)$ 和 $D_i^t(x_i^{t+1}, y_i^{t+1})$ 分别为以 t 时期技术 T^t 为参照的、t 期和 $t+1$ 期的生产点的距离函数。

$$M_{i,t+1}(x_i^t,\ y_i^t,\ x_i^{t+1},\ y_i^{i+1})=\underbrace{\frac{D_i^{t+1}(x_i^{t+1},\ y_i^{t+1})}{D_i^t(x_i^t,\ y_i^t)}}_{EF_i^{t+1}}\underbrace{\left[\frac{D_i^t(x_i^{t+1},\ y_i^{t+1})}{D_i^{t+1}(x_i^t,\ y_i^t)}\times\frac{D_i^{t+1}(x_i^{t+1},\ y_i^{t+1})}{D_i^{t+1}(x_i^t,\ y_i^t)}\right]^{1/2}}_{TC_i^{t+1}}$$

(4.2)

式（4.2）是式（4.1）的变形，其用来表示技术变动与技术效率变动的分离。右边等式的 EF 部分表示 t 期至 $t+1$ 期效率的变动率，TC 部分表示 t 期至 $t+1$ 期技术的变动率。

$$M_{v,c}^{t,t+1}=\frac{D_v^{t+1}(x_i^{t+1},\ y_i^{t+1})}{D_v^t(x_i^t,\ y_i^t)}\times\left[\frac{D_v^t(x_i^t,\ y_i^t)}{D_c^t(x_i^t,\ y_i^t)}\Big/\frac{D_v^{t+1}(x_i^{t+1},\ y_i^{t+1})}{D_c^{t+1}(x_i^{t+1},\ y_i^{t+1})}\right]\times$$
$$\left[\frac{D_c^t(x_i^t,\ y_i^t)}{D_c^{t+1}(x_i^t,\ y_i^t)}\times\frac{D_c^t(x_i^{t+1},\ y_i^{t+1})}{D_c^{t+1}(x_i^{t+1},\ y_i^{t+1})}\right]$$

(4.3)

式（4.3）放宽了式（4.1）和式（4.2）的固定规模报酬假设，描述了保持变化规模的情况，并将技术效率变化分解为纯技术效率变化和规模效率变化。下标 v 反映了规模收益可变的情况；下标 c 为固定收益情况，第 1 项反映的是不同规模下纯技术效率的变化，第 2 项反映的是规模效率的变化，第 3 项反映的是技术效率的变化。

第二节　指标选取与数据来源

本章指标选取、数据来源、PCA 降维处理和数据归一化处理等均与第三章静态效率测算相同，指标选取原则在第三章中做了相应解释和说明，本章不再对其重复阐述。DEA-Malmquist 指数测度的具体投入产出指标如第三章的表 3.1 所示。

第三节　实证结果与分析

本书基于投入导向（Input-Orientated），选用 DEA-malmquist 模型，使用 DEAP2.1 软件对中国 31 个省份的农业高质量发展 DEA-Malmquist 指数进行分析。因 DEA-Malmquist 指数是效率的动态评价，故在 23 年的时间周期内只有 22 年可进行 DEA-Malmquist 指数的测算。为结果显示更加直观和便于问题阐述，本章用 2002 年数据代指 2001—2002 年时期内的 DEA-Malmquist 指数，并以此类推至 2022 年。测算结果如表4.1 至表4.5 所示。

表4.1　　2002—2022 年技术效率变化（effch）测算结果

省份	2002年	2004年	2006年	2008年	2010年	2012年	2014年	2016年	2018年	2020年	2022年
北京	0.975	1.125	1.014	1.120	1.008	1.068	1.013	0.901	1.111	1.155	0.978
天津	0.926	0.899	0.870	1.026	1.021	1.011	0.973	0.772	1.003	1.020	1.022
河北	0.996	1.021	0.874	0.990	1.007	1.013	0.988	0.905	1.088	1.106	1.036
山西	1.074	0.856	0.894	1.272	0.974	0.986	0.965	0.883	0.939	0.947	1.039
内蒙古	0.882	1.115	1.000	1.014	1.023	0.994	0.923	0.937	0.955	0.956	1.021
辽宁	1.040	1.057	0.974	0.994	1.047	1.013	0.934	0.744	0.970	1.017	1.019
吉林	0.820	1.097	1.062	1.048	1.024	0.948	0.946	0.703	0.949	0.963	1.007
黑龙江	0.897	0.971	1.003	1.103	0.952	1.066	0.892	0.985	1.093	1.137	1.088
上海	1.091	1.074	1.083	0.954	1.019	1.039	0.951	1.004	1.007	1.012	0.954
江苏	1.000	1.000	1.000	1.000	1.000	1.000	1.000	1.000	1.000	1.000	1.000
浙江	1.000	1.000	1.000	1.000	1.000	1.000	0.974	1.005	0.966	0.954	0.998
安徽	0.981	1.038	0.992	1.019	1.029	0.940	0.939	0.993	1.080	1.104	1.013
福建	1.000	1.014	1.009	1.027	1.000	1.000	1.000	1.000	1.000	1.000	0.995
江西	0.987	0.959	1.037	1.054	0.991	0.972	0.962	1.016	0.965	0.922	1.004
山东	1.000	1.000	1.000	1.000	1.000	1.000	1.000	1.000	1.000	1.000	1.000
河南	0.989	1.147	0.961	1.070	1.013	0.989	1.018	0.996	1.107	1.143	0.994
湖北	0.943	1.215	0.986	1.093	1.015	0.881	1.020	1.030	1.002	1.012	1.018
湖南	0.991	1.098	0.932	1.011	0.992	0.953	0.986	0.868	1.007	1.012	1.027
广东	1.000	1.000	1.000	1.000	1.000	0.941	1.055	1.000	1.000	1.000	1.001
广西	0.918	1.165	1.076	1.053	1.013	0.939	0.963	1.040	0.998	1.002	1.009
海南	1.053	0.620	0.937	1.037	0.994	1.051	1.003	1.055	0.922	0.921	1.084
重庆	0.988	1.052	0.847	1.048	0.991	1.024	0.978	1.075	0.985	0.994	1.025
四川	1.009	1.076	0.965	0.953	1.043	0.963	1.048	1.059	1.039	0.978	1.012
贵州	0.880	0.803	1.005	1.037	1.000	1.130	1.155	1.078	0.945	0.990	1.076
云南	0.918	1.109	1.054	1.084	1.032	1.030	0.992	1.048	0.950	0.950	0.996
西藏	0.899	0.525	1.030	1.002	0.972	1.027	1.092	1.072	1.111	0.981	1.131
陕西	0.944	1.005	1.094	1.116	0.968	1.006	0.962	1.053	0.935	0.996	1.036
甘肃	0.901	0.956	1.067	1.040	0.959	1.022	0.958	0.819	0.974	1.011	1.051
青海	0.880	0.569	1.018	1.175	0.959	1.047	0.950	1.023	0.981	1.005	1.194

续表

省份	2002年	2004年	2006年	2008年	2010年	2012年	2014年	2016年	2018年	2020年	2022年
宁夏	1.003	0.709	0.988	1.128	0.950	0.991	0.969	0.918	0.997	0.993	1.092
新疆	0.868	1.052	1.025	0.976	0.990	0.935	1.016	1.054	0.940	0.998	1.041

表 4.2　　2002—2022 年技术变化（techch）测算结果

省份	2002年	2004年	2006年	2008年	2010年	2012年	2014年	2016年	2018年	2020年	2022年
北京	1.013	1.217	0.991	1.063	0.997	1.043	1.075	1.093	1.099	1.111	1.088
天津	1.013	1.212	0.991	1.063	0.997	1.043	1.075	1.093	1.099	1.111	1.090
河北	0.995	1.166	1.059	1.147	1.003	1.112	1.080	1.012	0.997	0.973	1.093
山西	1.065	1.076	0.994	1.063	0.997	1.043	1.075	1.077	1.100	1.112	1.117
内蒙古	1.147	1.042	1.042	1.143	0.988	1.124	1.090	1.060	1.094	1.104	1.096
辽宁	1.059	1.057	1.034	1.148	0.993	1.125	1.085	1.060	1.091	1.099	1.105
吉林	1.157	1.035	1.040	1.153	0.993	1.129	1.085	1.055	1.104	1.130	1.101
黑龙江	1.121	1.083	1.027	1.150	0.994	1.103	1.154	1.042	0.991	0.919	1.086
上海	1.013	1.265	0.991	1.063	0.997	1.043	1.075	1.093	1.099	1.111	1.085
江苏	1.005	1.223	1.059	1.169	1.000	1.120	1.094	1.024	1.006	0.999	1.086
浙江	1.025	1.123	0.996	1.074	1.002	1.050	1.077	1.086	1.099	1.109	1.103
安徽	1.055	1.219	1.051	1.157	0.994	1.132	1.120	1.020	1.010	1.007	1.082
福建	1.027	1.050	1.009	1.103	0.992	1.090	1.084	0.996	1.087	1.093	1.124
江西	1.098	1.061	1.009	1.130	0.987	1.096	1.087	1.037	1.073	1.084	1.103
山东	1.016	1.148	1.057	1.085	0.993	1.104	1.106	0.957	0.978	0.930	1.119
河南	1.001	1.193	1.061	1.109	0.993	1.111	1.070	0.985	0.993	0.955	1.104
湖北	1.105	1.078	1.045	1.164	0.994	1.131	1.049	1.024	1.039	1.026	1.093
湖南	1.075	1.138	1.051	1.168	0.994	1.131	1.058	1.018	1.041	1.030	1.089
广东	1.124	1.025	1.029	1.132	0.987	1.118	1.086	1.063	1.100	1.120	1.100
广西	1.157	1.033	1.045	1.133	0.988	1.123	1.084	1.034	1.062	1.062	1.097
海南	1.031	1.144	0.991	1.063	0.997	1.043	1.075	1.087	1.099	1.111	1.105
重庆	1.064	1.035	1.008	1.095	0.994	1.069	1.066	0.998	1.095	1.105	1.124
四川	1.083	1.134	1.053	1.171	0.994	1.134	1.040	1.012	0.997	0.968	1.089
贵州	1.157	1.091	1.003	1.074	0.997	1.045	1.075	1.040	1.101	1.115	1.115

73

续表

省份	2002年	2004年	2006年	2008年	2010年	2012年	2014年	2016年	2018年	2020年	2022年
云南	1.157	1.035	1.035	1.133	0.988	1.124	1.093	1.064	1.105	1.121	1.099
西藏	1.157	1.116	0.991	1.063	0.997	1.043	1.075	1.093	1.099	1.111	1.102
陕西	1.097	1.065	1.009	1.101	0.991	1.105	1.075	1.023	1.095	1.110	1.113
甘肃	1.157	1.072	1.009	1.110	0.986	1.124	1.093	1.064	1.105	1.125	1.094
青海	1.157	1.115	0.991	1.063	0.997	1.043	1.075	1.087	1.099	1.111	1.103
宁夏	1.013	1.189	0.991	1.063	0.997	1.043	1.093	1.099	1.111	1.092
新疆	1.157	1.027	1.045	1.133	0.988	1.124	1.093	1.064	1.107	1.124	1.099

表4.3　2002—2022年纯技术效率变化（pech）测算结果

省份	2002年	2004年	2006年	2008年	2010年	2012年	2014年	2016年	2018年	2020年	2022年
北京	0.973	1.007	1.005	1.000	1.000	1.001	1.000	1.000	1.000	1.000	1.005
天津	0.957	1.052	1.007	0.991	0.981	1.050	1.000	1.000	1.000	1.000	0.997
河北	0.995	1.078	0.955	1.005	0.994	1.036	1.014	0.993	1.060	1.078	1.012
山西	0.873	1.060	1.008	0.959	1.011	1.011	1.010	1.013	1.030	1.054	1.022
内蒙古	0.930	1.170	0.968	0.969	1.002	1.015	1.059	0.995	1.107	1.141	0.993
辽宁	1.001	1.024	0.970	0.975	1.041	1.019	0.961	0.893	1.031	1.057	1.019
吉林	0.941	1.082	1.061	0.988	1.019	0.982	0.973	0.975	1.044	1.082	1.013
黑龙江	0.976	1.138	1.009	0.999	0.980	0.992	0.923	1.010	1.108	1.126	1.037
上海	1.000	1.000	1.000	1.000	1.000	1.000	1.000	1.000	1.000	1.000	1.000
江苏	1.000	1.000	1.000	1.000	1.000	1.000	1.000	1.000	1.000	1.000	1.000
浙江	1.000	1.000	1.000	1.000	1.000	1.000	1.000	1.000	1.000	1.000	1.000
安徽	1.000	1.093	1.009	1.007	1.025	0.976	1.027	0.980	1.232	1.296	1.022
福建	1.000	1.000	1.023	1.000	1.000	1.000	1.000	1.000	1.000	1.000	0.998
江西	0.975	1.054	1.008	1.239	1.003	0.977	0.967	1.049	1.032	1.055	0.988
山东	1.000	1.000	1.000	1.000	1.000	1.000	1.000	1.000	1.000	1.000	1.000
河南	1.019	1.111	0.974	1.053	1.020	0.993	1.027	1.011	1.164	1.214	1.000
湖北	0.975	1.146	0.988	1.046	1.015	0.923	1.020	1.034	1.109	1.140	1.020
湖南	1.011	1.055	0.968	1.001	0.992	0.960	0.998	0.972	1.104	1.127	1.023
广东	1.000	1.000	1.000	1.000	1.000	0.944	1.000	1.000	1.000	1.000	1.006

续表

省份	2002年	2004年	2006年	2008年	2010年	2012年	2014年	2016年	2018年	2020年	2022年
广西	1.008	1.057	1.031	1.010	1.012	0.954	1.016	1.059	1.145	1.190	1.012
海南	1.000	1.000	1.000	1.000	1.000	1.000	1.000	1.000	1.000	1.000	1.000
重庆	0.979	1.022	0.940	0.980	0.999	1.008	0.994	1.040	1.066	1.075	1.016
四川	1.032	1.056	0.974	0.962	1.045	1.006	1.038	1.031	1.029	1.043	1.015
贵州	0.970	1.014	1.027	0.977	1.016	1.020	1.054	1.094	0.987	0.988	0.993
云南	1.006	1.049	1.054	1.016	1.047	1.013	1.051	1.042	1.064	1.094	0.986
西藏	1.000	1.000	1.000	1.000	1.000	1.005	0.991	0.976	0.979	0.978	0.996
陕西	0.969	1.065	1.035	1.011	0.998	1.022	0.965	1.087	1.024	1.038	0.999
甘肃	0.984	1.048	1.017	1.008	1.013	1.010	0.983	1.000	1.031	1.042	0.990
青海	1.004	1.006	0.965	0.997	0.980	1.016	0.998	0.975	0.991	0.993	0.998
宁夏	1.011	0.959	0.986	1.036	1.012	0.998	1.015	1.038	1.013	1.014	0.983
新疆	0.943	1.069	1.025	0.982	0.996	1.002	1.002	1.035	1.043	1.046	0.995

表4.4　2002—2022年规模效率变化（sech）测算结果

省份	2002年	2004年	2006年	2008年	2010年	2012年	2014年	2016年	2018年	2020年	2022年
北京	1.002	1.118	1.009	1.120	1.008	1.068	1.013	0.901	1.111	1.155	0.973
天津	0.968	0.855	0.863	1.035	1.040	0.963	0.973	0.772	1.003	1.020	1.026
河北	1.001	0.947	0.915	0.985	1.013	0.977	0.974	0.912	1.027	1.033	1.025
山西	1.230	0.808	0.887	1.326	0.963	0.975	0.956	0.872	0.911	0.869	1.016
内蒙古	0.949	0.953	1.033	1.047	1.021	0.979	0.871	0.942	0.863	0.843	1.036
辽宁	1.039	1.032	1.004	1.019	1.006	0.994	0.972	0.833	0.941	0.945	1.000
吉林	0.871	1.014	1.001	1.061	1.005	0.965	0.972	0.722	0.909	0.907	0.995
黑龙江	0.919	0.853	0.994	1.104	0.971	1.074	0.967	0.975	0.986	0.921	1.047
上海	1.091	1.074	1.083	0.954	1.019	1.039	0.951	1.004	1.007	1.012	0.954
江苏	1.000	1.000	1.000	1.000	1.000	1.000	1.000	1.000	1.000	1.000	1.000
浙江	1.000	1.000	1.000	1.000	1.000	1.000	0.974	1.005	0.966	0.954	0.998
安徽	0.981	0.950	0.983	1.012	1.004	0.963	0.914	1.013	0.877	0.858	1.004
福建	1.000	1.014	0.987	1.027	1.000	1.000	1.000	1.000	1.000	1.000	0.998
江西	1.012	0.909	1.029	0.851	0.988	0.994	0.996	0.968	0.935	0.903	1.023

续表

省份	2002年	2004年	2006年	2008年	2010年	2012年	2014年	2016年	2018年	2020年	2022年
山东	1.000	1.000	1.000	1.000	1.000	1.000	1.000	1.000	1.000	1.000	1.000
河南	0.970	1.033	0.987	1.017	0.993	0.996	0.991	0.985	0.951	0.938	0.994
湖北	0.968	1.060	0.997	1.045	1.000	0.955	0.999	0.996	0.904	0.887	0.999
湖南	0.980	1.041	0.963	1.010	1.000	0.993	0.988	0.893	0.912	0.897	1.005
广东	1.000	1.000	1.000	1.000	1.000	0.997	1.055	1.000	1.000	1.000	0.995
广西	0.910	1.102	1.043	1.043	1.001	0.984	0.948	0.982	0.871	0.848	1.001
海南	1.053	0.620	0.937	1.037	0.994	1.051	1.003	1.055	0.922	0.921	1.084
重庆	1.009	1.029	0.901	1.069	0.992	1.016	0.984	1.034	0.925	0.917	1.009
四川	0.977	1.019	0.990	0.991	0.999	0.957	1.010	1.028	1.009	1.010	1.004
贵州	0.907	0.792	0.979	1.062	0.983	1.108	1.097	0.985	0.958	0.935	1.079
云南	0.912	1.057	0.999	1.067	0.986	1.017	0.944	1.006	0.892	0.874	1.012
西藏	0.899	0.525	1.030	1.002	1.022	1.022	1.102	1.098	1.135	1.200	1.151
陕西	0.974	0.943	1.058	1.104	0.970	0.984	0.996	0.968	0.912	0.874	1.030
甘肃	0.915	0.912	1.049	1.032	0.946	1.012	0.975	0.819	0.945	0.946	1.062
青海	0.877	0.565	1.055	1.179	0.979	1.030	0.953	1.049	0.990	0.993	1.197
宁夏	0.993	0.739	1.002	1.089	0.938	0.993	0.955	0.884	0.984	1.006	1.116
新疆	0.920	0.984	1.001	0.994	0.993	0.933	1.014	1.019	0.902	0.902	1.043

表 4.5　2002—2022 年全要素生产率变化（tfpch）测算结果

省份	2002年	2004年	2006年	2008年	2010年	2012年	2014年	2016年	2018年	2020年	2022年
北京	0.988	1.369	1.006	1.191	1.005	1.114	1.088	0.985	1.220	1.290	1.062
天津	0.939	1.090	0.862	1.090	1.018	1.054	1.045	0.844	1.102	1.126	1.113
河北	0.991	1.190	0.925	1.135	1.010	1.127	1.067	0.916	1.085	1.139	1.135
山西	1.144	0.922	0.889	1.352	0.972	1.028	1.037	0.951	1.033	1.054	1.168
内蒙古	1.012	1.161	1.042	1.160	1.010	1.117	1.005	0.993	1.045	1.074	1.120
辽宁	1.101	1.116	1.007	1.142	1.139	1.040	1.019	0.789	1.058	1.102	1.125
吉林	0.948	1.136	1.104	1.208	1.018	1.070	1.027	0.742	1.047	1.088	1.102
黑龙江	1.005	1.051	1.030	1.269	0.947	1.175	1.029	1.025	1.083	1.123	1.181
上海	1.105	1.358	1.074	1.015	1.016	1.084	1.022	1.098	1.106	1.124	1.030

续表

省份	2002年	2004年	2006年	2008年	2010年	2012年	2014年	2016年	2018年	2020年	2022年
江苏	1.005	1.223	1.059	1.169	1.000	1.120	1.094	1.024	1.006	0.999	1.086
浙江	1.025	1.123	0.996	1.074	1.002	1.050	1.049	1.091	1.061	1.057	1.100
安徽	1.035	1.265	1.042	1.178	1.023	1.064	1.051	1.013	1.092	1.108	1.093
福建	1.027	1.064	1.018	1.133	0.992	1.090	1.084	0.996	1.087	1.093	1.119
江西	1.083	1.017	1.047	1.191	0.978	1.065	1.046	1.053	1.036	1.028	1.107
山东	1.016	1.148	1.057	1.085	0.993	1.104	1.106	0.957	0.978	0.930	1.119
河南	0.990	1.369	1.019	1.187	1.006	1.099	1.090	0.981	1.099	1.101	1.096
湖北	1.042	1.310	1.030	1.272	1.008	0.997	1.070	1.054	1.042	1.022	1.111
湖南	1.065	1.250	0.980	1.181	0.986	1.078	1.043	0.884	1.048	1.066	1.119
广东	1.124	1.025	1.029	1.132	0.987	1.052	1.145	1.063	1.100	1.118	1.101
广西	1.062	1.204	1.124	1.194	1.000	1.055	1.044	1.076	1.060	1.063	1.104
海南	1.086	0.709	0.929	1.103	0.991	1.097	1.050	1.147	1.013	1.003	1.191
重庆	1.051	1.089	0.855	1.148	0.986	1.095	1.043	1.073	1.079	1.081	1.151
四川	1.093	1.220	1.016	1.116	1.037	1.092	1.090	1.072	1.035	1.043	1.107
贵州	1.018	0.876	1.008	1.114	0.997	1.181	1.242	1.121	1.040	1.015	1.189
云南	1.062	1.148	1.090	1.229	1.020	1.159	1.084	1.115	1.049	1.061	1.091
西藏	1.040	0.586	1.021	1.065	0.969	1.071	1.173	1.172	1.221	1.357	1.257
陕西	1.036	1.070	1.103	1.229	0.959	1.112	1.034	1.077	1.024	1.096	1.155
甘肃	1.042	1.025	1.076	1.154	0.946	1.149	1.047	0.871	1.076	1.085	1.147
青海	1.019	0.634	1.009	1.249	0.957	1.091	1.021	1.112	1.078	1.087	1.311
宁夏	1.016	0.843	0.979	1.199	0.947	1.034	1.041	1.004	1.095	1.107	1.188
新疆	1.004	1.081	1.071	1.107	0.977	1.052	1.110	1.122	1.040	1.031	1.139

一 总体变化特征

基于表 4.1 至表 4.5 中的相关测算结果，可得 2002—2022 年中国各省份农业高质量发展 DEA-Malmquist 指数的均值变化和来源，其中：技术效率变化（effch）均值 1.013，技术变化（techch）均值 1.084，纯技术效率变化（pech）均值 1.01，规模效率变化（sech）均值 1.004，全要素生产率变化（tfpch）均值 1.098。总体上看，中国 31 个省份

2001—2022年tfpch的动态变化平均值为1.098,这表明2022年较2001年农业高质量发展效率改善提升了9.8%。从DEA-Malmquist指数均值结果的分解来看,tfpch对生产总值的贡献为9.8%,2001—2022年techch的平均动态变化为1.084,表明技术改进增加了8.4%。技术效率平均动态变化增加了1.3%,其中纯技术效率平均动态变化增加了1%,规模效率平均动态变化约为0.4%。这表明中国农业高质量发展效率的提升主要是基于技术的改善,而不是技术效率的提高。这也验证了中国农业技术革新和技术推广应用的效果,然而,技术效率的提升幅度十分有限,特别是纯技术效率的改进幅度较小,这也在一定程度上表明中国农业增长更依赖粗放的技术使用阶段,未能充分发挥技术优势或对新技术的推广应用不足。农业高质量发展效率的提升,不仅依赖单纯技术的改进,也依赖对现有技术能力水平的充分挖掘,两者的相互融合才能有效提升农业绿色可持续发展。

二 省份分布特征

从测度结果看,2001—2022年中国31个省份农业高质量发展效率的动态变化存在较大差异。有多少省份改善了或没有改善tfpch？techch的贡献是什么？effch的贡献是什么？effch的变化是由于pech还是由于sech？这些问题的答案对于我们进一步了解中国各省份不同效率的分布特征,进而确立各省份的努力目标至关重要。中国31个省份DEA-Malmquist指数均值统计特征如表4.6所示。

表4.6　　2001—2022年中国31个省份DEA-Malmquist
指数均值基本统计特征

指标	最大值	最小值	均值	标准差	大于1的省份数（个）	有效率省份比重（%）
技术效率变化（effch）	1.077	0.981	1.013	0.020	25	80.65
技术变化（techch）	1.094	1.072	1.084	0.006	31	100.00
纯技术效率变化（pech）	1.043	0.994	1.010	0.012	28	90.32
规模效率变化（sech）	1.082	0.969	1.004	0.024	16	51.61
全要素生产率变化（tfpch）	1.168	1.065	1.098	0.023	31	100.00

如表4.6所示，2001—2022年中国31个省份的农业高质量发展效率都得到了改善，这表明在2001—2022年，中国各省份农业高质量发展是伴随效率的改善，而并非只是投入型的增长。tfpch改善最大的省份幅度达16.8%，而改善最小的省份幅度约为6.5%，离散程度相对较大，这表明中国不同省份的tfpch个体差异较大，改善程度也不均匀。技术变革改善的省份特征与tfpch的改善更为一致。31个省份均实现了技术提升，但规模效率提升的省份数量是所有效率指标中最少的，只有16个省份，约占研究样本总数的51.61%。这进一步验证了农业高质量发展效率的提升主要得益于技术变革的提升。

通过两者类型统计分析2001—2022年中国31个省份DEA-Malmquist指数及其分解的分布特征，即tfpch改善省份和未改善省份，如表4.7所示。

表4.7　　　　2001—2022年tfpch改善的省份中按来源分布

来源	个数（个）	占比（%）	来源	个数（个）	占比（%）
全要素生产率变化（tfpch）改善总数	31	100.00	技术效率变化（effch）改善总数	25	80.50
技术效率变化（effch）>1	25	80.65	纯技术效率变化（pech）>1	25	100.00
技术变化（techch）>1	31	100.00	规模效率变化（sech）>1	16	64.00
技术效率变化（effch）且技术变化（techch）>1	25	80.65	纯技术效率变化（pech）且规模效率变化（sech）>1	16	64.00

由表4.7可知，在tfpch提升的31个省份中，所有省份的技术变革指标都实现了提升，25个省份的技术效率变化指标实现了提升，两者都实现提升的省份约占80.65%。在技术效率提高的25个省份中，100%的省份纯技术效率提高，16个省份规模效率提高，16个省份纯技术效率和规模效率均为正贡献。也就是说，在tfpch提高的省份中，有6个省份的技术变革有所提高，但技术效率没有提高；有9个省份的纯技术效率有所提高，但规模效率没有提高。

综上所述，2001—2022 年，中国农业高质量发展效率改善程度约为 9.8%，这主要是由于技术的变革和改进，技术效率所发挥的积极作用还有很大的提升空间。通过对 tfpch 提升的省份数量及其来源的分析，可以更好地了解中国各省份高质量农业发展不同效率的整体分布特征，从而把握中国各省份农业相对效率的空间布局和来源，为更大限度地实现中国农业高质量发展指明努力方向。

三 年度平均变化规律

中国农业高质量发展效率 2001—2022 年的变化特征需从 31 个省份的年度均值变化来描述。如表 4.8 和图 4.2 所示，2001—2022 年，Malmquist 指数总体上呈现四个上升高峰。第一个高峰出现在 2003 年，第二个高峰出现在 2005 年，第三个高峰出现在 2007 年，第四个高峰出现在 2011 年，并且从改善程度来看，第四个高峰期间的农业高质量发展 tfpch 上升幅度最大。2004 年、2006 年、2009 年则分别处于下降低谷。

表 4.8　　2001—2022 年中国各省份农业高质量发展 DEA-Malmquist 指数均值结果

年份	技术效率变化（effch）	技术变化（techch）	纯技术效率变化（pech）	规模效率变化（sech）	全要素生产率变化（tfpch）
2001	1.063	0.981	1.005	1.059	1.041
2002	0.963	1.081	0.985	0.978	1.038
2003	1.131	1.093	0.998	1.137	1.233
2004	0.978	1.112	1.046	0.934	1.086
2005	1.066	1.122	0.979	1.090	1.192
2006	0.993	1.023	1.000	0.993	1.016
2007	1.060	1.152	1.018	1.041	1.221
2008	1.047	1.112	1.007	1.041	1.164
2009	0.983	0.997	0.990	0.994	0.980
2010	1.000	0.994	1.006	0.993	0.993
2011	1.008	1.404	1.008	1.001	1.414
2012	0.999	1.093	0.998	1.001	1.091
2013	1.017	1.067	0.996	1.022	1.084

续表

年份	技术效率变化 (effch)	技术变化 (techch)	纯技术效率变化 (pech)	规模效率变化 (sech)	全要素生产率变化 (tfpch)
2014	0.988	1.082	1.003	0.985	1.068
2015	0.974	1.080	1.000	0.974	1.052
2016	0.969	1.047	1.010	0.959	1.014
2017	1.003	1.031	0.996	1.007	1.033
2018	1.001	1.070	1.045	0.960	1.069
2019	1.004	1.070	1.053	0.957	1.077
2020	1.009	1.071	1.060	0.954	1.086
2021	0.995	1.068	1.016	0.980	1.063
2022	1.031	1.100	1.004	1.028	1.133

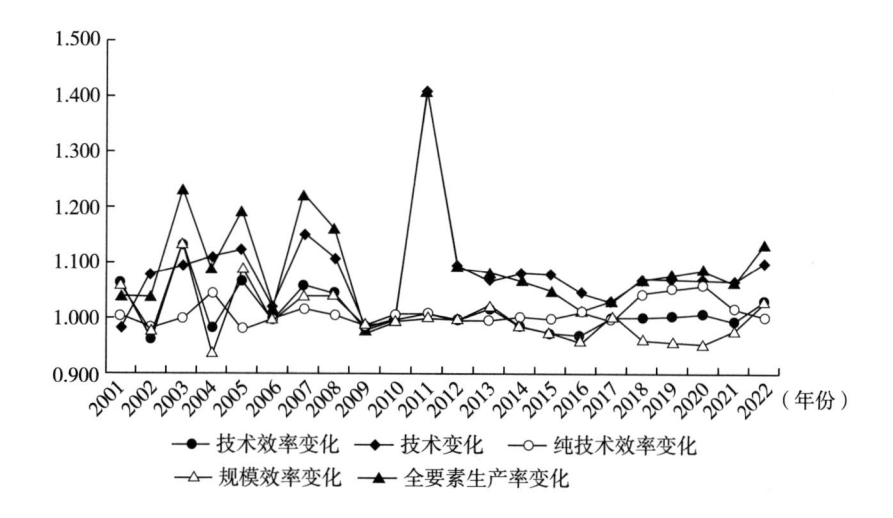

图 4.2　2001—2022 年年度平均变化的 DEA-Malmquist 指数（TFP 变化）

由核算结果具体来看年度的 DEA-Malmquist 指数及来源可知以下信息。

第一，2001—2008 年 tfpch 波动上升，上升幅度年均为 12.39%。其间，大多数年份最大的贡献来自技术变化，而 2001 年技术效率上升是 tfpch 上升的主要贡献，techch 反而成为"拖累"作用；2003 年 sech 的上升是 tfpch 上升的最主要来源。

第二，2008年、2009年连续两年tfpch指数下降，下降幅度分别为2.0%和0.7%，其中，2008年的下降主要源于effch的下降，而2009年的下降主要源于sech的下降和techch的下降。

第三，2011年tfpch大幅上升，幅度高达41.4%，这最主要源于sech的上升，技术效率也有较大的贡献。

第四，2012—2022年tfpch总体趋于上升，年均上升幅度约为7%，其上升均主要源于techch的上升。2013年、2017年、2018年、2019年、2020年、2022年effch对tfpch的上升起到"促进"作用，而2012年、2014年、2015年、2016年、2021年技术效率对tfpch的上升起到"拖累"作用。

四 区域结果分析

根据传统区域划分，本书将中国划分为东部、中部、西部和东北地区，其中，东部地区包括北京、天津等10个省份，中部地区包括山西、河南等6个省份，西部地区包括内蒙古、新疆等12个省份，东北地区包括黑龙江、吉林等3个省份。本书对东部、中部、西部和东北四个地区2001—2022年农业高质量发展的DEA-Malmquist指数均值进行对比分析，以探究不同区域的差异，如表4.9所示。

表4.9　　　　东部地区、中部地区、西部地区和东北地区的DEA-Malmquist指数变化

地区（省份数）	技术效率变化（effch）	技术变化（techch）	纯技术效率变化（pech）	规模效率变化（sech）	全要素生产率变化（tfpch）
东部（10）	1.002	1.082	1.002	1.001	1.083
中部（6）	1.010	1.081	1.025	0.989	1.093
西部（12）	1.024	1.087	1.008	1.018	1.113
东北（3）	1.010	1.086	1.018	0.990	1.095

2001—2022年，东部地区tfpch为1.083，即东部地区全要素生产率提高了8.3%，明显低于全国整体水平（9.8%），表明东部地区农业高质量发展的整体效率提升低于全国平均水平；其提升主要源于techch的改善，而受到sech的"拖累"；东部地区省份全部呈现全要素生产率

上升，但浙江、海南的 effch 和 sech 呈现下降。

中部地区 tfpch 均值为 1.093，这意味着该地区的 tfpch 改善了 9.3%，略低于全国整体改善程度，表明中部地区农业高质量发展效率的提升幅度高于东部地区但低于全国水平；其提升也主要源于 techch 的改善，同时也受到 sech 的"拖累"；中部地区省份全部呈现全要素生产率上升，但江西的 effch 呈现下降趋势，安徽、江西、河南、湖南、湖北的 sech 未得到改善。

西部地区 tfpch 均值为 1.113，这意味着该区域 tfpch 改善了 11.3%，明显高于全国整体改善程度，表明西部地区农业高质量发展效率的提升较大幅度高于全国水平；总体上看，techch、effch、sech 等都对西部地区的全要素生产率的提升起到促进作用，且 techch 的改善是最主要的贡献；西部地区其他省份的 effch 未实现改善；而贵州、西藏、青海和宁夏的 pech 呈下降趋势。

东北地区 tfpch 均值为 1.095，这意味着该区域的 tfpch 改善程度为 9.5%，稍微低于全国整体水平，表明该区域农业高质量发展效率的提升略低于全国平均水平；其中，辽宁和吉林的 effch 和 sech 都未实现改善，成为全要素生产率提升的"拖累"。

综上分析可知，西部地区全要素生产率改善程度最高（11.3%），其次是东北地区（9.5%）、中部地区（9.3%）和东部地区（8.3%），这在一定程度上源于以下几点因素：一是西部地区发挥后发优势，农业生产集约化程度提升较大，农业生产过程中越来越注重生态环境保护。二是东部地区农业发展起点较高，其发展水平的提升空间相对有限。此外，技术变革的改善是各区域全要素生产率提高的主要贡献者，而 effch 的贡献非常有限。部分地区 pech 和 sech 呈下降态势。这在一定程度上表明，中国农业高质量发展仍处于充满活力但不成熟的阶段，农业高质量发展形势还存在一些问题。如何转变农业发展方式，提高农业效益，是农业发展的重要课题。

第四节　本章小结

本章基于 DEA-Malmquist 指数方法对中国农业高质量发展进行了

实证分析，研究了2001—2022年中国31个省份农业高质量发展效率的动态变化。研究发现：

第一，2001—2022年中国农业高质量发展效率改善年均上升了9.8%，表明十几年来中国农业高质量发展效率总体上得到了改善。

第二，农业高质量发展效率改善的省份有31个，占所研究省份总体的100%，表明中国所有省份在2001—2022年有着效率的进步，而不是依靠经济要素投入、牺牲生态环境或增加社会成本来取得的农业高质量发展。

第三，tfpch改善最大的省份幅度达16.8%，而改善最小的省份幅度约为6.5%，离散程度较大，这表明中国各省份农业高质量发展效率改善程度并不均匀，个体之间存在较大差异。

第四，2001—2022年，DEA-Malmquist指数出现四个高峰与三个低谷的特征，第一个高峰出现在2003年，第二个高峰出现在2005年，第三个高峰出现在2007年，第四个高峰出现在2011年，并且从改善程度来看，第四个高峰期间的农业高质量发展tfpch上升幅度最大。2004年、2006年、2009年分别处于低谷。2016年、2017年、2018年农业高质量发展重新走向上升趋势，这一定程度上表明了未来几年走势。

第五，西部地区农业高质量发展效率改善了11.3%，东北地区改善了9.5%，中部地区改善了9.3%，而东部地区最少，仅有8.3%，这四个地区的农业高质量发展效率呈现明显的区域特征，可能是由于农业发展阶段不同，也可能是由于区域农业发展不平衡的因素。这为中国不同区域农业高质量发展促进策略的制定提供了一定的参考。

从总体均值、省域分布特征、年平均结果和区域结果来看，中国农业高质量发展效率的提升主要来自技术进步，技术效率提升的贡献较小。区域结果分析表明，技术效率在一定程度上甚至对农业高质量发展效率的提升具有"拖累"作用。技术效率的再分解结果表明，单纯的技术效率和规模效率往往对其有"拖拽"作用。

整体上看，本章实证分析认为，中国大多数省份农业高质量发展还处于投入型增长阶段，但也伴随效率的改善，这反映出农业包容性增长效率本身与要素成本投入、环境成本投入和社会成本投入的关联；在某种意义上也表明，中国现阶段农业高质量发展与高质量发展目标还存在距离，还有很大的提升空间。本章研究对中国农业高质量发展效率的动态变化的进一步精确有着重大理论意义，并根据对各省份、各年度、各地区农业高质量发展效率的动态分析，为未来农业高质量发展的推进和农业高质量发展的实现提供科学的参考。值得进一步研究的是农业高质量发展效率变化趋势与要素成本、环境成本和社会成本之间的关系特征或脱钩特征，这与农业发展模式的调整转变有着密切联系。

第五章 中国农业高质量发展效率 Tapio 脱钩指数分析

通过第四章中国农业高质量发展 DEA-Malmquist 指数分析，我们得知中国大多数省份农业高质量发展还处于投入型增长阶段，但也伴随效率的改善，这一定程度地反映出农业高质量发展效率本身与要素成本、环境成本和社会成本的关联；然而，DEA-Malmquist 指数分析无法获知中国农业高质量发展效率与要素成本、环境成本和社会成本的具体关联特征。鉴于此，本章利用 Tapio 脱钩指数方法对中国农业高质量发展效率开展进一步实证分析，以得知中国农业高质量发展效率与要素成本、环境成本和社会成本之间的脱钩关系特征，判定各成本增减的影响效应。本章的分析思路与框架如图 5.1 所示。

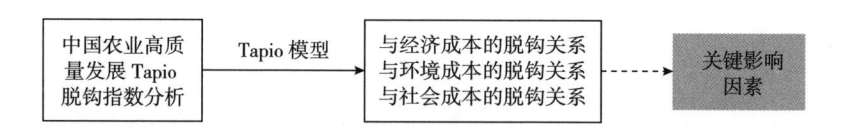

图 5.1 中国农业高质量发展效率 Tapio 脱钩指数的分析思路与框架

第一节 脱钩模型

脱钩起源于物理学领域，其含义是指两个或多个具有一定相关性的物理变量之间的响应关系不再存在，即原本相互依存、相互影响或相互因果的变量逐渐相互分离。20世纪末，OECD将脱钩理论引入农业政策研究；资源与环境领域的学者将脱钩理论进一步扩展到资源与环境领域，通常以经济增长为驱动变量，以资源消耗或环境压力为被解释变量，测算经济活动对资源环境冲击的逐渐降低过程，据此判断资源消耗、环境压力与经济发展之间某种内在关系是否被打破。

目前，脱钩理论主要被应用于以下几个方面：①国家层面、区域层面、省域层面、城市层面等经济活动与资源消耗、环境污染、要素成本、社会压力等在某时间段内的互相关系，并进一步判断其是否脱钩及脱钩程度等；②行业或产业领域的发展与资源环境等成本压力之间的脱钩关系，如交通运输业、建筑行业、农业、工业等。

脱钩理论在具体实际应用过程中主要运用到的方法有很多，包括OECD脱钩分析、Tapio脱钩分析、回归系数分析、统计计量分析、基于变化量的综合分析、IPAT模型分析等，而当前较为流行的或常用的脱钩评价方法是OECD脱钩模型和Tapio脱钩模型。

OECD于1993年提出了"驱动力—压力—状态—影响—反应"框架（Tapio，2005），描述了经济驱动因子与环境压力因子之间的关系；为衡量脱钩指标变化，OECD建立了脱钩指数与脱钩因子，具体公式如下：

$$脱钩指数\ DI = \frac{EP_T}{DF_T} \bigg/ \frac{EP_0}{DF_0} \tag{5.1}$$

$$脱钩因子 = 1 - DI \tag{5.2}$$

式（5.1）和式（5.2）中：DI 为脱钩指数；EP 为资源消耗或环境负荷指标值；DF 为经济驱动力指标；下标 T 为末期；下标 0 为基期。

OECD将脱钩关系分为相对脱钩和绝对脱钩两种状态（见图5.2），"绝对脱钩"是指经济增长时，资源消耗量或环境负荷量等呈现下降或不变状态，此情况下脱钩指数接近1，表现为强脱钩；"相对脱钩"是指经济增长时，资源消耗量或环境负荷量等也呈现增长状态，但其增速小于经济增长增速，此情况下脱钩指数接近0，表现为弱脱钩。但OECD脱钩模型存在较明显的缺陷：一是对变量的基期和期末取值具有高敏感度，容易产生计算偏差。二是对脱钩关系类型划分过于笼统，不能细分经济增长与环境压力之间关系的具体类型。

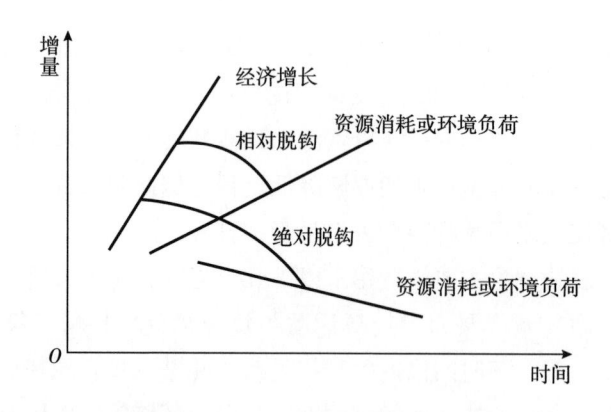

图 5.2　OECD 脱钩模型的状态划分

2005 年，Peri Tapio 在研究欧洲经济发展与二氧化碳排放之间的关系时，引入交通运输量作为中间变量，将运输量与 GDP 之间的脱钩弹性定义为产业发展弹性，将运输量与碳排放量之间的脱钩弹性定义为产业排放弹性，并将产业发展弹性与产业排放弹性相乘，得到脱钩指标计算公式，具体如式（5.3）所示：

$$e_{(CO_2,GDP)} = \left(\frac{\Delta V}{V} \bigg/ \frac{\Delta GDP}{GDP}\right) \times \left(\frac{\Delta CO_2}{CO_2} \bigg/ \frac{\Delta V}{V}\right) \quad (5.3)$$

式中：$e_{(CO_2,GDP)}$ 为经济发展与碳排放间的脱钩弹性指标；V 为交通运输量。根据脱钩弹性值的大小，Tapio 定义了 8 种脱钩状态，即扩张负脱钩、强负脱钩、弱负脱钩、弱脱钩、强脱钩、衰退脱钩、增长连接和衰退连接。以农业高质量发展效率与多维（经济—环境—社会）成本压力为例，对 8 种脱钩状态的划分和定义标准作出解释，如图 5.3 和表 5.1 所示。

相较 OECD 脱钩指标，Tapio 脱钩弹性克服了基期选择的困难，其采用的"弹性概念"可动态反映变量之间的脱钩关系，在研究碳排放与经济增长之间的关系方面更具优势。据此，本书选用 Tapio 脱钩指标对中国农业高质量发展效率与经济—环境—社会成本压力的脱钩关系进行分析，建立脱钩模型，如式（5.4）所示：

第五章 中国农业高质量发展效率 Tapio 脱钩指数分析

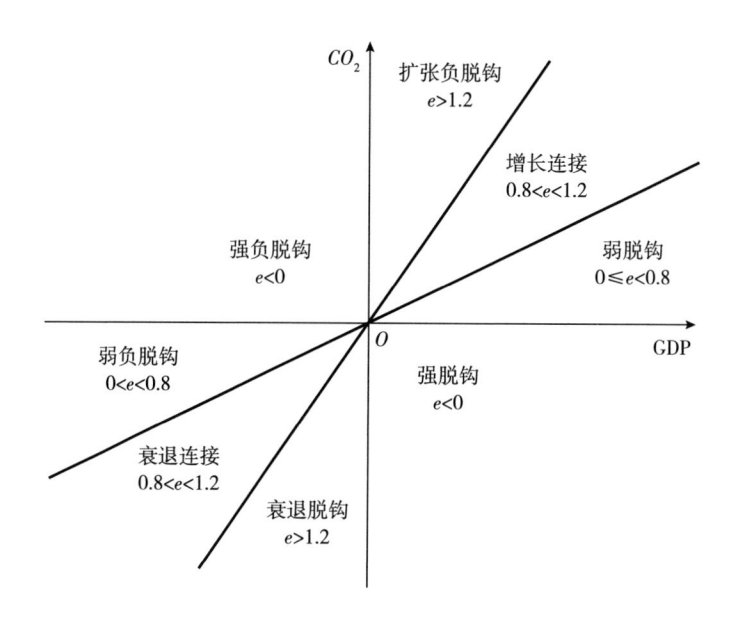

图 5.3 Tapio 脱钩模型的 8 种状态划分

表 5.1　　　　Tapio（2005）8 种脱钩状态划分

脱钩状态		成本压力变化	效率变化	弹性 e	意义
脱钩	强脱钩	<0	≥0	e<0	农业高质量发展效率上升，多维（经济—环境—社会）成本压力下降，是最理想的状态
	弱脱钩	>0	≥0	0≤e<0.8	农业高质量发展效率上升，多维（经济—环境—社会）成本压力上升，且效率增速较成本压力增速快，是较理想的状态
	衰退脱钩	<0	<0	e>1.2	农业高质量发展效率与多维（经济—环境—社会）成本压力均下降，且成本压力下降速度较效率下降速度快
负脱钩	强负脱钩	≥0	<0	e<0	农业高质量发展效率下降，多维（经济—环境—社会）成本压力上升，是最不理想的状态
	弱负脱钩	<0	<0	0<e<0.8	农业高质量发展效率与多维（经济—环境—社会）成本压力均下降，且成本压力降速较效率降速慢，是很不理想的状态

89

续表

脱钩状态		成本压力变化	效率变化	弹性e	意义
负脱钩	扩张负脱钩	≥0	≥0	e>1.2	高质量发展效率与多维（经济—环境—社会）成本压力均上升，且成本压力增速较效率增速快，是较不理想状态
连接	增长连接	≥0	≥0	0.8<e<1.2	农业高质量发展效率上升，多维（经济—环境—社会）成本压力增加，且二者的增速相当
	衰退连接	<0	<0	0.8<e<1.2	农业高质量发展效率下降，多维（经济—环境—社会）成本压力下降，且二者降速相当

$$e=\frac{\Delta C/C}{\Delta G/G} \tag{5.4}$$

式中：e 为脱钩弹性；C 为经济—环境—社会成本压力；ΔC 为成本压力变化量；G 为农业高质量发展效率（元）；ΔG 为效率变化量。

第二节 数据来源及处理

本章所采用的数据均来自《中国统计年鉴》（2000—2023年）和《中国农村统计年鉴》（2000—2023年），并经过适当处理。

第一，经济维度成本压力。该变量主要反映了农业生产过程中经济要素成本投入，选取农地占用、灌溉投入、中间消耗、固定资本投入、劳动力投入和农机投入作为主要要素成本投入，并运用PCA方法对其进行降维处理，最后对所得主成分值再做归一化处理，具体数值如第三章表3.2所示。

第二，环境维度成本压力。该变量主要反映农业生产过程中对生态环境造成的破坏或污染，以农业碳排放量作为替代变量。本书认为，农业碳排放主要包括农业种植行为或畜牧养殖行为直接或间接导致的温室气体碳排放，借鉴张俊飚等学者对农业碳排放相关研究成果，测算农业碳排放量，并对其进行归一化处理，具体数值如第三章表3.3所示。

第三，社会维度成本压力。该变量主要反映农业发展过程中的利益分配不合理，即城乡发展失衡（社会代价），以城乡收入比和城乡消费比来反映城乡失衡指数，对城乡收入比和城乡消费比进行加总，并对加总所得数值进行归一化处理，具体数值如第三章表3.4所示。

第四，农业高质量发展效率。该变量主要反映了农业高质量发展的水平，具体数值如第三章表3.7所示。

第三节　实证结果与分析

一　与经济维度成本压力脱钩关系的时空变化规律

（一）时序变化规律

基于式（5.4）计算可知，2001—2022年中国农业高质量发展效率与经济维度成本压力之间的脱钩关系。由表5.2和图5.4可知，2001—2022年中国农业高质量发展效率与经济维度成本压力的脱钩关系呈现四种状态：强脱钩、弱脱钩、强负脱钩、弱负脱钩。根据脱钩类型和脱钩弹性值变化情况，可将研究期划分为三个阶段：2001—2006年、2007—2014年、2015—2022年。

表5.2　　　　2001—2022年中国农业高质量发展效率与
经济维度成本压力的脱钩关系

年份	经济压力（$\Delta C_1/C_1$）	效率增长（$\Delta G/G$）	脱钩弹性（e_1）	脱钩特征
2001	0.0000	0.0320	0.0000	弱脱钩
2002	0.0001	0.0343	0.0022	弱脱钩
2003	0.0000	0.1580	0.0000	弱脱钩
2004	0.0000	0.1060	0.0000	弱脱钩
2005	0.0001	0.1078	0.0007	弱脱钩
2006	0.0001	0.0165	0.0047	弱脱钩
2007	-0.0002	0.2153	-0.0007	强脱钩
2008	-0.0001	0.1567	-0.0005	强脱钩
2009	0.0003	-0.0113	-0.0271	强负脱钩

续表

年份	经济压力（$\Delta C_1/C_1$）	效率增长（$\Delta G/G$）	脱钩弹性（e_1）	脱钩特征
2010	−0.0002	−0.0019	0.1229	弱负脱钩
2011	0.0001	0.4087	0.0002	弱脱钩
2012	−0.0002	0.0965	−0.0016	强脱钩
2013	0.0002	0.0877	0.0026	弱脱钩
2014	−0.0003	0.0684	−0.0045	强脱钩
2015	0.0001	0.0556	0.0014	弱脱钩
2016	0.0000	0.0080	0.0000	弱脱钩
2017	0.0001	0.0378	0.0020	弱脱钩
2018	0.0000	0.0619	0.0000	弱脱钩
2019	0.0000	0.0418	0.0000	弱脱钩
2020	0.0001	0.0396	0.0019	弱脱钩
2021	0.0010	0.0224	0.0445	弱脱钩
2022	0.0000	0.0115	0.0000	弱脱钩

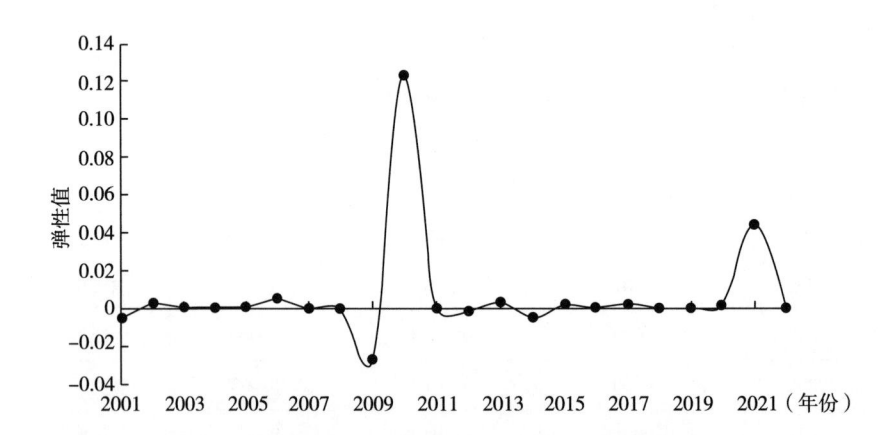

图 5.4　2001—2022 年中国农业高质量发展效率与
经济维度成本压力脱钩弹性变化趋势

第一阶段（2001—2006 年），该阶段持续呈现弱脱钩特征，且脱钩弹性值较小。此阶段的农业高质量发展效率与经济维度成本压力呈现全面增长，但最终效率的增长幅度大于经济维度成本压力的增长幅度。这在一定程度上表明，可能由于要素集约化利用程度的提高、农业科技水平的提升、农业规模化生产水平的提高，经济要素成本投入增加实现了更大的效率提升。

第二阶段（2007—2014年），该阶段经历了强脱钩—强负脱钩—弱负脱钩—弱脱钩—强脱钩的变化过程，且脱钩弹性值波动幅度较大。此阶段的农业高质量发展效率的变化与经济维度成本压力变化呈现正负波动、不稳定性，但总体上以强脱钩为主。这一定程度上表明可能由于农业技术的进步、农业生产模式的优化等，经济要素投入减少的同时效率反而有所提升。

第三阶段（2015—2022年），该阶段呈现持续"弱脱钩"类型，且脱钩弹性值较小。此阶段中国农业高质量发展效率的提升幅度要大于经济维度成本压力的增加幅度。这在一定程度上表明，可能由于农业现代化水平的提高，经济要素成本投入增加实现了更大的效率提升。

（二）空间变化规律

为更好地呈现中国不同省域农业高质量发展效率与经济维度成本压力的脱钩程度及脱钩类型差异性，同时对比党的十八大前后变化，运用Tapio脱钩模型对中国各省份（不含港澳台地区，下同）2001—2012年和2013—2022年两阶段农业高质量发展效率与经济维度成本压力之间的脱钩特征进行分析，得到结果如表5.3所示。

表5.3　　　　不同省份农业高质量发展效率与经济维度成本压力的脱钩特征

省份	2001—2012年				2013—2022年			
	经济压力 ($\Delta C_1/C_1$)	效率增长 ($\Delta G/G$)	脱钩弹性 (e_1)	脱钩特征	经济压力 ($\Delta C_1/C_1$)	效率增长 ($\Delta G/G$)	脱钩弹性 (e_1)	脱钩特征
北京	-0.2660	1.5877	-0.1675	强脱钩	-0.0738	0.3949	-0.1869	强脱钩
天津	-0.1919	0.9810	-0.1956	强脱钩	-0.0625	0.4115	-0.1519	强脱钩
河北	-0.1090	3.0570	-0.0357	强脱钩	-0.1607	0.4135	-0.3887	强脱钩
山西	0.0662	4.0845	0.0162	弱脱钩	-0.0828	0.3067	-0.2701	强脱钩
内蒙古	0.1228	3.3830	0.0363	弱脱钩	0.1686	0.2925	0.5762	弱脱钩

续表

省份	2001—2012年				2013—2022年			
	经济压力 ($\Delta C_1/C_1$)	效率增长 ($\Delta G/G$)	脱钩弹性 (e_1)	脱钩特征	经济压力 ($\Delta C_1/C_1$)	效率增长 ($\Delta G/G$)	脱钩弹性 (e_1)	脱钩特征
辽宁	0.0199	3.1462	0.0063	弱脱钩	-0.0146	0.1168	-0.1250	强脱钩
吉林	0.3739	2.3120	0.1617	弱脱钩	-0.1438	0.0107	-13.4331	强脱钩
黑龙江	0.5409	5.2347	0.1033	弱脱钩	0.1018	0.3928	0.2591	弱脱钩
上海	-0.2589	1.0508	-0.2464	强脱钩	-0.0411	0.4443	-0.0925	强脱钩
江苏	-0.0879	2.4268	-0.0362	强脱钩	0.0236	0.1862	0.1269	弱脱钩
浙江	-0.2826	1.3449	-0.2101	强脱钩	-0.0970	0.4859	-0.1996	强脱钩
安徽	-0.0112	2.2606	-0.0049	强脱钩	-0.0161	0.5130	-0.0314	强脱钩
福建	-0.0790	2.1417	-0.0369	强脱钩	-0.0231	0.3263	-0.0708	强脱钩
江西	-0.0658	2.5833	-0.0255	强脱钩	0.0759	0.4044	0.1876	弱脱钩
山东	-0.0385	2.8869	-0.0133	强脱钩	-0.0379	0.1641	-0.2309	强脱钩
河南	-0.0812	2.7380	-0.0297	强脱钩	0.0011	0.3562	0.0032	弱脱钩
湖北	0.0771	3.5411	0.0218	弱脱钩	-0.0233	0.4857	-0.0479	强脱钩
湖南	0.0104	3.0805	0.0034	弱脱钩	0.0137	0.3257	0.0421	弱脱钩
广东	-0.0104	2.0558	-0.0051	强脱钩	-0.1576	0.4045	-0.3895	强脱钩
广西	0.1300	3.0763	0.0423	弱脱钩	0.0690	0.6198	0.1114	弱脱钩
海南	-0.1596	2.4808	-0.0643	强脱钩	0.0559	0.5396	0.1035	弱脱钩
重庆	-0.1031	3.0300	-0.0340	强脱钩	-0.0038	0.6280	-0.0061	强脱钩
四川	-0.0245	3.3168	-0.0074	强脱钩	0.1022	0.3577	0.2856	弱脱钩
贵州	0.0571	3.3253	0.0172	弱脱钩	0.0938	1.3431	0.0698	弱脱钩
云南	0.1364	2.9541	0.0462	弱脱钩	0.0295	1.0321	0.0286	弱脱钩
西藏	-0.1131	3.1500	-0.0359	强脱钩	0.0134	1.0924	0.0123	弱脱钩
陕西	-0.0174	4.5106	-0.0039	强脱钩	0.1124	-0.2969	-0.3787	强负脱钩
甘肃	0.0456	3.4167	0.0133	弱脱钩	-0.0530	0.2257	-0.2347	强脱钩
青海	-0.1243	7.9091	-0.0157	强脱钩	0.0258	1.6225	0.0159	弱脱钩
宁夏	-0.0553	3.0847	-0.0179	强脱钩	-0.0266	0.4229	-0.0629	强脱钩
新疆	0.2778	3.0659	0.0906	弱脱钩	0.1283	0.5434	0.2360	弱脱钩

第一,2001—2012年阶段,北京、天津、河北、上海、江苏、浙江等19个省份呈现强脱钩,山西、内蒙古、辽宁、吉林、黑龙江、贵州、云南等12个省份呈现弱脱钩,即中国绝大多数省域呈现强脱钩。其中,上海市脱钩弹性值为-0.2464,脱钩程度最高;吉林省脱钩弹性值为0.1617,脱钩程度最低;脱钩弹性值在[-0.3,-0.2]区间的省份有2个,[-0.2,-0.1]区间的省份有2个,[-0.1,0]区间的省份有15个,[0,0.1]区间的省份有10个,[0.1,0.2]区间的省份有2个。

第二,2013—2022年阶段,北京、天津、河北、山西、辽宁、吉林、上海、浙江、安徽、福建、山东、湖北、广东、重庆、甘肃、宁夏16个省份呈现强脱钩状态,内蒙古、黑龙江、江苏、江西、河南、湖南、广西、海南、四川、贵州、云南、西藏、陕西、青海、新疆15个省份呈现弱脱钩状态;其中,吉林省脱钩弹性值为-13.4311,而河南省脱钩弹性值为0.0032。

从表5.3可以看出,中国农业高质量发展效率与经济维度成本压力之间呈现强脱钩特征的省份数量有所减少,且脱钩类型及脱钩程度的差异性有所扩大。这表明,党的十八大以来,可能由于农业固定资本投入的持续增加以及农业生产集约化程度的提升,中国农业在高质量发展效率上升的同时,对要素成本投入的依赖度总体上有所增强。此外,可能受农业经济发展水平、农业资源禀赋、农业生产结构、农业生产方式等差异性的影响,中国不同省份农业高质量发展效率对要素成本投入的依赖度存在较大的差异性。从区域层面看,农业高质量发展效率与环境维度成本压力之间脱钩关系,东部地区和中部地区脱钩状态总体上较为稳定,西部地区和东北地区的脱钩类型总体上越来越趋于多样化。

二 与环境维度成本压力脱钩关系的时空变化规律

(一)时序变化规律

基于脱钩弹性计算式(5.4)可知,2001—2022年中国农业高质量发展效率与环境维度成本压力的脱钩关系。如表5.4和图5.5所示,近年来,中国农业高质量发展效率与环境维度成本压力的脱钩关系大致可分为三个阶段。

表 5.4　2001—2022 年中国农业高质量发展效率与环境维度成本压力的脱钩关系

年份	环境压力（$\Delta C_2/C_2$）	效率增长（$\Delta G/G$）	脱钩弹性（e_2）	脱钩特征
2001	0.0149	0.0320	0.4661	弱脱钩
2002	0.0264	0.0343	0.7708	弱脱钩
2003	−0.2288	0.1580	−1.4477	强脱钩
2004	0.3755	0.1060	3.5412	扩张负脱钩
2005	−0.1962	0.1078	−1.8202	强脱钩
2006	0.0376	0.0165	2.2821	扩张负脱钩
2007	−0.0702	0.2153	−0.3259	强脱钩
2008	0.0350	0.1567	0.2233	弱脱钩
2009	0.0348	−0.0113	−3.0749	强负脱钩
2010	0.0296	−0.0019	−15.7971	强负脱钩
2011	0.0121	0.4087	0.0296	弱脱钩
2012	0.0278	0.0965	0.2883	弱脱钩
2013	0.0224	0.0877	0.2556	弱脱钩
2014	0.0156	0.0684	0.2285	弱脱钩
2015	−0.0009	0.0556	−0.0154	强脱钩
2016	−0.0027	0.0080	−0.3328	强脱钩
2017	−0.0330	0.0378	−0.8730	强脱钩
2018	0.0014	0.0619	0.0233	弱脱钩
2019	0.0006	0.0418	0.0132	弱脱钩
2020	0.0004	0.0396	0.0112	弱脱钩
2021	0.0004	0.0224	0.0197	弱脱钩
2022	0.0315	0.0115	2.7450	扩张负脱钩

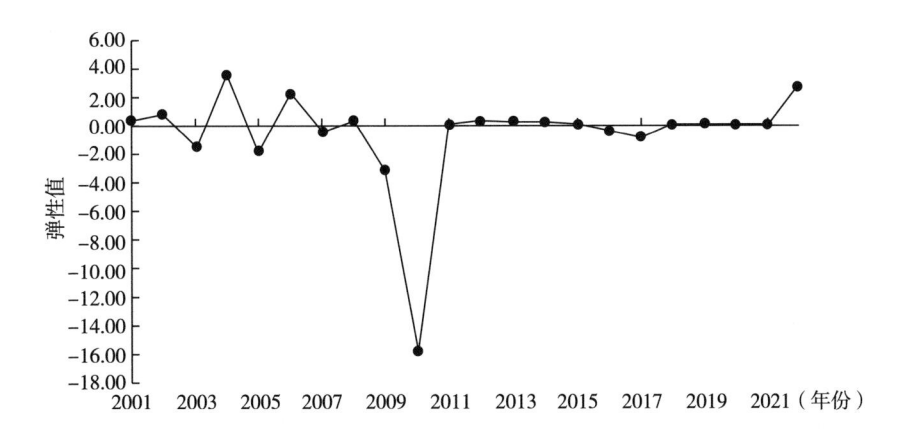

**图 5.5　2001—2022 年中国农业高质量发展效率与
环境维度成本压力脱钩弹性变化趋势**

第一阶段（2001—2010 年），该阶段环境维度成本压力的增速经历了"正负交替"的波动，而农业高质量发展效率总体上处于不断提升的态势，甚至 2009 年和 2010 年环境维度成本压力增长的同时，农业高质量发展效率出现下降，从而导致这一阶段出现多种脱钩关系，包括强脱钩、弱脱钩、强负脱钩、扩张负脱钩，且脱钩弹性波动幅度较大。这在一定程度上表明可能受农业税负改革、经济周期等因素的影响，环境成本压力与农业高质量发展的关联机制存在不稳定性。

第二阶段（2011—2014 年），农业高质量发展效率与环境维度成本压力均保持正增长态势，但同期农业高质量发展效率的增速要高于环境维度成本压力的增速，此阶段脱钩特征集中为弱脱钩类型，且脱钩程度趋于增强。这在一定程度上表明可能受农业生产技术创新和生产方式改善的影响，农业经济的产出水平得到极大提升。

第三阶段（2015—2022 年），农业高质量发展效率持续提升的同时，环境维度成本压力经历了下降—上升趋势，以 2018 年为节点，此时脱钩特征逐渐由强脱钩转变为弱脱钩类型，甚至 2022 年呈现扩张负脱钩。这在一定程度上表明可能受绿色发展理念以及高质量发展导向的影响，一方面，农业绿色环保技术、绿色生产模式等加快推进，使农业高质量发展效率与环境成本压力的脱钩关系日益强化；另一方面，农业绿色高质量发展对生态环境保护提出了新要求，短时期内，环境压力在一定程度上有所增加。

（二）空间变化规律

基于Tapio脱钩模型对中国各省份2001—2012年和2013—2022年两阶段农业高质量发展效率与环境维度成本压力之间的脱钩特征进行分析，所得结果如表5.5所示。

表5.5 不同省份农业高质量发展效率与环境维度成本压力的脱钩特征

省份	2001—2012年 环境压力 ($\Delta C_2/C_2$)	效率增长 ($\Delta G/G$)	脱钩弹性 (e_2)	脱钩特征	2013—2022年 环境压力 ($\Delta C_2/C_2$)	效率增长 ($\Delta G/G$)	脱钩弹性 (e_2)	脱钩特征
北京	−0.1875	1.5877	−0.1181	强脱钩	−0.1538	0.3949	−0.3896	强脱钩
天津	0.3333	0.9810	0.3398	弱脱钩	13.3333	0.4115	32.4031	扩张负脱钩
河北	−0.0260	3.0570	−0.0085	强脱钩	−0.7238	0.4135	−1.7504	强脱钩
山西	−0.1638	4.0845	−0.0401	强脱钩	2.6959	0.3067	8.7893	扩张负脱钩
内蒙古	0.5180	3.3830	0.1531	弱脱钩	−0.3128	0.2925	−1.0692	强脱钩
辽宁	0.4868	3.1462	0.1547	弱脱钩	−0.0678	0.1168	−0.5810	强脱钩
吉林	0.2828	2.3120	0.1223	弱脱钩	0.2620	0.0107	24.4720	扩张负脱钩
黑龙江	0.2832	5.2347	0.0541	弱脱钩	−0.9537	0.3928	−2.4279	强脱钩
上海	−0.2581	1.0508	−0.2456	强脱钩	12.4348	0.4443	27.9893	扩张负脱钩
江苏	0.1585	2.4268	0.0653	弱脱钩	−0.7877	0.1862	−4.2297	强脱钩
浙江	0.1387	1.3449	0.1031	弱脱钩	1.3397	0.4859	2.7573	扩张负脱钩
安徽	−0.0227	2.2606	−0.0101	强脱钩	−0.6860	0.5130	−1.3373	强脱钩
福建	0.0843	2.1417	0.0394	弱脱钩	0.3389	0.3263	1.0387	增长连接
江西	0.0273	2.5833	0.0106	弱脱钩	1.6046	0.4044	3.9674	扩张负脱钩
山东	−0.0447	2.8869	−0.0155	强脱钩	0.0367	0.1641	0.2234	弱脱钩
河南	0.0181	2.7380	0.0066	弱脱钩	−0.5676	0.3562	−1.5935	强脱钩
湖北	0.1468	3.5411	0.0415	弱脱钩	−0.0397	0.4857	−0.0818	强脱钩
湖南	0.0786	3.0805	0.0255	弱脱钩	−0.2551	0.3257	−0.7833	弱脱钩
广东	−0.0185	2.0558	−0.0090	强脱钩	0.1132	0.4045	0.2799	弱脱钩
广西	−0.2209	3.0763	−0.0718	强脱钩	−0.7642	0.6198	−1.2329	强脱钩
海南	0.0541	2.4808	0.0218	弱脱钩	0.9487	0.5396	1.7582	扩张负脱钩
重庆	0.0395	3.0300	0.0130	弱脱钩	2.2278	0.6280	3.5473	扩张负脱钩

续表

省份	2001—2012 年				2013—2022 年			
	环境压力 ($\Delta C_2/C_2$)	效率增长 ($\Delta G/G$)	脱钩弹性 (e_2)	脱钩特征	环境压力 ($\Delta C_2/C_2$)	效率增长 ($\Delta G/G$)	脱钩弹性 (e_2)	脱钩特征
四川	-0.1635	3.3168	-0.0493	强脱钩	-0.6188	0.3577	-1.7297	强脱钩
贵州	-0.4281	3.3253	-0.1287	强脱钩	1.6842	1.3431	1.2540	扩张负脱钩
云南	-0.1206	2.9541	-0.0408	强脱钩	-0.8259	1.0321	-0.8002	强脱钩
西藏	-0.7047	3.1500	-0.2237	强脱钩	3.0000	1.0924	2.7463	扩张负脱钩
陕西	0.1171	4.5106	0.0260	弱脱钩	0.0917	-0.2969	-0.3089	强负脱钩
甘肃	0.1274	3.4167	0.0373	弱脱钩	-0.6653	0.2257	-2.9479	强脱钩
青海	-0.6375	7.9091	-0.0806	强脱钩	0.3276	1.6225	0.2019	弱负脱钩
宁夏	0.3750	3.0847	0.1216	弱脱钩	6.8788	0.4229	16.2669	扩张负脱钩
新疆	0.2534	3.0659	0.0826	弱脱钩	-0.1568	0.5434	-0.2885	强脱钩

2001—2012 年阶段，北京、河北、山西、上海、安徽、山东、广东、广西、四川、贵州等 13 个省份呈现强脱钩，内蒙古、辽宁、吉林、黑龙江、江苏、浙江、江西、海南、重庆等 18 个省份呈现弱脱钩，表明中国绝大多数省份呈现弱脱钩。其中，上海脱钩弹性值为 -0.2456，脱钩程度最高；天津脱钩弹性值为 0.3398，脱钩程度最低。

2013—2022 年阶段，北京、河北、内蒙古、辽宁、黑龙江、江苏、安徽、河南、湖北、广西、四川、云南、甘肃、新疆 14 个省份呈现强脱钩状态，山东、湖南、广东 3 个省份呈现弱脱钩状态，天津、山西、吉林、上海、浙江、江西、海南、重庆、贵州、西藏、宁夏 11 个省份呈现扩张负脱钩状态，福建省呈现增长连接，陕西省呈现强负脱钩，青海省呈现弱负脱钩；其中，吉林省脱钩弹性值为 24.4720，而青海省脱钩弹性值为 0.2019。

从表 5.5 可以看出，中国农业高质量发展效率与环境维度成本压力之间呈现强脱钩特征的省份数量有所增多，且脱钩类型及脱钩程度的差异性有所扩大。这表明，党的十八大以来，可能由于环保意识的增强以及农业节能减排技术的广泛应用和推广，中国农业高质量发展效率上升的同时，造成的环境污染有所减弱；此外，可能受农业经济发展水平、农业资源禀赋、农业生产结构、农业生产方式等差异性的影响，中国不同省份农业高质量发展效率与环境成本压力的互相影响程度存在较大的差异性。从区域层面看，农业高质量发展效率与环境成本压力的关系，西南地区总体上呈现由强脱钩转向弱脱钩或扩张负脱钩；东南地区总体上呈现由弱脱钩转向多种脱钩类型；东北地区和西北地区总体上呈现由弱脱钩转向强脱钩。

三　与社会维度成本压力脱钩关系的时空变化规律

（一）时序变化规律

通过式（5.4）测算可知，2001—2022年中国农业高质量发展效率与社会维度成本压力的脱钩关系。如表5.6和图5.6所示，2001—2022年，中国农业高质量发展效率与社会维度成本压力的脱钩关系大致可分为两个阶段。

表5.6　　　2001—2022年中国农业高质量发展效率与
社会维度成本压力的脱钩关系

年份	社会压力（$\Delta C_3/C_3$）	效率增长（$\Delta G/G$）	脱钩弹性（e_3）	脱钩特征
2001	0.0364	0.0320	1.1371	扩张负脱钩
2002	0.0617	0.0343	1.8007	扩张负脱钩
2003	0.0074	0.1580	0.0466	弱脱钩
2004	0.0156	0.1060	0.1466	弱脱钩
2005	−0.0390	0.1078	−0.3620	强脱钩
2006	0.0009	0.0165	0.0575	弱脱钩
2007	0.0009	0.2153	0.0041	弱脱钩
2008	−0.0237	0.1567	−0.1516	强脱钩
2009	0.0159	−0.0113	−1.4072	强负脱钩
2010	−0.0209	−0.0019	11.1457	衰退脱钩
2011	−0.0678	0.4087	−0.1658	强脱钩
2012	−0.0281	0.0965	−0.2910	强脱钩
2013	−0.0365	0.0877	−0.4162	强脱钩
2014	−0.0674	0.0684	−0.9862	强脱钩
2015	−0.0180	0.0556	−0.3237	强脱钩
2016	−0.0124	0.0080	−1.5491	强脱钩

续表

年份	社会压力（$\Delta C_3/C_3$）	效率增长（$\Delta G/G$）	脱钩弹性（e_3）	脱钩特征
2017	-0.0191	0.0378	-0.5060	强脱钩
2018	-0.0381	0.0619	-0.6164	强脱钩
2019	-0.0272	0.0418	-0.6503	强脱钩
2020	-0.0269	0.0396	-0.6804	强脱钩
2021	-0.0277	0.0224	-1.2345	强脱钩
2022	-0.0285	0.0115	-2.4823	强脱钩

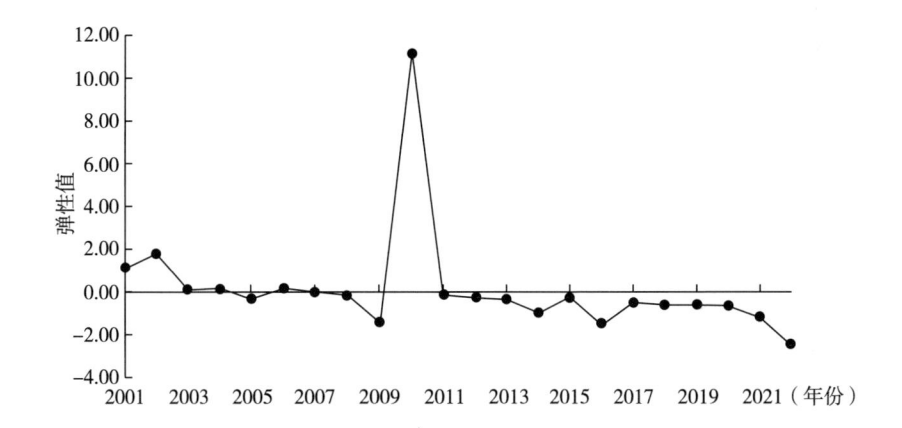

图5.6　2001—2022年中国农业高质量发展效率与
社会维度成本压力脱钩弹性变化趋势

第一阶段（2001—2010年），该阶段农业高质量发展效率与社会维度成本压力的脱钩关系呈现多种类型，包括强脱钩、弱脱钩、衰退脱钩、强负脱钩、扩张负脱钩，但总体上以弱脱钩为主，且脱钩弹性值呈现"正负交替"的波动特点，特别是2010年的弹性波动幅度较大。由此表明，该阶段农业高质量发展效率与社会维度成本压力之间呈现不稳定的脱钩关系，但大多数年份农业高质量发展效率有所改善的同时，社会维度成本压力有所增加。这在一定程度上表明，可能由于农业税负改革、城镇化发展以及经济周期等因素的影响，社会成本压力与农业高质量发展效率的关联机制存在不稳定性。

第二阶段（2011—2022年），农业高质量发展效率持续保持正增长态势，而社会维度成本压力持续保持负增长态势，导致二者呈现持续的强脱钩特征，且脱钩程度总体上趋于扩大。这在一定程度上表明，可能受农民收入多元化及乡村振兴战略等因素的影响，该阶段农业高质量发展效率的提升不再依赖社会维度成本压力的增加，从而在一定程度上实现了农业经济与社会发展的统筹协调。

（二）空间变化规律

本书采用Tapio脱钩模型对中国各省份2001—2012年和2013—2022年两阶段农业高质量发展效率与社会维度成本压力之间的脱钩特征进行分析，所得结果如表5.7和图5.7所示。

表5.7 不同省份农业高质量发展效率与社会维度成本压力的脱钩特征

省份	2001—2012年 社会压力 ($\Delta C_3/C_3$)	效率增长 ($\Delta G/G$)	脱钩弹性 (e_3)	脱钩特征	2013—2022年 社会压力 ($\Delta C_3/C_3$)	效率增长 ($\Delta G/G$)	脱钩弹性 (e_3)	脱钩特征
北京	-0.1074	1.5877	-0.0676	强脱钩	0.1443	0.3949	0.3655	弱脱钩
天津	-0.1442	0.9810	-0.1470	强脱钩	-0.0733	0.4115	-0.1780	强脱钩
河北	-0.0401	3.0570	-0.0131	强脱钩	-0.3008	0.4135	-0.7275	强脱钩
山西	-0.1253	4.0845	-0.0307	强脱钩	-0.1676	0.3067	-0.5463	强脱钩
内蒙古	0.1971	3.3830	0.0583	弱脱钩	-0.3268	0.2925	-1.1170	强脱钩
辽宁	-0.0694	3.1462	-0.0221	强脱钩	0.0119	0.1168	0.1022	弱脱钩
吉林	-0.2005	2.3120	-0.0867	强脱钩	-0.1560	0.0107	-14.5688	强脱钩
黑龙江	-0.2665	5.2347	-0.0509	强脱钩	-0.1633	0.3928	-0.4158	强脱钩
上海	0.0344	1.0508	0.0327	弱脱钩	0.0864	0.4443	0.1944	弱脱钩
江苏	-0.0033	2.4268	-0.0014	强脱钩	-0.1382	0.1862	-0.7418	强脱钩
浙江	-0.1141	1.3449	-0.0848	强脱钩	-0.1661	0.4859	-0.3419	强脱钩
安徽	0.0446	2.2606	0.0197	弱脱钩	-0.3970	0.5130	-0.7738	强脱钩
福建	0.1866	2.1417	0.0871	弱脱钩	-0.2166	0.3263	-0.6639	强脱钩
江西	-0.0235	2.5833	-0.0091	强脱钩	-0.1988	0.4044	-0.4915	强脱钩
山东	-0.0056	2.8869	-0.0019	强脱钩	-0.1732	0.1641	-1.0551	强脱钩
河南	0.0079	2.7380	0.0029	弱脱钩	-0.3516	0.3562	-0.9869	强脱钩

续表

省份	2001—2012年				2013—2022年			
	社会压力 ($\Delta C_3/C_3$)	效率增长 ($\Delta G/G$)	脱钩弹性 (e_3)	脱钩特征	社会压力 ($\Delta C_3/C_3$)	效率增长 ($\Delta G/G$)	脱钩弹性 (e_3)	脱钩特征
湖北	-0.0928	3.5411	-0.0262	强脱钩	-0.3295	0.4857	-0.6785	强脱钩
湖南	-0.0177	3.0805	-0.0058	强脱钩	-0.2809	0.3257	-0.8625	强脱钩
广东	-0.0260	2.0558	-0.0126	强脱钩	-0.3689	0.4045	-0.9121	强脱钩
广西	0.0043	3.0763	0.0014	弱脱钩	-0.4700	0.6198	-0.7582	强脱钩
海南	0.0521	2.4808	0.0210	弱脱钩	-0.1633	0.5396	-0.3026	强脱钩
重庆	-0.2076	3.0300	-0.0685	强脱钩	-0.4351	0.6280	-0.6928	强脱钩
四川	-0.1611	3.3168	-0.0486	强脱钩	-0.2521	0.3577	-0.7048	强脱钩
贵州	-0.1049	3.3253	-0.0315	强脱钩	-0.3222	1.3431	-0.2399	强脱钩
云南	-0.0021	2.9541	-0.0007	强脱钩	-0.3347	1.0321	-0.3243	强脱钩
西藏	-0.3155	3.1500	-0.1002	强脱钩	-0.1522	1.0924	-0.1393	强脱钩
陕西	-0.1423	4.5106	-0.0316	强脱钩	-0.3496	-0.2969	1.1773	衰退连接
甘肃	-0.1791	3.4167	-0.0524	强脱钩	-0.2267	0.2257	-1.0045	强脱钩
青海	-0.2144	7.9091	-0.0271	强脱钩	-0.1301	1.6225	-0.0802	强脱钩
宁夏	-0.0096	3.0847	-0.0031	强脱钩	-0.3422	0.4229	-0.8093	强脱钩
新疆	0.0203	3.0659	0.0066	弱脱钩	-0.1414	0.5434	-0.2603	强脱钩

第一，2001—2012年，北京、河北、山西、辽宁、吉林、黑龙江等23个省份呈现强脱钩，仅有内蒙古、上海、安徽、福建、河南、广西、海南、新疆8个省份呈现弱脱钩，表明该阶段中国绝大多数省域呈现强脱钩，即农业高质量发展效率提升的同时社会维度成本压力有所下降。其中，天津市脱钩弹性值为-0.1470，脱钩程度最高；福建省脱钩弹性值为0.0871，脱钩程度最低。

第二，2013—2022年，天津、河北、山西、江苏、浙江、安徽、湖南、湖北等27个省份呈现强脱钩状态，仅北京、上海、辽宁3个省份呈现弱脱钩状态，陕西省呈现衰退连接，即表明该阶段绝大多数省份农业高质量发展效率改善的同时社会维度成本压力出现下降，但也存在极少部分省份的效率的增速与社会维度成本压力的增速保持同向。其中，吉林省脱钩弹性值为-14.5688，脱钩程度最高；青海省脱钩弹性值为-0.0802，脱钩程度最低。

从表5.7可以看出，中国农业高质量发展效率与社会维度成本压力之间呈现强脱钩特征的省份数量有所增多，但极少部分省份由强脱钩转向弱脱钩。这在一定程度上是由于农民收入的多元化，特别是农民城市务工收入的大幅增加，纯农业收入来源的占比有所弱化，从而使农业高质量发展效率对农民增收的影响或城乡差距的影响十分有限。从区域层面看，东北地区农业高质量发展效率与社会维度成本压力的脱钩关系存在较大的不确定性。

第四节　本章小结

本章基于Tapio脱钩模型中国农业高质量发展效率与经济维度成本压力、环境维度成本压力、社会维度成本压力的脱钩关系进行了实证分析，研究发现如下。

第一，2001—2022年中国农业高质量发展效率与经济维度成本压力脱钩关系呈现四种状态，即强脱钩、弱脱钩、强负脱钩、弱负脱钩，其2001—2006年、2007—2014年和2015—2022年三个阶段呈现不同的脱钩特征及变化规律。此外，中国农业高质量发展效率与经济维度成本压力之间呈现强脱钩特征的省份数量有所减少，且脱钩类型及脱钩程度的差异性有所扩大。

第二，2001—2010年中国农业高质量发展效率与环境维度成本之间呈现多种脱钩关系，包括强脱钩、弱脱钩、强负脱钩、扩张负脱钩，且脱钩弹性波动幅度较大；2011—2014年，脱钩特征集中为弱脱钩类型，且脱钩程度趋于增强；2015—2022年，脱钩特征逐渐由强脱钩转变为弱脱钩或扩张负脱钩等；此外，中国农业高质量发展效率与环境维度成本压力之间呈现强脱钩特征的省份数量有所增加，且脱钩类型及脱钩程度的差异性有所扩大。

第三，2001—2010年中国农业高质量发展效率与社会维度成本压力的脱钩关系呈现多种类型，包括强脱钩、弱脱钩、衰退脱钩、强负脱钩、扩张负脱钩，但总体上以弱脱钩为主，且脱钩弹性值呈现"正负交替"的波动特点，特别是 2010 年的弹性波动幅度较大。2011—2022 年，中国农业高质量发展效率持续保持正增长态势，而社会维度成本压力继续保持负增长态势，导致二者呈现持续的强脱钩特征，且脱钩程度总体上趋于扩大。此外，中国农业高质量发展效率与社会维度成本压力之间呈现强脱钩特征的省份数量有所增加，但极少部分省份由强脱钩转向弱脱钩。

总的来说，本章实证分析认为，中国农业高质量发展效率对要素成本投入、环境成本投入和社会成本投入的依赖程度渐趋弱化，但对不同成本投入的依赖程度存在差异，且依赖度的弱化呈现不稳定性和省域差异性。因此，如何在保障农业高质量发展效率改进的同时，持续稳定地弱化对要素成本、环境成本和社会成本的依赖，并促进各省份的协同发展，将成为未来农业发展的重要调整方向之一。

第六章　中国农业高质量发展效率的空间相关分析

本章基于2002—2022年中国农业高质量发展效率值,引入莫兰指数分析方法,运用Stata15和ARCGIS等统计分析工具,对中国农业高质量发展效率的全局空间自相关性、局部空间自相关性以及地理距离权重矩阵下的空间集聚特征进行了深入分析,以得知中国农业高质量发展的空间异质性,分析思路与框架如图6.1所示。

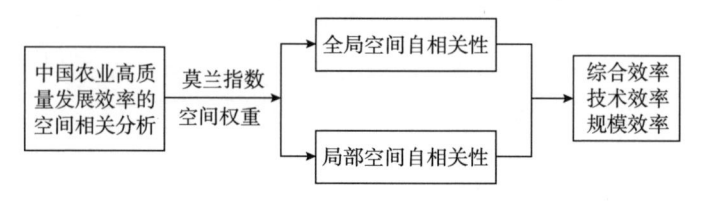

图6.1　中国农业高质量发展效率的空间相关分析思路与框架

第一节　研究方法

一　空间自相关的定义

空间自相关是指某一分布空间中某些变量的观测值之间潜在的相互依赖关系,通常被认为是检验空间中某一点的观测值与其相邻点的观测值是否相关的一种分析方法。如果某个位置变量的值较高,那么该位置附近的变量值也较高,从而为空间正自相关;反之,则为空间负自相关。计算空间自相关的方法有许多种,最为知名也最为常用的有Moran's I、Geary's C、Getis、Join Count等,本书引用的是Moran's I,即莫兰指数。

二 莫兰指数

莫兰指数已成为度量空间相关性的一个重要指标。在学术界,莫兰指数分为全局莫兰指数(GSA)和局部莫兰指数(LISA),GSA 是澳大利亚统计学家帕特里克·阿尔弗雷德·皮尔斯·莫兰(Patrick Alfred Pierce Moran)在 1950 年提出的,而 LISA 是美国学者安瑟伦(Anselin)在 1955 年提出的。

GSA 可以反映某属性值在全局空间上的特征,分布是聚集、离散还是随机分布模式。

莫兰指数的计算公式如下:

$$I = \frac{n}{\sum_i \sum_j w_{i,j}} \times \frac{\sum_i \sum_j w_{i,j}(x_i - \bar{x})(x_j - \bar{x})}{\sum_i (x_i - \bar{x})^2} \quad (6.1)$$

式中:x_i 为区域 i 的属性值;n 为决策单元个数;$w_{i,j}$ 为空间权重矩阵中区域 i 与 j 的邻近关系。莫兰指数 I 的值域为 [-1, 1],其中,$I>0$ 时,属于空间正相关,表明高值区域与高值区域集聚,I 值越大,空间差异性越小;$I<0$ 时,属于空间负相关,表明高值区域和低值区域集聚,I 值越小,空间差异性越大;$I=0$ 时,则表明空间不自相关,属性值在空间呈现随机分布。

LISA 反映局部空间自相关,主要描述某特定区域与其周边区域的相似程度,反映某一特定单元服从全局总体趋势的程度,可以揭示区域空间异质性。LISA 高值表示变量值相似的面积单元在空间中聚类(高值或低值),低值表示变量值不相似的面积单元在空间中聚类。LISA 计算公式如下:

$$I = \frac{n^2}{\sum_i \sum_j w_{i,j}} \times \frac{(x_i - \bar{x}) \sum_j w_{i,j}(x_j - \bar{x})}{\sum_j (x_j - \bar{x})^2} \quad (6.2)$$

式中:x_i 为区域 i 的属性值;n 为决策单元个数;$w_{i,j}$ 为空间权重矩阵中区域 i 与 j 的邻近关系。且 GSA 与 LISA 之间存在以下关系:

$$\sum_{i=1}^{n} I_i = n \times I \quad (6.3)$$

式中:n 为决策单元数量;I_i 为区域 i 的局部莫兰指数;I 为全局莫

指数。

通过 Z 统计量和 P 值，可推断研究样本是否具有空间自相关性。当 P<0.05 且 Z>1.65 时，则表明研究样本在超过95%的可能性上有空间交互作用；当 P<0.1 且 Z>1.96 时，则表明研究样本在超过90%的可能性上有空间交互作用。

三 空间权重矩阵

空间权重矩阵是反映个体在空间中存在互相依赖关系的矩阵，通常用二元对称空间权重矩阵 W 来表示，$w_{i,j}$ 为区域 i 与 j 的邻近关系：

$$W_{i,j} = \begin{bmatrix} w_{1,1} & \cdots & w_{1,n} \\ \vdots & \ddots & \vdots \\ w_{n,1} & \cdots & w_{n,n} \end{bmatrix} \tag{6.4}$$

式中：$w_{i,j}$（i, j=1, 2, …, n）为空间中第 i 个区域对空间中的第 j 个区域的影响程度，其取值一般有两种方式，即邻接或者距离。

在一定程度上，变量间的空间溢出效应会随着变量所在区域距离的不同而发生变化。距离越短，溢出效应越强，随着距离的增加，溢出效应逐渐减弱。这种局部区域之间的距离是研究者根据研究目标所创造或设定的，一般表现为空间相对位置关系的地理距离，或区域间差距的经济距离、科技距离、文化距离。在空间计量分析中，距离因素是整个分析框架的关键考虑因素，距离因素通常用空间权重矩阵来体现。不同空间矩阵权值的分析结果也有较大差异。

对此，在对中国农业包容性绿色这种效率开展空间自相关分析与空间集聚分析之前，要先构建好空间权重矩阵。基于已有的相关文献基础，本书设置了邻接矩阵、地理距离矩阵和经济距离矩阵进行莫兰指数分析，以期从不同角度得知中国农业高质量发展效率的空间自相关和空间集聚现状。

（1）邻接矩阵：$W_{i,j}$ 表示坐标为（i, j）的空间权重矩阵值，当两省份有公共边界或相邻时，权重矩阵对应的数值为1，否则数值为0。即

$$w_{i,j} = \begin{cases} 1 & \text{当区域 } i \text{ 和 } j \text{ 相邻接} \\ 0 & \text{其他} \end{cases} \tag{6.5}$$

（2）地理距离矩阵：$d_{i,j}$ 为 i 地区和 j 地区的质心距离，而 $d_{i,j}$ 越大

表示地理距离越远,那么空间溢出效应就越弱。距离衰减指数可设为"2",以增强距离的影响。与邻接矩阵相比,地理距离矩阵能更好地反映地理位置的影响。地理距离矩阵的对角线元素为0,其他未知元素的计算公式如下所示:

$$W_{i,j}^d = \frac{1}{d_{i,j}^2}(i \neq j) \tag{6.6}$$

(3) 经济距离矩阵: $e_{i,j}$ 为 i 省与 j 省的经济距离,其值为近10年两省人均 GDP 平均差值的绝对值。该值越大,表明两省经济发展水平差距越大,空间互动效应越弱。经济距离矩阵的对角元素为0,其余未知元素计算如下所示:

$$W_{i,j}^e = \frac{1}{ads(\text{人均} GDP_i - \text{人均} GDP_j)}(i \neq j) \tag{6.7}$$

以上三种空间权重矩阵均可利用 Stata15 来构建,且可对各类型权重矩阵进行标准化处理。

四 莫兰散点图

莫兰散点图可用于局部空间自相关分析,提供了空间滞后因子和归一化变量 z 的可视化二维图形分析。莫兰散点图描述了变量 z 与空间滞后向量之间的相互关系,其中空间滞后是观测值周围邻居的算术加权平均值。莫兰散点图的横轴对应变量 z,纵轴对应空间滞后向量,该图分为四个象限,每个象限标识一个区域及其与相邻区域的关系,如图6.2 所示。

(第二象限)低观测值的空间单元,其相邻区域是高值的空间联系形式	(第一象限)高观测值的空间单元,其相邻区域仍是高值的空间联系形式
(第三象限)低观测值的空间单元,其相邻区域仍是低值的空间联系形式	(第四象限)高观测值的空间单元,其相邻区域是低值的空间联系形式

图 6.2 莫兰散点图的四个象限

第二节　实证结果与分析

一　全局空间相关检验

基于2002—2022年中国各省份（不含港澳台地区，下同）农业高质量发展综合效率、纯技术效率和规模效率的面板数据，运用Stata15软件，选择邻接矩阵、地理距离矩阵和经济距离矩阵进行莫兰指数检验。

（一）综合效率全局空间自相关检验

由表6.1可知，中国农业高质量发展综合效率在3种权重矩阵下的全局空间自相关检验结果总体上保持一致，但莫兰指数、Z值和P值在不同时期呈现不同特点。基于邻接矩阵视角，2002—2022年的Z值均大于1.65，且P值均小于0.05，这表明农业高质量发展综合效率的全局空间自相关值均通过了5%的显著性检验，由此，可判断研究期内中国农业高质量发展综合效率的莫兰指数都呈现显著的全局空间自相关；基于距离矩阵视角，除2016年外，在研究期内中国农业高质量发展综合效率的莫兰指数均通过了5%的显著性检验；基于经济矩阵视角，2002—2017年Z值均大于1.65，且P值均小于0.05，表明这一期间中国农业高质量发展综合效率呈现全局空间自相关，但2018—2022年Z值小于1.65，这表明2018—2022年综合效率的全局空间自相关值未能通过5%的显著性检验。

表6.1　2002—2022年中国各省份农业高质量发展综合效率莫兰指数统计值

年份	邻接矩阵			距离矩阵			经济矩阵		
	莫兰指数	Z值	P值	莫兰指数	Z值	P值	莫兰指数	Z值	P值
2002	0.557	5.106	0	0.386	4.515	0	0.357	4.636	0
2003	0.545	5.004	0	0.366	4.305	0	0.377	4.872	0
2004	0.536	4.925	0	0.356	4.192	0	0.345	4.494	0
2005	0.472	4.372	0	0.305	3.642	0	0.253	3.395	0

续表

年份	邻接矩阵			距离矩阵			经济矩阵		
	莫兰指数	Z值	P值	莫兰指数	Z值	P值	莫兰指数	Z值	P值
2006	0.496	4.596	0	0.337	4.002	0	0.276	3.689	0
2007	0.411	3.841	0	0.252	3.073	0.001	0.232	3.15	0.001
2008	0.41	3.837	0	0.241	2.955	0.002	0.207	2.857	0.002
2009	0.391	3.669	0	0.237	2.905	0.002	0.219	3.002	0.001
2010	0.391	3.679	0	0.219	2.724	0.003	0.185	2.6	0.005
2011	0.386	3.629	0	0.218	2.704	0.003	0.218	2.986	0.001
2012	0.377	3.544	0	0.215	2.677	0.004	0.219	2.995	0.001
2013	0.319	3.056	0.001	0.175	2.255	0.012	0.24	3.256	0.001
2014	0.278	2.702	0.003	0.137	1.843	0.033	0.258	3.472	0
2015	0.268	2.626	0.004	0.122	1.679	0.047	0.254	3.438	0
2016	0.252	2.481	0.007	0.111	1.557	0.06	0.228	3.127	0.001
2017	0.273	2.677	0.004	0.128	1.754	0.04	0.213	2.956	0.002
2018	0.263	2.571	0.005	0.151	1.991	0.023	0.091	1.481	0.069
2019	0.277	2.688	0.004	0.148	1.959	0.025	0.087	1.439	0.075
2020	0.284	2.75	0.003	0.15	1.980	0.024	0.1	1.586	0.056
2021	0.289	2.93	0.002	0.152	2.130	0.025	0.121	1.598	0.031
2022	0.292	3.15	0.004	0.155	2.251	0.022	0.125	1.621	0.015

由图6.3可知，2002—2022年邻接矩阵下的莫兰指数值大于距离矩阵下的莫兰指数；2002—2011年和2018—2022年，距离矩阵下的莫兰指数总体上大于经济矩阵下的莫兰指数，但2012—2017年距离矩阵下的莫兰指数持续小于经济矩阵下的莫兰指数，即研究期间经济矩阵下的莫兰指数"N"形曲线波动；此外，三种权重矩阵下的综合效率莫兰指数总体上趋于下降。由此表明，中国农业高质量发展效率的空间全局自相关性总体上趋于弱化，但相较而言，邻接省份之间的空间全局自相关性更强。

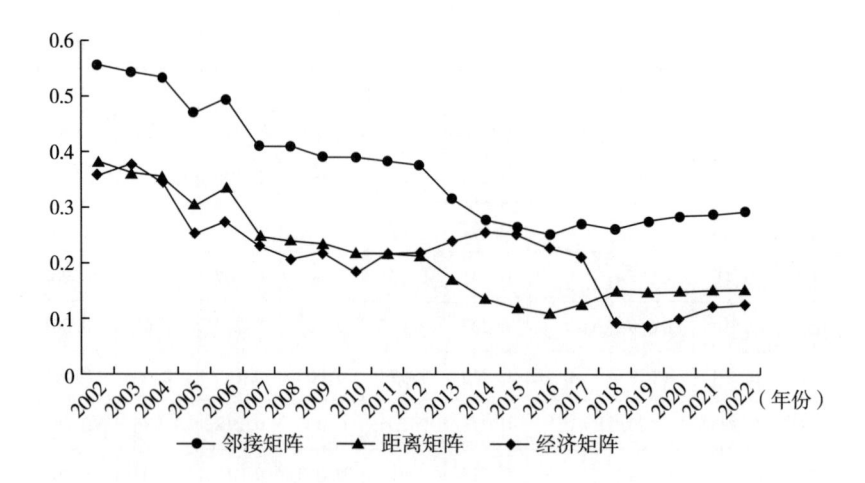

图 6.3 不同权重矩阵下综合效率莫兰指数波动趋势

（二）纯技术效率的空间自相关检验

由表 6.2 可知，中国农业高质量发展纯技术效率在 3 种权重矩阵下的空间全局自相关检验结果呈现较大的差异性。在邻接权重矩阵的作用下，2002—2022 年的农业高质量发展纯技术效率均表现为显著的空间自相关性；而在距离矩阵下或经济矩阵下，研究期内的大多数年份的莫兰指数没有通过 5% 的显著性检验；这表明，邻接省份的农业高质量发展纯技术效率存在持续的空间自相关，而地理距离相近或经济发展程度相近省份的农业高质量发展纯技术效率在研究期间呈现"空间自相关—空间异质性—空间自相关"的变化。

表 6.2 　　2002—2022 年中国各省份农业高质量发展纯技术效率莫兰指数统计值

年份	邻接矩阵			距离矩阵			经济矩阵		
	莫兰指数	Z 值	P 值	莫兰指数	Z 值	P 值	莫兰指数	Z 值	P 值
2002	0.327	3.11	0.001	0.191	2.405	0.008	0.14	2.05	0.02
2003	0.282	2.716	0.003	0.138	1.837	0.033	0.127	1.891	0.029
2004	0.298	2.855	0.002	0.143	1.892	0.029	0.133	1.969	0.025
2005	0.309	2.938	0.002	0.152	1.986	0.024	0.117	1.77	0.038

续表

年份	邻接矩阵			距离矩阵			经济矩阵		
	莫兰指数	Z值	P值	莫兰指数	Z值	P值	莫兰指数	Z值	P值
2006	0.26	2.529	0.006	0.097	1.398	0.081	0.053	1.027	0.152
2007	0.242	2.392	0.008	0.075	1.171	0.121	0.086	1.419	0.078
2008	0.268	2.607	0.005	0.103	1.472	0.07	0.099	1.572	0.058
2009	0.252	2.478	0.007	0.095	1.391	0.082	0.082	1.381	0.084
2010	0.221	2.192	0.014	0.085	1.273	0.101	0.064	1.149	0.125
2011	0.23	2.286	0.011	0.097	1.408	0.08	0.085	1.409	0.079
2012	0.253	2.481	0.007	0.118	1.631	0.051	0.102	1.611	0.054
2013	0.251	2.456	0.007	0.11	1.538	0.062	0.089	1.453	0.073
2014	0.224	2.218	0.013	0.095	1.375	0.085	0.085	1.4	0.081
2015	0.236	2.314	0.01	0.101	1.436	0.076	0.13	1.928	0.027
2016	0.28	2.693	0.004	0.13	1.751	0.04	0.187	2.598	0.005
2017	0.314	2.989	0.001	0.139	1.847	0.032	0.241	3.239	0.001
2018	0.305	2.915	0.002	0.125	1.701	0.045	0.171	2.414	0.008
2019	0.302	2.887	0.002	0.118	1.616	0.053	0.16	2.29	0.011
2020	0.303	2.901	0.002	0.139	1.848	0.032	0.103	1.611	0.054
2021	0.305	2.903	0.002	0.142	1.896	0.043	0.102	1.589	0.035
2022	0.309	2.995	0.001	0.140	1.865	0.061	0.123	1.376	0.024

由图6.4可知，2002—2022年邻接矩阵下农业高质量发展纯技术效率莫兰指数大于距离矩阵下或经济矩阵下的莫兰指数；此外，3种矩阵下的纯技术效率莫兰指数在研究期内呈现反复上下波动的特点。由此表明，中国农业高质量发展纯技术效率邻接省份之间的空间自相关性相对更强，但空间自相关的强弱趋势不稳定，甚至距离矩阵下或经济矩阵下的纯技术效率呈现空间异质性。

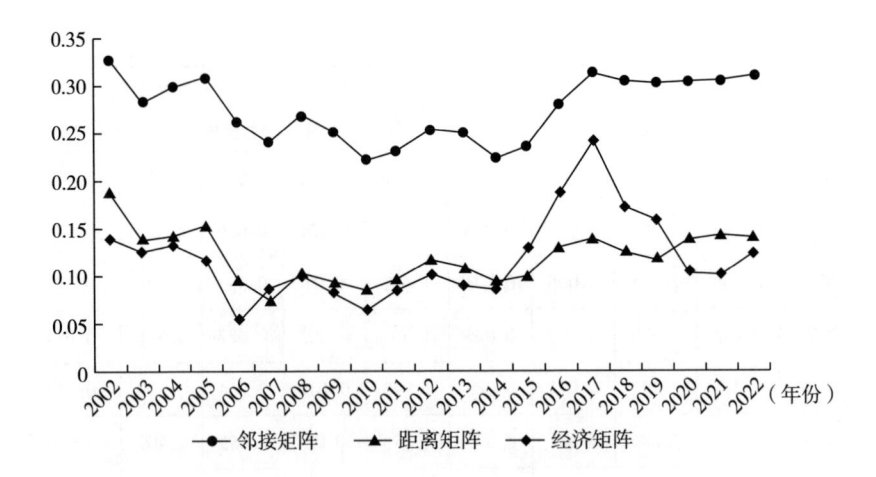

图6.4 不同权重矩阵下纯技术效率莫兰指数波动趋势

(三) 规模效率的空间自相关检验

由表6.3可知,中国农业高质量发展规模效率在邻接权重矩阵下和距离矩阵下的全局空间自相关检验结果总体上保持一致,但经济矩阵下的全局空间自相关性呈现不同特点。邻接矩阵下和距离矩阵下的规模效率莫兰指数检验 Z 值均大于 1.65 且 P 值均等于 0,通过了 5% 的显著性检验,这表明邻接省份或距离较近省份之间农业高质量发展规模效率存在全局空间自相关性。而经济矩阵下规模效率莫兰指数仅有 2007 年、2008年、2009年和2011年通过了 5% 的显著性检验,研究期间的绝大多数年份未通过 5% 的显著性检验,这表明经济发展程度相近省份的农业高质量发展规模效率存在空间异质性。

表6.3　　2002—2022年中国各省份农业高质量发展规模效率莫兰指数统计值

年份	邻接矩阵			距离矩阵			经济矩阵		
	莫兰指数	Z 值	P 值	莫兰指数	Z 值	P 值	莫兰指数	Z 值	P 值
2002	0.678	6.265	0	0.522	6.08	0	0.165	2.396	0.008
2003	0.656	6.07	0	0.521	6.075	0	0.15	2.213	0.013
2004	0.675	6.254	0	0.507	5.935	0	0.133	2.018	0.022

续表

年份	邻接矩阵			距离矩阵			经济矩阵		
	莫兰指数	Z值	P值	莫兰指数	Z值	P值	莫兰指数	Z值	P值
2005	0.548	5.183	0	0.423	5.063	0	0.041	0.915	0.18
2006	0.66	6.07	0	0.468	5.459	0	0.124	1.896	0.029
2007	0.605	5.662	0	0.406	4.851	0	0.048	0.994	0.16
2008	0.597	5.574	0	0.379	4.546	0	0.061	1.143	0.126
2009	0.617	5.722	0	0.43	5.075	0	0.096	1.561	0.059
2010	0.596	5.517	0	0.406	4.788	0	0.112	1.745	0.041
2011	0.596	5.517	0	0.41	4.836	0	0.076	1.323	0.093
2012	0.615	5.68	0	0.428	5.031	0	0.083	1.396	0.081
2013	0.566	5.236	0	0.416	4.884	0	0.072	1.262	0.103
2014	0.566	5.25	0	0.419	4.933	0	0.047	0.962	0.168
2015	0.54	5.042	0	0.399	4.728	0	0.02	0.645	0.26
2016	0.566	5.268	0	0.426	5.024	0	0.007	0.489	0.312
2017	0.56	5.243	0	0.444	5.241	0	−0.006	0.332	0.37
2018	0.497	4.633	0	0.366	4.344	0	−0.014	0.237	0.406
2019	0.49	4.575	0	0.371	4.397	0	−0.016	0.203	0.42
2020	0.529	4.931	0	0.409	4.834	0	−0.007	0.321	0.374
2021	0.530	4.873	0	0.412	4.857	0	−0.005	0.341	0.365
2022	0.538	4.986	0	0.425	4.892	0	−0.004	0.358	0.258

由图6.5可知,2002—2022年,三种权重矩阵下的规模效率莫兰指数总体上降低,即表明农业高质量发展规模效率的全局空间自相关总体上趋于弱化,且2017—2022年经济矩阵下的规模效率呈现全局空间负相关。此外,2002—2022年,邻接矩阵下规模效率莫兰指数大于距离矩阵下规模效率莫兰指数,而距离矩阵下规模效率莫兰指数大于经济权重矩阵下规模效率莫兰指数,由此表明,邻接省份农业高质量发展规模效率的全局空间自相关性更强,而经济距离权重矩阵下的全局空间自相关性较弱。

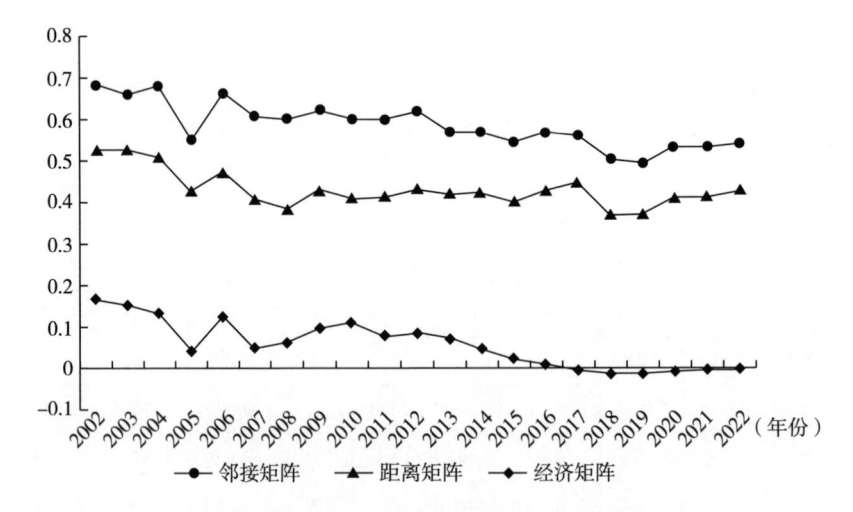

图 6.5　不同权重矩阵下规模效率莫兰指数波动趋势

（四）邻接矩阵下的各项效率莫兰指数对比分析

从图 6.6 可以看出，邻接矩阵下的中国农业高质量发展各项效率的莫兰指数总体呈下降趋势，其中，综合效率莫兰指数从 2002 年的 0.557 下降至 2022 年的 0.292，纯技术效率莫兰指数从 2002 年的 0.327 下降至 2022 年的 0.309，规模效率莫兰指数从 2002 年的 0.678 下降至 2022 年的 0.538。由此表明，中国农业高质量发展各项效率的全局空间自相关性正趋于弱化，但各项效率的全局空间自相关强度存在差异性。

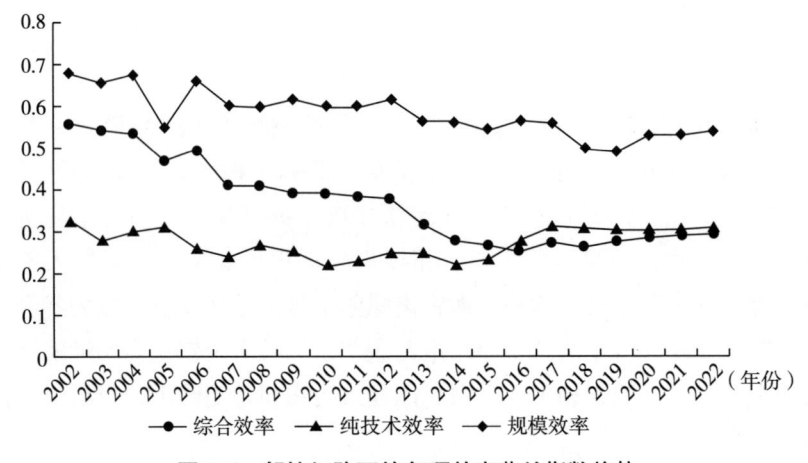

图 6.6　邻接矩阵下的各项效率莫兰指数趋势

二 局部空间自相关检验

农业高质量发展效率的全局空间自相关性经证实之后，可对中国 31 个省份的局部空间自相关性开展进一步的检验。局部空间自相关检验可以了解各省份的空间集聚状态，并在此基础上构建 LISA 地图，作为空间集聚分析的基础和有效工具。本书以 2022 年为代表，对 3 种不同权重矩阵下的中国 31 个省份农业高质量发展各效率进行局部空间自相关性检验。

（一）综合效率局部空间自相关检验

从表 6.4 可知，2022 年中国大多数省份农业高质量发展综合效率在不同权重矩阵下均未呈现显著性的空间集聚特征，表明大部分省份的农业高质量发展效率与地理位置相邻或经济程度相近的省份之间表现出一定程度的空间异质性。但在邻接矩阵下，内蒙古、江苏、浙江、福建、山东、西藏、青海、宁夏和新疆等部分省份综合效率莫兰指数值通过了 5% 的显著性检验，表明这些省份与邻接省份之间存在一定程度的局部空间自相关性；在距离权重矩阵下或经济权重矩阵下，福建、广东、西藏、甘肃、青海和宁夏等少部分省份综合效率值通过了 5% 的显著性检验，表明这些省份与地理距离邻近或经济发展程度相近的省份之间存在一定程度的空间自相关性。

表 6.4　2022 年综合效率局部空间自相关莫兰指数统计值

省份	邻接矩阵 莫兰指数	邻接矩阵 Z 值	邻接矩阵 P 值	距离矩阵 莫兰指数	距离矩阵 Z 值	距离矩阵 P 值	经济矩阵 莫兰指数	经济矩阵 Z 值	经济矩阵 P 值
北京	-0.136	-0.188	0.425	-0.099	-0.104	0.459	0.260	0.690	0.245
天津	-0.199	-0.244	0.404	-0.174	-0.218	0.414	-0.128	-0.673	0.250
河北	0.077	0.301	0.382	-0.088	-0.163	0.435	-0.029	0.020	0.492
山西	-0.081	-0.103	0.459	-0.180	-0.419	0.337	0.531	2.148	0.016
内蒙古	0.484	1.706	0.044	0.194	0.927	0.177	-0.341	-2.034	0.021
辽宁	-0.060	-0.049	0.480	-0.034	-0.001	0.500	0.122	0.210	0.417
吉林	0.102	0.248	0.402	-0.358	-0.653	0.257	-0.513	-1.247	0.106
黑龙江	-0.594	-0.825	0.205	-0.388	-0.607	0.272	-0.013	0.149	0.441
上海	0.044	0.114	0.455	0.030	0.129	0.449	0.002	0.221	0.413

续表

省份	邻接矩阵			距离矩阵			经济矩阵		
	莫兰指数	Z值	P值	莫兰指数	Z值	P值	莫兰指数	Z值	P值
江苏	0.962	2.146	0.016	0.305	0.726	0.234	0.844	2.007	0.022
浙江	0.667	1.718	0.043	0.461	1.114	0.133	0.916	2.361	0.009
安徽	−0.137	−0.285	0.388	−0.133	−0.216	0.414	0.063	0.393	0.347
福建	1.005	2.238	0.013	0.579	2.903	0.002	0.527	3.131	0.001
江西	−0.223	−0.573	0.283	−0.163	−0.470	0.319	0.161	0.760	0.224
山东	0.942	2.101	0.018	0.08	0.478	0.316	0.256	0.393	0.347
河南	0.208	0.662	0.254	0.092	0.705	0.240	−0.25	−0.712	0.238
湖北	0.023	0.153	0.439	0.196	0.880	0.189	−0.442	−1.090	0.138
湖南	0.064	0.267	0.395	0.061	0.358	0.360	0.004	0.125	0.450
广东	0.586	1.335	0.091	0.410	2.122	0.017	0.325	1.684	0.046
广西	0.102	0.293	0.385	0.087	0.416	0.339	−0.257	−0.744	0.228
海南	0	0	0	0.169	0.582	0.280	−0.014	0.066	0.474
重庆	−0.205	−0.421	0.337	−0.148	−0.377	0.353	0.001	0.206	0.418
四川	−0.684	−1.783	0.037	−0.31	−0.826	0.205	−0.369	−0.819	0.206
贵州	0.036	0.150	0.440	0.022	0.231	0.409	−0.107	−0.451	0.326
云南	−0.206	−0.254	0.400	−0.041	−0.032	0.487	0.164	0.904	0.183
西藏	0.922	2.058	0.020	0.306	2.772	0.003	0.674	2.539	0.006
陕西	0.037	0.233	0.408	0.018	0.335	0.369	−0.006	0.066	0.474
甘肃	1.127	3.827	0	1.290	2.819	0.002	0.355	1.659	0.049
青海	1.364	3.011	0.001	1.477	2.770	0.003	−0.071	−0.127	0.450
宁夏	1.128	2.128	0.017	0.742	3.269	0.001	0.586	2.350	0.009
新疆	1.170	2.206	0.014	0.256	2.646	0.004	−0.149	−0.363	0.358

（二）纯技术效率局部空间自相关性检验

由表6.5可知，2022年中国31个省份农业高质量发展纯技术效率未表现出显著的局部空间自相关特征，各省份的局部莫兰指数在3个权重矩阵下均保持较高的稳定性，且各省份参数统计符号基本相同，且数值波动不显著，这表明中国各省份农业高质量发展纯技术效率与邻接或位置相近，或经济发展程度相近的省份的纯技术效率未呈现显著的正相关性，且少部分省份表现为空间异质性。

表 6.5　　2022 年纯技术效率局部空间自相关莫兰指数统计值

省份	邻接矩阵 莫兰指数	Z 值	P 值	距离矩阵 莫兰指数	Z 值	P 值	经济矩阵 莫兰指数	Z 值	P 值
北京	0	0.061	0.476	0.736	1.203	0.114	0.734	1.802	0.036
天津	0.676	1.040	0.149	0.791	1.280	0.100	0.310	2.446	0.007
河北	0.068	0.277	0.391	0.002	0.106	0.458	−0.006	0.133	0.447
山西	0.447	1.032	0.151	−0.197	−0.468	0.320	0.197	0.874	0.191
内蒙古	0.629	2.179	0.015	0.018	0.211	0.417	−0.280	−1.629	0.052
辽宁	0.294	0.598	0.275	−0.139	−0.287	0.387	−0.674	−0.865	0.194
吉林	0.098	0.240	0.405	−0.091	−0.115	0.454	−0.114	−0.209	0.417
黑龙江	−0.639	−0.888	0.187	−0.219	−0.316	0.376	−0.037	−0.023	0.491
上海	1.136	1.715	0.043	0.812	1.719	0.043	0.295	2.074	0.019
江苏	0.904	2.014	0.022	0.432	0.995	0.160	0.792	1.881	0.030
浙江	0.673	1.729	0.042	0.773	1.812	0.035	0.711	1.847	0.032
安徽	0.141	0.478	0.316	0.143	0.383	0.351	−0.041	−0.031	0.488
福建	0.390	0.911	0.181	0.367	1.895	0.029	0.221	1.419	0.078
江西	−0.109	−0.230	0.409	−0.086	−0.192	0.424	0.091	0.484	0.314
山东	0.547	1.248	0.106	0.350	1.607	0.054	−0.526	−0.666	0.253
河南	−0.015	0.051	0.480	0.021	0.309	0.379	−0.324	−0.953	0.170
湖北	−0.203	−0.463	0.322	0.048	0.310	0.378	−0.125	−0.244	0.404
湖南	0.035	0.187	0.426	−0.109	−0.288	0.387	−0.053	−0.067	0.473
广东	−0.032	0.003	0.499	0.103	0.653	0.257	0.048	0.382	0.351
广西	0.270	0.651	0.257	−0.048	−0.049	0.480	0.096	0.431	0.333
海南	0	0.000	0.000	−0.049	−0.046	0.482	−0.343	−1.029	0.152
重庆	0.109	0.348	0.364	0.067	0.329	0.371	0.015	0.294	0.384
四川	−0.417	−1.050	0.147	−0.175	−0.423	0.336	−0.196	−0.396	0.346
贵州	0.713	1.603	0.054	0.315	1.445	0.074	0.712	4.591	0
云南	0.806	1.231	0.109	0.473	2.041	0.021	1.046	4.949	0
西藏	−0.278	−0.526	0.300	−0.135	−0.836	0.202	−0.175	−0.507	0.306
陕西	0.484	1.703	0.044	0.166	1.309	0.095	−0.177	−0.351	0.363
甘肃	1.241	4.194	0	−0.060	−0.058	0.477	1.268	5.559	0
青海	−0.266	−0.499	0.309	−0.431	−0.727	0.234	−0.097	−0.210	0.417
宁夏	0.467	0.915	0.180	0.188	0.932	0.176	0.117	0.571	0.284
新疆	0.910	1.723	0.042	0.235	2.472	0.007	−0.308	−0.858	0.195

（三）规模效率局部空间自相关性检验

由表6.6可知，2022年，中国绝大多数省份农业高质量发展规模效率在3种权重矩阵下均未呈现显著的局部空间自相关性特征，而且有部分省份规模效率莫兰指数小于0，这表明中国大部分省份农业高质量发展规模效率与邻省（邻接或距离相近或经济发展程度相近）的规模效率未表现出显著的空间正相关性，且部分省份与邻近省份之间存在空间异质性。但在邻接矩阵下或距离矩阵下，北京、天津、河北、陕西、四川、甘肃、青海和新疆等部分省份的莫兰指数通过了5%的显著性检验，表明这些省份农业高质量发展规模效率与邻近省份之间存在一定程度的局部空间自相关性；在经济权重矩阵下，贵州省莫兰指数通过了5%的显著性检验，表明该省农业高质量发展规模效率与经济发展程度相近的省份存在一定程度的局部空间自相关性。

表 6.6　2022 年规模效率局部空间自相关莫兰指数统计值

省份	邻接矩阵			距离矩阵			经济矩阵		
	莫兰指数	Z值	P值	莫兰指数	Z值	P值	莫兰指数	Z值	P值
北京	4.193	7.834	0.000	4.156	6.644	0.000	0.489	1.243	0.107
天津	4.585	6.873	0.000	3.984	6.328	0.000	-0.031	0.019	0.492
河北	1.482	4.193	0.000	1.589	4.910	0.000	-0.38	-1.718	0.043
山西	0.781	1.773	0.038	0.897	2.689	0.004	-0.327	-1.127	0.130
内蒙古	0.130	0.542	0.294	0.553	2.405	0.008	-0.026	0.051	0.480
辽宁	0.074	0.200	0.421	0.046	0.218	0.414	-0.017	0.022	0.491
吉林	0.142	0.325	0.373	0.041	0.151	0.440	-0.22	-0.489	0.312
黑龙江	-0.233	-0.297	0.383	-0.189	-0.269	0.394	-0.019	0.101	0.460
上海	-0.296	-0.391	0.348	-0.264	-0.476	0.317	-0.479	-2.801	0.003
江苏	-0.077	-0.095	0.462	-0.040	-0.014	0.495	0.226	0.598	0.275
浙江	0.007	0.100	0.460	-0.134	-0.23	0.409	0.231	0.664	0.253
安徽	0.029	0.174	0.431	-0.032	0.003	0.499	0.133	0.685	0.247
福建	0.289	0.702	0.241	-0.147	-0.542	0.294	0.095	0.717	0.237
江西	-0.008	0.078	0.469	0.015	0.176	0.430	0.004	0.148	0.441
山东	-0.169	-0.295	0.384	-0.372	-1.428	0.077	-0.04	-0.009	0.496
河南	0.051	0.233	0.408	0.063	0.544	0.293	-0.116	-0.275	0.391

续表

省份	邻接矩阵			距离矩阵			经济矩阵		
	莫兰指数	Z值	P值	莫兰指数	Z值	P值	莫兰指数	Z值	P值
湖北	0.115	0.412	0.340	0.038	0.273	0.392	-0.318	-0.766	0.222
湖南	0.146	0.496	0.310	0.084	0.450	0.326	0.182	0.733	0.232
广东	-0.168	-0.292	0.385	0.014	0.228	0.410	-0.051	-0.083	0.467
广西	-0.48	-0.972	0.165	-0.394	-1.26	0.104	-0.469	-1.463	0.072
海南	0	0	0	-0.079	-0.133	0.447	0.185	0.734	0.232
重庆	0.310	0.851	0.197	0.248	0.932	0.176	-0.029	0.024	0.490
四川	0.695	2.015	0.022	0.377	1.236	0.108	0.162	0.481	0.315
贵州	0.600	1.379	0.084	0.173	0.861	0.195	0.305	2.074	0.019
云南	-0.045	-0.018	0.493	-0.016	0.069	0.473	-0.017	0.076	0.470
西藏	0.742	1.688	0.046	0.238	2.189	0.014	-0.084	-0.185	0.427
陕西	-0.098	-0.216	0.415	-0.031	0.017	0.493	-0.225	-0.475	0.317
甘肃	0.484	1.721	0.043	0.773	1.735	0.041	0.239	1.170	0.121
青海	1.264	2.825	0.002	0.858	1.653	0.049	0.277	1.037	0.150
宁夏	0.046	0.147	0.441	0.074	0.455	0.324	-0.014	0.075	0.470
新疆	1.271	2.418	0.008	0.172	1.842	0.033	0.129	0.512	0.304

三 地理距离权重矩阵下的空间集聚分析

经全局空间自相关检验和局部空间自相关检验可知，中国农业高质量发展各项效率在地理距离权重矩阵下总体上表现出较为显著的空间集聚性。基于此，本书通过对中国局部空间集聚特征进一步分析，以掌握地理空间分布格局与跳跃趋势。莫兰指数散点图（LISA集聚图）将各省份划分为四个象限，且每个象限表现出不同的意义和特点，如表6.7所示。

表6.7　　　　　　　　莫兰散点图空间象限的特点

位置	集聚形式	特点描述
第一象限	高效率—高空间滞后（高—高区域）	该象限省份农业高质量发展效率水平较高，被高效省份所包围，省际联系密切程度高，通过技术合作将更加频繁，将表现出显著的空间溢出效应，形成高水平集聚区

续表

位置	集聚形式	特点描述
第二象限	低效率—高空间滞后（低—高区域）	该象限省份农业高质量发展效率水平较低，而周边省份效率相对较高，表现出高水平省份向外扩散，区域空间差异较大
第三象限	低效率—低空间滞后（低—低区域）	该象限省份农业高质量发展效率水平较低，且被效率水平较低的省份所包围，形成效率水平相对较低的集聚区
第四象限	高效率—低空间滞后（高—低区域）	该象限省份农业高质量发展效率水平较高，被效率水平较低的省份所包围，形成区域极化效应

本书选用2022年农业高质量发展综合效率作为空间集聚分析案例，将距离矩阵下和均稳定在同一象限的省份进行归类，如图6.7和表6.8所示。在4个代表性年份的莫兰指数散点图中，大多数省份农业高质量发展综合效率的地理集聚属性在研究样本期间较稳定，其变化不大。在中国31个省份中，2022年，位于莫兰指数散点图中第一象限的省份有上海、江苏、浙江、福建、山东、河南、湖北、湖南、广东、广西、海南、贵州，其农业高质量发展表现为综合效率高的省份被综合效率高的省份所包围（高—高集聚）。落在第三象限的省份有内蒙古、西藏、陕西、甘肃、青海、宁夏、新疆，其农业高质量发展表现为低综合效率的省份被低综合效率的省份所包围（低—低集聚）。落在第二象限的省份有天津、山西、吉林、安徽、江西、重庆、云南，这些省份农业高质量发展表现为综合效率低的省份被综合效率高的省份所包围（低—高集聚）。落在第四象限的省份数量相对较少，包括北京、河北、辽宁、黑龙江、四川，这些省份农业高质量发展表现为综合效率高的省份被综合效率低的省份所包围（高—低集聚）。综合上述分析可知，2022年共有19个省份位于莫兰散点图的第一象限和第三象限，约占61.29%；其中位于第一象限的省份数量占观测省份总数的38.71%。由此表明，中国各省份农业高质量发展综合效率具有较明显的空间差异性，且呈现较为显著的局部空间正相关性和局部地理空间集聚特征。

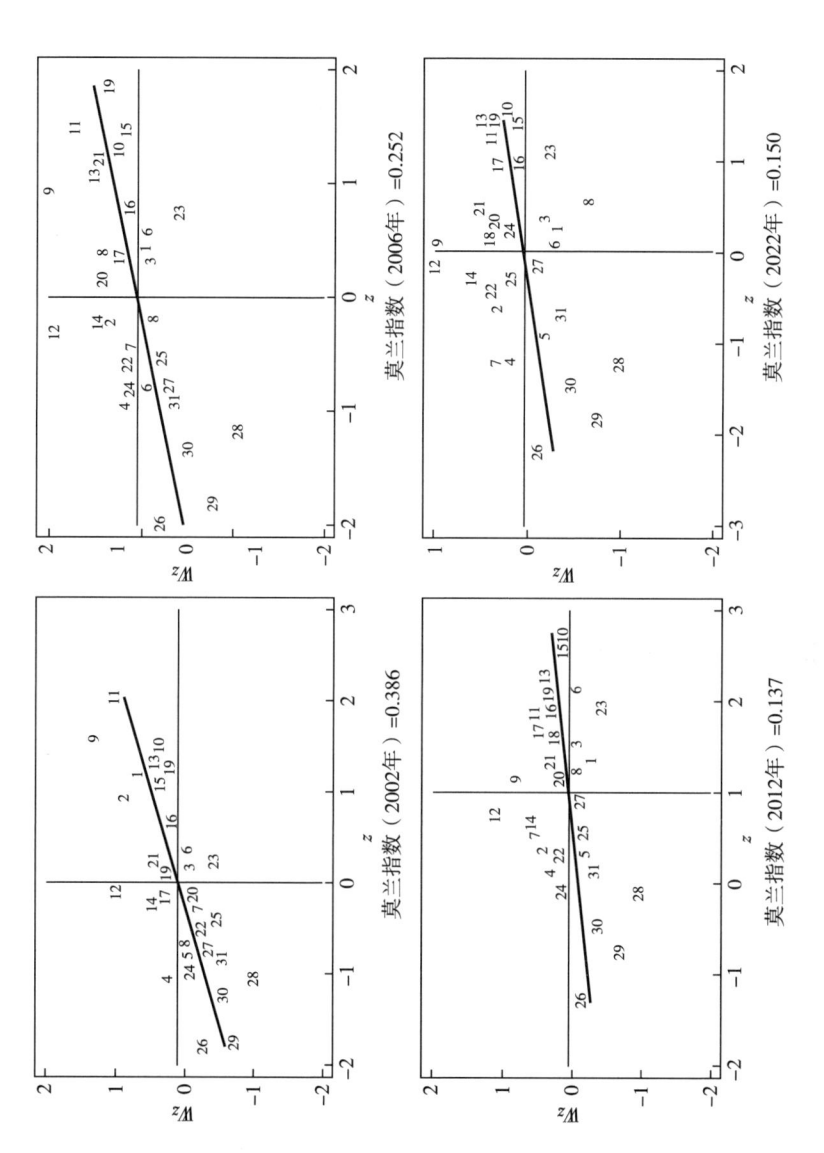

图 6.7 2002 年、2006 年、2012 年和 2022 年综合效率莫兰指数散点图

表 6.8　2002 年、2006 年、2012 年和 2022 年地理集聚的空间关联类型（综合效率）

空间集聚	2002 年	2006 年	2012 年	2022 年
第一象限（高—高集聚）	北京、天津、河北、辽宁、上海、江苏、浙江、福建、山东、河南、湖北、湖南、广东、海南（14 个）	上海、江苏、浙江、福建、山东、河南、湖北、湖南、广东、广西、海南（11 个）	上海、江苏、浙江、福建、山东、河南、湖北、湖南、广东、广西、海南（11 个）	上海、江苏、浙江、福建、山东、河南、湖北、湖南、广东、广西、海南、贵州（12 个）
第二象限（低—高集聚）	山西、安徽、江西（3 个）	天津、山西、吉林、安徽、江西、重庆（6 个）	天津、山西、吉林、安徽、江西、重庆（6 个）	天津、山西、吉林、安徽、江西、重庆、云南（7 个）
第三象限（低—低集聚）	内蒙古、吉林、黑龙江、广西、重庆、贵州、云南、西藏、陕西、甘肃、青海、宁夏、新疆（13 个）	内蒙古、黑龙江、贵州、云南、西藏、陕西、甘肃、青海、宁夏、新疆（10 个）	内蒙古、贵州、云南、西藏、陕西、甘肃、青海、宁夏、新疆（9 个）	内蒙古、西藏、陕西、甘肃、青海、宁夏、新疆（7 个）
第四象限（高—低集聚）	四川（1 个）	北京、河北、辽宁、四川（4 个）	北京、河北、辽宁、黑龙江、四川（5 个）	北京、河北、辽宁、黑龙江、四川（5 个）

从动态空间跃迁看，2002—2022 年只有少部分省份发生了空间象限的跃迁，绝大多数省份维持着原有的空间现象。比如，上海、江苏、浙江、福建、山东、河南、湖北、湖南、广东、海南一直位于第一象限，山西、安徽、江西一直位于第二象限，内蒙古、西藏、陕西、甘肃、青海、宁夏、新疆一直位于第三象限，四川一直位于第四象限。从中可以看出，研究总样本 2/3 的省份均保持稳定的空间象限，且以第一象限和第三象限居多，从而进一步验证了中国农业高质量发展综合效率具有长期稳定的局部空间正相关性和集聚特征。

由表 6.8 可知，中国各省份农业高质量发展存在较显著的局部空间自相关性，并呈现了较直观的地理集聚格局及"中心—外围"模式。

中国农业高质量发展效率表现出显著非均衡空间分布特征。东南部地区的福建省、广东省和浙江省凭借良好的自然气候环境和资源禀赋条件、完善的农业基础设施与交通运输体系、开放的市场环境和优越地理区位、发达的经济社会发展水平等,其农业高质量发展综合效率呈现"高—高集聚"的空间分布特征,这些省份是中国农业高质量发展效率地理集聚的核心区域;此外,这些"高—高集聚"省份还呈现空间上的连片分布,由此形成了高值省份与高值省份邻接的地理聚集带,农业高质量发展综合效率表现出较强的空间溢出效应。与东南地区形成鲜明对比,西北地区的省份因气候环境恶劣和农业资源匮乏、农业基础设施不完善、交通运输条件较差、经济社会发展水平落后等,农业高质量发展综合效率呈现以西藏自治区、宁夏回族自治区、甘肃省、青海省和新疆维吾尔自治区为核心的"低—低集聚"空间分布特征。

中国农业高质量发展综合效率具有较显著的稳定性空间分布模式。对比2002年、2006年、2012年和2022年的LISA集聚图可以发现,中国农业高质量发展效率的"高—高集聚"核心区域和"低—低集聚"核心区域没有较明显的变化,即表现出长期的稳定性。这在一定程度上表明,中国不同省份或区域之间的农业要素禀赋、农业基础设施、农业现代化水平、交通运输条件和经济社会发展水平的长期差距和空间格局没有发生根本性改变。

第三节 本章小结

本章基于2002—2022年中国农业高质量发展效率值,引入莫兰指数分析方法,运用Stata15、ARCGIS等统计分析工具对中国农业高质量发展效率的全局空间自相关性、局部空间自相关即地理距离权重下的空间集聚特征进行了深入分析,所得结论如下。

第一,中国农业高质量发展效率的全局空间自相关呈现不同特征。2002—2022年,中国农业高质量发展综合效率在3种权重矩阵下的全局空间自相关检验结果总体上保持一致,绝大多数年份的莫兰指数都呈现显著的全局空间自相关;纯技术效率在3种权重矩阵下的全局空间自相关检验结果呈现较大的差异性,邻接省份的农业高质量发展纯技术效率存在持续的空间自相关,而地理距离相近或经济发展程度相近省份的纯技术效率在研究期间呈现"空间自相关—空间异质性—空间自相关"

的变化；规模效率在邻接矩阵下和距离矩阵下的显著性空间全局自相关总体上保持一致，但经济矩阵下莫兰指数绝大多数年份未通过5%的显著性检验，即表明经济发展程度相近省份的农业高质量发展规模效率存在空间异质性。

第二，中国农业高质量发展效率的局部空间自相关呈现不同特征。2022年，中国大多数省份农业高质量发展综合效率在不同权重矩阵下均未呈现显著性的空间集聚特征，即表明大部分省份的综合效率与地理位置相邻或经济程度相近的省份之间表现出一定程度的空间异质性；中国31个省份农业高质量发展纯技术效率均未呈现显著的局部空间自相关性特征，而且各省份的局部莫兰指数在3种权重矩阵下保持较高的稳定性，其参数统计值的符号基本一致，数值大小未出现剧烈波动，即表明中国各省份农业高质量发展纯技术效率与邻接或位置相近或经济发展程度相近的省份的纯技术效率未呈现显著的正相关性，且少部分省份表现为空间异质性；中国绝大多数省份农业高质量发展规模效率在3种权重矩阵下均未呈现显著的局部空间自相关性特征，且有部分省份规模效率莫兰指数小于0，即表明中国大部分省份农业高质量发展规模效率与邻省（邻接或距离相近或经济发展程度相近）的规模效率未表现出显著的空间正相关性，且部分省份与邻近省份之间存在空间异质性。

第三，距离矩阵下中国农业高质量发展效率呈现不同的空间集聚特征。在中国31个省份中，有19个省份位于莫兰散点图的第一象限和第三象限，约占61.29%；其中位于第一象限的省份数量占观测省份总数的38.71%，即中国各省份农业高质量发展效率具有较明显的空间差异性，且呈现较为显著的局部空间正相关性和局部地理空间集聚特征。从动态空间跃迁看，2002—2022年只有少部分省份发生了空间象限的跃迁，绝大多数省份维持着原有的空间现象，中国农业高质量发展效率具有长期稳定的局部空间正相关性和集聚特征。此外，中国农业高质量发展效率表现出显著的非均衡空间分布特征和较显著的稳定性空间分布模式。

第七章　中国农业高质量发展效率的影响因素分析

本章将运用面板 Tobit 回归模型，对中国整体及不同区域的农业高质量发展效率的影响因素进行分析，并据此探寻中国农业高质量发展效率的关键影响因素及其影响程度。本章具体分析思路与框架如图 7.1 所示。

图 7.1　中国农业高质量发展效率影响因素的分析思路与框架

第一节　指标选取与数据来源

一　指标选取

本章的被解释变量为农业高质量发展静态效率（包括综合效率、技术效率和规模效率），其相关数值已在本书第三章中测算出来。而解释变量的选择主要遵循如下基本原则。

第一，高度相关，即所选指标与维度高度相关，能很好地反映该维度的内涵。

第二，易获取，即舍弃或选择接近且易获取的相关指标，以替代一些不可能获取或获取成本过高的指标。

第三，可靠性，即注意所选指标是否可以检验，以保证指标的数值可靠性。

中国农业高质量发展效率的影响因素有很多，本书在遵循以上指标选择基本原则的基础上，借鉴已有的相关文献资料，并进一步结合中国国情，选取农户家庭经营性收入占比（x_1）、农村人力资本存量（x_2）、财政支农力度（x_3）、农业机械化密度（x_4）、农户经营规模（x_5）、经济发展水平（x_6）、城市化水平（x_7）和受灾率（x_8）作为解释变量，具体如表7.1所示。

表7.1　　　　　　　　变量说明及预期符号

变量类别	变量名称	变量描述	预期符号
因变量	y	农业高质量发展综合效率	
	y_1	农业高质量发展技术效率	
	y_2	农业高质量发展规模效率	
解释变量	x_1	农户家庭经营性收入占比：农户家庭经营性收入占总收入的比重	-/+
	x_2	农村人力资本存量：农村劳动力人均受教育年限	-/+
	x_3	财政支农力度：农林水利财政支出占总财政支出的比重	-/+
	x_4	农业机械化密度：农业机械总动力与农作物播种面积的比重	-/+
	x_5	农户经营规模：农作物播种面积与农业从业人员的比值	+
	x_6	经济发展水平：第三产业占地区经济的比重	+
	x_7	城市化水平：城市人口占总人口的比重	-/+
	x_8	受灾率：受灾面积占农作物播种面积的比重	-

各解释变量具体说明如下。

第一，农户家庭经营性收入占比（x_1）。农户纯收入包括家庭经营性收入、工资性收入、财产性收入和转移性收入，而农户家庭经营性收入占比在一定程度上反映了农业要素收入构成及农业市场化程度。对人多地少或家庭式小农经济为主的地区而言，农户家庭经营性收入占比越高，反映出该地区农业要素流动性越差、家庭式小农经济越固化和农户收入来源越单一。农业要素流动性变差，不利于农业要素资源的优化配置和效率提高；家庭式小农经济越固化，农业粗放生产方式将很难得到改善，阻碍了农业规模化和现代化生产方式的推广及应用；农户收入单一,特别是在农业经济效益十分有限的情况下,将导致城乡收入差距的进一步扩大。对以人少地多或家庭式大农场为主的地区而言,农户家庭经营性收入占比越高,反映出该地区农业专业化程度越高,农业现代化水平越高,将有助于促进农业资源效益、环境效益、经济效益和社会效益的提高及其协调发展。因此,农户家庭经营性收入占比对农业高质量发展效率的正负影响有待进一步检验。

第二,农村人力资本存量(x_2)。本书以农村劳动力人均受教育年限反映农村人力资本存量状况,借鉴 Barro 和 Lee(1993)的方法,将农业人力资本产量看作劳动力数量与受教育年限的乘积,$E_t = 3H_1 + 6H_2 + 9H_3 + 12H_4 + 14H_5 + \cdots$,其中,$H_i$ 表示农村劳动力中各层次劳动力人数,3 表示文盲与半文盲,6 表示小学学历,9 表示初中学历,12 表示高中学历,14 表示大专及以上学历。农业人力资本的作用和效果取决于农业劳动力向第二、第三产业转移等其他相关因素的变化。中国是典型的二元经济国家,正处于工业化、城镇化的快速发展阶段,为适应这一阶段的特点,农业和农村劳动力大规模向城市或非农转移已成为必然选择。目前,中国农村农业劳动力转移比较显著的特点是,农村中青年劳动力,特别是受教育程度相对较高的劳动力,大部分转移到城镇或非农产业,导致农村劳动力特别是从事农业的劳动力素质整体结构性下降。因此,农村居民教育程度的提升或农村人力资本存量的增加对农业高质量发展效率的提升并不明显,甚至出现负相关的可能。因此,该变量与农业高质量发展效率的关系需经过实证检验确定。

第三,财政支农力度(x_3)。农业作为国民经济发展的基础性产业,既面临市场风险,同时又面临自然风险,单纯依赖市场的调节作用还无法完全保证农业的持续健康稳定发展,因此,政府给予农业一定程度的财政支出变得十分必要。政府财政支农占比可用农林水利财政支出占总财政支出的比重来表示。从某种程度上说,财政支农占比越高,表明政府农业财政投入越高或财政支农力度越大,越有利于促进农业技术进步、农业基础设施完善、农业生产条件改进等,也有利于促进农业新技术、农业新品种的推广及应用和提高农户生产积极性,从而有利于农业资源效率、环境效率、经济效率和社会效率的提高,即有助于农业高质量发展效率的改进。但财政支农也会产生一定程度的挤出效应,即政府财政总支出是有限的，财政支农占比提高势必会使其他财政支出比重下降，从而导致非农财政支出比重的减少，不利于第二、第三产业的发展，影响到经济社会的整体效益，从而又反过来成为农业高质量发展效率改进的阻力。因此，财政支农占比与农业高质量发展效率的正负影响关系有待通过实证进一步检验。

第四，农业机械化密度（x_4）。用农业机械总动力与农作物播种面积的比重来衡量，反映地区农业机械化水平，也在一定程度上反映了农业资本化程度，同时也反映了农业集约化水平。一方面，农业机械化、农业资本化或农业集约化是农业现代化的重要体现，而农业现代化水平的提高将有利于农业资源效益、环境效益、经济效益和社会效率的改进及其统筹协调发展，从而有利于农业高质量发展的实现；另一方面，若农业机械化、农业资本化或农业集约化的过程中伴随着农用物资的高耗能、高投入和高排放，其直接或间接引致生态破坏和环境污染的增加，将成为农业高质量发展效率改进的障碍。因此，农业机械化密度对农业高质量发展效率的正负影响作用有待通过实证进一步检验。

第五，农户经营规模（x_5）。1996年后，国家统计局未公布全国及各省份的耕地面积数据，农业复耕或弃耕现象较为普遍，为此，本书以农作物播种面积与农业从业人员的比值来反映农民人均耕种面积，即农业经营规模。通常情况下，农户经营规模越大，越有利于农业专业化和农民职业化，推动农业规模化生产和农业生产方式的改进，为农业现代化提供重要条件，在一定程度上将有利于农业高质量发展效率的改善。因此，可预期农户经营规模对农业高质量发展效率的影响为正。

第六，经济发展水平（x_6）。农业高质量发展效率，受到农业技术进步与变革、农业生产方式等内在因素的影响；同时，经济发展水平对农业高质量发展效率产生巨大的推动作用。这是因为，从某种程度上说，农业专业化分工、绿色化生产和规模化经营等主要依赖市场需求的驱动，市场需求则主要源于消费者收入水平和消费结构，而消费者收入水平和消费结构又取决于经济发展水平。衡量经济发展水平的指标有很多，从现有文献研究和实践证明看，第三产业占比高的地区，其交通运输水平、物流发达程度、通信发达程度、教育发达程度、科技发展水平等均较高，人均收入水平和消费水平也较高，一定程度地反映了经济发展水平。为此,本书选用第三产业占比来反映经济发展水平。经济发展水平的提高,不仅促进了农业资源配置的合理化,也促进了农业产业链的不断延伸,有利于农业生产方式改善、农业技术进步和农产品附加值的提高,有利于工业反哺农业,有利于促进城乡协调发展等。因此,可预期经济发展水平在一定程度上对农业高质量发展效率产生正面影响。

第七,城市化水平(x_7)。通常情况下,用城市人口占总人口的比重来反映地区城市化水平。城市化可通过多种机制推动农业高质量发展效率的提高,其主要表现在以下几个方面:一是城市化有利于促进分工深化,促进农业技术创新的产生与扩散。二是城市化可发挥生产集聚效益,有利于农产品流动和集散。三是城市化可吸纳大量农民工,增加农民收入。但在城乡二元结构凸显的情况下,城乡差距有可能继续扩大,农业发展的包容性趋于恶化。因此,城市化水平对农业高质量发展效率的正负影响有待通过实证进一步检验。

第八,受灾率(x_8)。本书以受灾面积占农作物播种面积的比重来反映受灾率。农业受灾率一定程度地反映了农业生产经营风险,风险的高低不仅影响到农业产出水平,也影响到农户生产积极性,不利于农业资源的充分开发与利用,影响到农户的增收。因此,可预期该变量对农业高质量发展效率的影响为负。

二 数据来源

本章选取2002—2022年中国31个省份(不含港澳台地区,下同)的面板数据作为研究样本,因变量(y)的相关数据在第三章中已测算出来,而各解释变量(x)的相关数据均源于《中国农村统计年鉴》(2003—2023年)和《中国统计年鉴》(2003—2023年)数据库,部分解释变量数据经统计年鉴原始数据换算所得,变量如表7.2所示。

表7.2 各影响因素描述性统计

变量	样本数	平均值	标准差	最小值	最大值
农业高质量发展综合效率(y)	589	0.363	0.229	0.020	1.000
农业高质量发展技术效率(y_1)	589	0.719	0.147	0.419	1.000
农业高质量发展规模效率(y_2)	589	0.491	0.255	0.024	1.000

续表

变量	样本数	平均值	标准差	最小值	最大值
农户家庭经营性收入占比（x_1）	589	0.504	0.182	0.042	1.631
农村人力资本存量（x_2）	589	8.451	1.392	4.195	20.272
财政支农力度（x_3）	589	7.854	5.040	0.456	20.353
农业机械化密度（x_4）	589	0.569	0.334	0.037	2.451
农户经营规模（x_5）	589	5.989	3.107	2.286	21.167
经济发展水平（x_6）	589	42.274	8.742	28.600	81.000
城市化水平（x_7）	589	47.514	17.367	15.104	89.600
受灾率（x_8）	589	0.236	0.163	0.000	0.936

第二节 Tobit 模型

Tobit 模型最早由经济学家 James Tobin（1958）提出，是一种因变量受限制的模型，"Tobit"一词源于 Tobin's Probit。James Tobin 在分析家庭耐用品支出情况时，对 Probit 回归分析进行了拓展，Amemiya（1983）将其归纳总结为 I 型 Tobit 模型和 V 型 Tobit 模型，其中标准 I 型 Tobit 模型如式（7.1）所示：

$$\begin{aligned} y^* &= \beta' x_i + u_i \\ y_i^* &= y_i \quad \text{if } y_i^* > 0 \\ y_i^* &= 0 \quad \text{if } y_i^* \leq 0 \end{aligned} \quad (7.1)$$

式中：y_i^* 为潜在因变量，当 $y_i^* > 0$ 时潜变量被观测到且取值为 y_i；当 $y_i^* \leq 0$ 时潜变量在 0 处截尾；x_i 为自变量向量；β 为系数向量；误差项 u_i 独立服从状态分布，$u_i \sim N(0, \sigma^2)$。该模型也可简化为式（7.2）：

$$y = \max(0, \beta' x_i + u_i) \quad (7.2)$$

对于 Tobti 模型，OLS 对截断数据的相关模型参数估计会产生偏差，估计量不一致。因此，在假设条件下，Tobit 模型可以用极大似然法估计其参数。

当 Tobit 模型误差项同时满足正态性和方差性时，即式（7.1）中，$y_i \sim N(x_i\beta, \sigma)$ 时，潜变量 y_i^* 满足几点线性模型的假设，即服从具有线性条件均值的等方差正态性分布。在此假设条件下，Tobit 回归模型中，$y>0$ 时，其既定 x 下 y 的密度与既定 x 下的 y_i^* 的密度保持一致；$y=0$ 时，因 u/σ 服从标准状态分布，则有

$$p(y=0|x)p(y^*<0|x)=p(u/\sigma<x\beta/\sigma)=1-\varphi(x\beta/\sigma) \quad (7.3)$$

因此，假如 (x_i, y_i) 是总体样本中的一次随机抽取，那么在既定 x_i 下 y_i 的密度为

$$\begin{cases} (2\pi\sigma^2)^{-\frac{1}{2}}\exp\left[-\frac{(y-x_i\beta)^2}{(2\sigma^2)}\right]=\frac{1}{\sigma}\varphi\left(\frac{y-x_i\beta}{\sigma}\right), & y>0 \\ p(y_i=0|x_i)=1-\varphi\left(\frac{x_i\beta}{\sigma}\right) & \end{cases} \quad (7.4)$$

式中：φ 为标准状态密度函数。而从中得到的每个观测点 i 的对数似然函数为

$$l_i(\beta, \sigma)=l(y_i=0)\ln\left[1-\varphi\left(\frac{x_i\beta}{\sigma}\right)\right]+l(y_i>0)\ln\left[\frac{1}{\sigma}\varphi\left(\frac{y_i-x_i\beta}{\sigma}\right)\right] \quad (7.5)$$

通过式（7.5）对 i 求和，可得到一个容量为 n 的随机样本的对数似然函数，如式（7.6）所示：

$$l=\sum_{v_i|v_i=0}\ln\left[1-\varphi\left(\frac{x_i\beta}{\sigma}\right)\right]+\sum_{v_i|v_i=0}\left[\ln\frac{1}{\sqrt{2\pi\sigma^2}}-\frac{1}{2}\frac{(y_i-x_i\beta)^2}{\sigma^2}\right] \quad (7.6)$$

对式（7.6）极大化，由于 Hessian 矩阵是正负的，无论初始值是多少，只要迭代过程有一个解，该解就是似然函数的全局最大解。相比之下，牛顿法求解更为简单，而且收敛速度快，在得到 γ 和 θ 的估计量后，可再利用 $\sigma=1/\theta$ 和 $\beta=\gamma/\theta$ 求解原参数估计量。

初始阶段 Tobit 模型主要影响截面数据，即选取单年内影响分析效率的因素。这种分析忽略了效率会随着影响因素的变化而变化，缺乏动态性，属于静态分析。近年来，大多数学者将 Tobit 的原始模型扩展为面板数据模型，应用范围更广，研究问题也更多样化。

因 Tobit 模型的似然函数并不是标准的似然函数形式，在 DEA-Tobit 模型的实际应用中，模型通常设定为式（7.7）：

$$y_i=\max(0, x_i'\times\beta_0+u_i) \quad i=1, \cdots, N \quad (7.7)$$

式中：y_i 为被解释变量；x_i 为解释变量；β_0 为解释系数；u_i 为模型的扰动项。根据相关文献资料，如若模型设定错误，那么线性回归函数可能导致估计量不一致。因此，诸多学者对 Tobit 模型的原有形式进行了

改进，即加入一个非线性部分，构建半线性函数形式，如式（7.8）所示：

$$y_i = \max[0, x'_i \times \beta_0 + h(z_i) + u_i] \quad i = 1, \cdots, N \quad (7.8)$$

式中：x_i 为解释变量；$h(z_i)$ 为未知函数；u_i 为扰动项。改进的 Tobit 模型弱化了模型对回归函数的限制条件，同时模型的参数估计也不需要随机扰动项在均值和分位点上的约束，从而使 Tobti 模型得到更为广泛的应用。

农业高质量发展效率值范围在 0—1，从已有的研究可知，测量结果存在被分割的特征，也符合受限因变量 Tobit 模型假定条件，为此，可假定如下模型来检验中国农业高质量发展效率的影响因素：

$$\begin{cases} Y'_{it} = \alpha_0 + \beta_k Z_{it} + \varepsilon_{it} \\ 若 Y'_{it} > 0, Y_{it} = Y'_{it} \\ 若 Y'_{it} \leq 0, Y_{it} = 0 \\ i = 1, 2, \cdots, 31 \\ t = 2000, 2001, \cdots, 2018 \end{cases} \quad (7.9)$$

探讨农户经营性收入占比（x_1）、农村人力资本存量（x_2）、财政支农力度（x_3）、农业机械密度（x_4）、农业经营规模（x_5）、经济发展水平（x_6）、城市化水平（x_7）、受灾率（x_8）对农业高质量发展效率的影响，基准回归模型细化如下：

$$Ty_{it} = \alpha_0 + \beta_1 x_{1it} + \beta_2 x_{2it} + \beta_3 x_{3it} + \beta_4 x_{4it} + \beta_5 x_{5it} + \beta_6 x_{6it} + \beta_7 x_{7it} + \beta_8 x_{8it} + \varepsilon_{it}$$

$$(7.10)$$

式中：Ty_{it} 为解释变量，即农业高质量发展效率；α_0 为常数项；β_k 为变量系数，x_{kit} 为变量（$k=1, 2, 3, 4, 5, 6, 7, 8; i=1, 2, \cdots, 31; t=2000, 2001, \cdots, 2022$）；$\varepsilon_{it}$ 为扰动项。

第三节 实证结果与分析

一 中国整体影响因素分析

本章运用 Stata15.0 计量软件，对式（7.10）进行面板 Tobit 回归分析，因变量、解释变量与前文叙述一致。为稳妥起见，实证分析过程中首先对回归方程进行 Hausman 检验,检验结果如表 7.3 最后一行所示,回归方程通过了 1% 水平的显著性检验。

表 7.3　农业高质量发展综合效率影响因素的回归结果（Tobit 模型）

解释变量	Coef.	Std. Err.	z	P>|z|
农户家庭经营性收入占比（x_1）	-0.2392537	0.0473198	-5.06	0.000
农村人力资本存量（x_2）	-0.0105577	0.0037175	-2.84	0.005
财政支农力度（x_3）	0.003436	0.0012129	2.83	0.005
农业机械化密度（x_4）	0.1081612	0.027078	3.99	0.000
农户经营规模（x_5）	0.0125657	0.0039282	3.20	0.001
经济发展水平（x_6）	0.0094848	0.0008989	10.55	0.000
城市化水平（x_7）	0.0072369	0.0005228	13.84	0.000
受灾率（x_8）	-0.1571201	0.0301723	-5.21	0.000
常数项	-.2982022	0.0753256	-3.96	0.000
sigma_u	0.204239	0.0269777	7.57	0.000
sigma_e	0.0859487	0.0025772	33.35	0.000
rho	0.8495504			
LR test of sigma_u=0：chibar² (01) = 555.29　　Prob≥chibar² = 0.000					

此外，在变换自变量（Y）的情况下，各解释变量（X）的回归系数正负方向保持一致，且各解释变量的显著性水平也基本保持一致，表明本书所使用的 Tobit 回归模型比较稳健，如表 7.4 所示。

表 7.4　　　　　影响因素的稳健性检验（面板 Tobit 模型）

变量	（1） y 系数	（1） y z 值	（2） y_1 系数	（2） y_1 z 值	（3） y_2 系数	（3） y_2 z 值
x_1	-0.239***	-5.06	-0.113***	-3.72	-0.272***	-5.74
x_2	-0.011***	-2.84	-0.003*	-1.41	-0.008**	-2.12
x_3	0.003***	2.83	0.001	1.22	0.007***	6.18
x_4	0.108***	3.99	0.044*	2.54	0.099***	3.63

续表

变量	(1) y 系数	(1) y z值	(2) y_1 系数	(2) y_1 z值	(3) y_2 系数	(3) y_2 z值
x_5	0.013***	3.2	0.007***	3.09	0.017***	4.17
x_6	0.009***	10.55	0.008***	14.03	0.003***	3.8
x_7	0.007***	13.84	0.002***	5.11	0.008***	15.92
x_8	-0.157***	-5.21	-0.095***	-4.88	-0.142***	-4.71
_cons	-0.298***	-3.96	0.333***	7.51	-0.026	-0.33
sigma_u	0.204***	7.57	0.085***	7.56	0.237***	7.65
sigma_e	0.086***	33.35	0.056***	33.37	0.086***	33.36
	Prob≥chibar² = 0.000					

注：***、**、*分别表示解释变量在1%、5%、10%的水平上通过显著性检验。

从全国总体来看，各主要影响因素的正负效应、影响程度及内在作用机制等详细的分析如下。

第一，农户家庭经营性收入占比。由表7.3可知，农户家庭经营性收入占比与农业高质量发展效率具有负相关关系。回归结果显示，农户家庭经营性收入对农业高质量发展效率影响系数约为-0.239，且通过了1%的显著性检验，这表明农户家庭经营性收入比重的下降显著有利于农业高质量发展效率的提升，是中国农业高质量发展效率提升的重要驱动因素。农户家庭经营性收入占比在一定程度上反映了农业市场化水平。农户家庭经营性收入占比较高，表明农民收入主要来源于家庭式小农经济，在此种情况下，农业劳动力、土地资源等要素流动性较差，即农业市场化程度较低，从而导致农业要素配置效率较低及影响到农业现代化生产方式的推进，对农业高质量发展效率产生负面影响；反之，农户家庭经营性收入越低，越有利于农业高质量发展效率的提升。伴随中国城市化和工业化的快速发展，农户收入结构发生了较大的改变，其中，农户工资性收入、财产性收入和转移性收入占比持续上升，农户家庭经营性收入占比持续下降，这表明农业生产要素流动增强，有利于现代化农业生产方式的推进，成为提升农业高质量发展效率的重要影响因素。但受制于人多地少特别是耕地资源十分有限的国情，中国农业家庭式小农生产方式依旧占主流，农户家庭经营性收入占比依旧较高，因此，如何进一步促进农户收入的多元化和降低农户家庭经营性收入的占比将成为提升中国农业高质量发展效率的重要努力方向。

第二，农村人力资本存量。由表7.3可知，农村人力资本存量与农业高质量发展效率呈现负相关关系。回归结果显示，农村人力资本存量对农业高质量发展效率的影响系数约为-0.011，且通过了1%的显著性检验，即表明农业资本存量的提高反而显著不利于农业高质量发展效率的提升，成为阻碍中国农业高质量发展效率提升的重要影响因素之一。农村人力资本存量主要表现为农村劳动力人均受教育程度。农村劳动力受教育程度对农业高质量发展效率显著的负效应，这可能有以下几个原因：首先，大多数中国农民是农业技术的采用者，而不是农业技术的创新者；同时，由于中国现代农业技术应用推广体系的不断完善，农民可能会在没有高人力资本的情况下使用先进农业生产技术。其次，教育挤出问题在农业农村发展过程中更加突出。中国的家庭式小农生产模式导致农业生产成本高，农业产量低。一些受教育程度较高的农村劳动力对就业方向的选择能力较强。当第二、第三产业收入高于农业收入时，这些受教育程度较高的农村劳动力更倾向从农业转向第二、第三产业。因此，真正的农业从业者的整体素质较低。再次，农业技术培训滞后或针对性不强。现代农业技术的转移或扩散不是简单的转移和复制过程，还需要根据不同的农业资源禀赋条件进行不同程度的适应性改进。有针对性的农业技术培训更有利于提高农民掌握、应用和改进农业技术的能力。然而，目前中国许多地区的农民缺乏农业技术培训，培训效果因针对性差而大大降低。最后，中国特别是一些欠发达地区农村劳动力人均受教育程度整体偏低，从而影响农业高质量发展效率改进。近年来，中国农村人力资本存量总体上趋于上升，但其对农业高质量发展效率呈现负效应（影响系数为-0.011）。因此，在农村人力资本存量总体上升的背景下，如何增强农业对高素质劳动力的吸引力将成为提升农业高质量发展效率的重要途径。

第三，财政支农力度。由表7.3可知，财政支农力度与农业高质量发展效率呈负相关关系。回归结果显示，财政支农力度对农业高质量发展效率的影响系数约为0.003，且通过了1%的显著性检验，即表明财政支农力度的增加较显著有利于农业高质量发展效率的提升，但财政支农力度对农业高质量发展效率改善的作用相对较弱。财政支农力度不仅反映了财政农业支出量对农业高质量发展效率的影响，更反映了财政支出"城市偏向或农村偏向"和"工业偏向或农业偏向"的宏观政策变迁对农业高质量发展效率的影响。因此，财政支农力度该指标能够充分反映农业在国家经济宏观布局中的产业地位和分量，或反映国家政策导向上是"偏向城市还是农村"或"偏向工业还是农业"。此外，财政支农支出结构和财政支农资金使用效益影响到财政支农力度对农业高质量发展效率的作用机制。近年来，尽管中国财政支农的绝对量增长速度较快，但财政支农力度（财政农业支出占财政总支出的比重）增长缓慢（影响系数仅为0.003），甚至有些年份或个别省份的财政支农力度出现负增长，因此，财政支农力度对农业高质量发展效率改进起到正效应但影响程度有限。农业是国民经济的基础产业，同时，农业面临自然风险和市场风险的双重冲击，国家财政支农不仅有利于保障农业的稳定健康持续发展，也有利于提高农户的生产积极性和增加农户收入，吸引更多高素质农业劳动力从事农业生产活动，引导农业生产方式转变，从而有利农业高质量发展效率的改善。因此，协调好财政支出"工业偏向"和"农业偏向"的关系，保障农业财政支出的绝对量和支出比重，优化财政支农支出结构，需要建立健全财政支农的长效机制。

第四，农业机械化密度。由表7.3可知，农业机械化密度与农业高质量发展效率呈现正相关关系。实证结果显示，农业机械化密度对农业高质量发展效率的影响系数约为0.108，且通过了1%的显著性检验，即表明农业机械化密度的增加较显著有利于农业高质量发展效率的提升，是农业高质量发展效率改进的重要影响因素。农业机械化密度反映了农业生产经营的机械化水平，也一定程度地反映了农业规模化生产情况，是农业现代化的重要表现。农业机械化体现了农业资源利用的集约化程度和规模化水平，也大大促进了农业生产率的提升。近年来，中国农业机械化密度总体上保持持续增长态势，农业生产率得到极大改善，成为农业高质量发展效率改进的重要促进因素。因此，积极提升农业机械化水平将是中国农业高质量发展效率改善的重要途径。

第五，农户经营规模。由表7.3可知，农户经营规模与农业高质量发展效率呈正相关关系。实证结果显示，农户经营规模对农业高质量发展效率的影响系数约为0.013，且通过了1%的显著性检验，即表明农业从业人员人均农作物播种面积的增加对农业高质量发展效率改进具有显著的促进作用，是农业高质量发展效率的主要影响因素之一。农户经营规模越大，即农业生产者人均经营面积越大，规模化生产经营、多元化生产经营或特种种植的可能性就越大，采用现代农业技术和新的农业生产方式的可能性也就越大，从而越能实现农业规模经济下的高产高效。在农业现代化的背景下，农业技术越来越倾向替代劳动力、土地等传统要素，越来越倾向面向规模的技术，这就要求农业生产经营达到一定的规模，才能充分发挥农业技术效益。在低规模水平下的农户生产经营，不仅影响到农业要素配置的优化，而且可能导致农业机械设备应用功能和农业技术效应得不到发挥，进而造成农业生产效率的损失。近年来，中国农户经营规模呈现持续的增长态势，极大促进了农业高质量发展效率的提升。因此，多渠道采取有效措施来推进农户生产经营规模化已成为当前农业高质量发展效率改进的必要性和紧迫性任务。

第六，经济发展水平。由表7.3可知，经济发展水平与农业高质量发展效率呈正相关关系。实证结果显示，经济发展水平对农业高质量发展效率的影响系数约为0.009，且通过了1%的显著性检验，即表明经济发展水平的提高对农业高质量发展效率改进具有显著的正效应，但经济发展水平对农业高质量发展效率改进的促进作用十分有限。从理论上分析，经济发展水平越高，越有利于农业技术进步和农业生产方式改进，也就越有利于农民人均收入的提高，从而越能促进农业高质量发展效率改进。但从实证分析结果看，经济发展水平对农业高质量发展效率的改进作用远没有想象中那么大，即正效应十分有限。这可能归因于两点：一是经济发展过程中蕴含着工业与农业发展的不协调，导致农业的利益分配偏低，即农业的收益率低于工业。二是第二、第三产业比重的大幅提升，导致农村大量高素质劳动力转移至第二、第三产业，使农业从业人员的素质趋于下降。以上两点因素在一定程度上约束了经济发展水平对农业高质量发展效率的促进效应。近年来，中国经济发展水平的提升速度较快，但其对农业高质量发展效率的促进作用十分有限（影响系数仅为0.009）。因此，注重经济发展整体水平提升的同时，如何实现工业与农业的统筹协调发展将是农业包容性绿色增长效率改进的重要努力方向。

第七，城市化水平。由表7.3可知，城市化水平与农业高质量发展效率呈现正相关关系。回归结果显示，城市化水平对农业高质量发展效率的影响系数约为0.007，且通过了1%的显著性检验，即表明城市化水平的提高较显著有利于农业高质量发展效率的提升，但城市化水平对农业高质量发展效率的改进作用相对较弱。从正面效应看，城市化可通过多种机制作用促进农业高质量发展效率的提高。比如，城市化可促进分工深化和降低交易成本，有利于农业生产技术创新及扩散；城市化也有利于发挥集散效应和生产集聚效益，为农业生产经营者提供更好的市场条件；城市化水平越高，金融、通信、技术服务等基础设施越完备，这为农业生产经营提供了更好的生产交易服务；城市化改变了农产品消费结构，扩大了农副产品的消费需求，有利于农民增收。从负面效应来看，城市化也约束了农业高质量发展效率的提升，其主要表现在以下几个方面：一是城市化进程中城乡二元结构比较严重，城乡收入差距和城乡消费差距呈现扩大趋势。二是城市化进程中吸收了农村大量高素质劳动力，导致农业从业人员的整体素质偏低。据此，近年来，中国城市化进程较快，但其对农业高质量发展效率的积极作用十分有限（影响系数仅为0.007）。因此，在推进城市化进程的过程中，实现城市与农村的统筹协调发展将是农业高质量发展效率改进的重要路径。

第八，受灾率。由表7.3可知，受灾率与农业高质量发展效率呈现负相关关系。实证结果显示，受灾率对农业高质量发展效率的影响系数约为-0.157，且通过了1%的显著性检验，即表明受灾率的降低对农业高质量发展效率的提升具有显著的作用，是农业高质量发展效率改进的重要影响因素。受灾率反映了农业生产经营面临的自然风险程度，在一定程度上影响到农民增收和农户生产的积极性，受灾率严重的地区甚至会出现一些农地抛荒现象，造成农业资源浪费，不利于农业资源的充分开发与利用。近年来，可能得益于农业水利设施的不断完善和农业技术的进步等，农业受灾率总体上呈下降态势，成为促进农业高质量发展效率改进的重要驱动因素。因此，持续有效地降低农业受灾率将是农业高质量发展效率提升的重要努力方向之一。

二 不同区域的影响因素分析

中国幅员辽阔，不同地区的气候环境、要素禀赋、经济社会发展水平及历史因素等客观上存在较大的差异性，不同地区政府行为方式也有所不同，这在一定程度上会导致各影响因素的作用机制在不同区域中表现出差异性，进而造成不同区域的农业高质量发展效率的影响因素存在差异。本书在对中国整体农业高质量发展效率进行分析的基础上，从区域层面，进一步对中国东部地区、中部地区和西部地区的农业高质量发展效率影响因素进行有针对性的分析。

由表7.5可以看出，农户家庭经营性收入占比、农村人力资本存量、财政支农力度、农业机械化密度、农户经营规模、经济发展水平、城市化水平、受灾率对不同区域的农业高质量发展效率既有相同的影响作用，但也存在不一致性。

表7.5　　　　　中国三大地区面板数据 Tobit 回归结果

解释变量	东部地区	中部地区	西部地区
农户家庭经营性收入占比（x_1）	-0.1029***	-0.7283***	-0.5566***
农村人力资本存量（x_2）	-0.0022	-0.0002	-0.0044
财政支农力度（x_3）	0.0049***	0.0017*	0.0009
农业机械化密度（x_4）	0.3901***	0.1820***	0.0026
农户经营规模（x_5）	0.0172***	0.1106***	0.0107***
经济发展水平（x_6）	0.0184***	0.0035***	0.0028***
城市化水平（x_7）	0.0044***	0.0007	0.0069***
受灾率（x_8）	-0.0884***	-0.0674***	-0.1875***
	Prob ≥ chibar^2 = 0.000		

注：***、**、*分别表示解释变量在1%、5%、10%的水平上通过显著性检验。

下面就结合不同区域面板 Tobit 回归分析结果，对各影响因素在不同区域内的作用机制进行更深入详细的分析。

第一，农户家庭经营性收入占比。由表7.5可以看出，农户家庭经营性收入占比对中国东部、中部和西部地区农业高质量发展效率的影响都为负，且均通过了1%水平的显著性检验，这表明农户家庭经营性收入占比下降对中国三大地区的农业高质量发展效率起到了积极提升作用。但农户家庭经营性收入占比对东部、中部和西部地区的影响系数分别为-0.1029、-0.7283、-0.5566，即表明农户家庭经营性收入占比因素对西部地区影响程度更大，其次是中部地区和东部地区。这可能是因为西部地区农户收入较为单一而中部和东部地区农户收入更加多元化，特别是东部地区农户工资性收入、财产性收入和转移性收入的占比较大，从而导致农户家庭经营性收入占比对东部、中部和西部地区的影响程度存在较大差异性。

第二，农村人力资本存量。由表7.5可以看出，农村人力资本存量对中国东部、中部和西部地区农业高质量发展效率的影响为负，但均没有通过显著性检验，这表明农村人力资本存量对中国三大区域农业高质量发展效率改进起到抑制作用，却没有表现出溢出效应，即对各区域的整体作用不明显。究其原因，很可能是各地区不同省份农村高素质劳动力转移输出存在较大的差异，导致农村人力资本存量对农业高质量发展效率的区域整体作用不显著。

第三，财政支农力度。由表7.5可以看出，财政支农力度对中国三大地区农业高质量发展效率的影响存在明显的差异性。财政支农力度对东部、中部和西部地区的农业高质量发展效率的影响均为正向，表明财政支农力度对中国三大地区农业高质量发展效率发挥着积极的作用。但财政支农力度对不同地区农业高质量发展效率影响系数的显著性水平有所不同，东部地区通过了1%的显著性检验，中部地区通过了10%的显著性检验，而西部地区没有通过显著性检验，这表明东部地区各省份财政支农力差异性不大，而中部和西部地区各省份财政支农力度存在较大的差异性，特别是西部地区各省份财政支农的较大差异性导致财政支农力度对农业高质量发展效率整体影响效应不显著。

第四，农业机械化密度。由表7.5可以看出，农业机械化密度对东部、中部和西部地区农业高质量发展效率的影响为正向，影响系数分别为0.3901、0.1820和0.0026，东部地区和中部地区通过了1%的显著性检验，而西部地区没有通过显著性检验，这表明农业机械化密度的提高有利于东部和中部地区农业高质量发展效率的改善，且东部地区因农业机械化密度提升而效率改进的程度更高，但西部地区省份农业机械化密度的较大差异性导致农业机械化密度对农业高质量发展效率整体影响不显著。

第五，农户经营规模。由表7.5可以看出，农户经营规模对东部、中部和西部地区农业高质量发展效率的影响为正，各影响系数分别为0.0172、0.1106、0.0107，且均通过了1%水平的显著性检验，这表明农户经营规模的增加显著有利于中国三大区域农业高质量发展效率改进，但中部地区农业高质量发展效率改进程度更大，这在一定程度上是因为中部地区农业耕地资源丰富且多平原，更适应规模化生产经营，农业土地流转程度较高，进而对农业高质量发展效率改进的促进作用更大。

第六，经济发展水平。由表7.5可以看出，经济发展水平对中国东部、中部和西部三大地区农业高质量发展效率的影响是正向，各影响系数分别为0.0184、0.0035和0.0028，且均通过了1%水平的显著性检验，这表明经济发展水平的提高显著有利于农业高质量发展效率改进，而且东部地区农业包容性绿色发展效率改进的幅度更大，这可能得益于东部地区工业与农业发展的统筹协调度较好，即东部地区工业反哺农业的积极效应更大。

第七，城市化水平。由表7.5可以看出，城市化水平对中国三大地区农业高质量发展效率的影响均为正向，其中东部和西部地区通过了1%水平的显著性检验，而中部地区没有通过显著性检验，表明城市化水平的提高显著有利于东部和西部地区农业高质量发展效率改进，而中部地区各省份城市化水平存在较大差异性，导致城市化水平对农业高质量发展效率的整体影响作用不显著。

第八，受灾率。由表7.5可以看出，受灾率对中国东部、中部和西部三大地区农业高质量发展效率的影响为负向，各影响系数分别为-0.0884、-0.0614、-0.1875，且均通过了1%水平的显著性检验，表明农业受灾率的上升显著不利于农业高质量发展效率的改进，而且受灾率对农业高质量发展效率的影响程度呈现明显的"西部>中部>东部"的特征。这可能是因为东部地区农业水利设施更为完善或西部地区自然气候环境更为恶劣，使东部地区农业受自然灾害的影响程度较小而西部地区农业受自然灾害的影响程度较大。

第四节 本章小结

本章基于2002—2022年中国31个省份的面板数据，运用面板Tobit回归模型分析了中国农业高质量发展效率影响因素，研究结果发现：农户家庭经营性收入占比和受灾率在全国层面及东部、中部、西部三大地区对农业高质量发展效率起到显著的抑制作用；农村人力资本存量在全国层面对农业高质量发展效率起到显著的抑制作用，但在东部、中部和西部地区的抑制作用不显著；农户经营规模和经济发展水平在全国层面及东部、中部、西部三大地区对农业高质量发展效率起到显著的促进作用；财政支农力度和农业机械化密度在全国层面及东部和中部地区对农业高质量发展效率起到显著的促进作用，但在西部地区的促进作用不显著。城市化水平在全国层面及东部和西部地区对农业高质量发展效率起到显著的促进作用，但在中部地区的促进作用不显著。

此外，各影响因素对全国及三大地区农业高质量发展效率的影响程度存在差异。从全国层面看，农业机械化密度对中国农业高质量发展效率的影响程度最大，其次是农户家庭经营性收入占比。从地区对比看，农户家庭经营性收入占比对东部地区的影响程度更大，财政支农力度和农业机械化密度对东部地区的影响程度更大，农户经营规模对中部地区的影响程度更大，经济发展水平和城市化水平对东部地区的影响程度更大。

这在一定程度上表明，促进农户收入多元化和降低农户家庭经营性收入的占比、增强农业对高素质劳动力的吸引力、保障农业财政支持的绝对量和支出比重、提升农业机械化水平、推进农户生产经营规模化、注重经济发展整体水平的提升、加快城市化进程、降低农业受灾率将成为改进中国农业高质量发展效率的重要途径及努力方向；同时，因不同区域的气候环境、资源禀赋、经济社会发展水平及历史因素等客观上存在较大的差异性，农户家庭经营性收入占比、农村人力资本存量、财政支农力度、农户经营规模等对不同区域农业高质量发展效率的作用机制存在差异性，因此，在农业高质量发展效率改进措施的实施过程中，应采取"因地制宜"的差异化策略。

第八章 国外农业发展的实践与经验

本章将梳理美国在规模化农业生产经营、"三位一体"农业科技成果转化、完备的农业政策体系方面的实践与经验，德国在高水平农业信息化、完备农业职业教育方面的实践与经验，意大利在休闲农业、智慧农业方面的实践与经验，日本在小规模精细化农业、农协力量、"六次产业化"方面的实践与经验，韩国在有效保护政策、农村基础设施建设、农业科技创新体系方面的实践与经验，从而为中国农业高质量发展的实现路径提供重要借鉴与参考。

第一节 美国的实践与经验

美国地多人少，资源丰富，是世界上农业发展最先进的国家之一，其从事农业生产人口数量相对较少，仅占全国总人口的 2.58%，但其农业发展水平处于世界领先地位，2022 年美国农业产值达 2435 亿美元，约占美国 GDP 的 9.6%，同时出口农产品 1712 亿美元，是世界范围内最大的粮食出口国（刘吉祥，2023）。美国农业的高质量发展离不开其规模化的农业经营模式、先进的农业科技成果转化模式以及完善的农业政策体系等。

一 规模化农业生产经营

美国依托地多人少、资源丰富等优势形成了规模化的农业发展模式，极大地促进了农业生产的标准化和机械化，有效降低了农业生产成本，提高了农业生产效率，增强了农业市场竞争力，助力农业高质量发展。

第二次世界大战结束后，美国农场发展情况产生了较大变化，农场数量从1945年的596.7万个锐减至1998年的219.2万个，农场用地面积从1945年的191英亩（1英亩=4046.86平方米）增加至1998年的435英亩，可见这段时期美国农场呈现数量锐减和平均规模不断扩大的发展趋势（刘志雄等，2005）。从规模结构来看，小型农场的比重呈下降趋势，1950—1998年，年销售额在2500美元以下的农场减少了80%；中型农场的比重基本保持稳定；大型农场所占比重快速上升，1950—2000年，面积在500英亩以上的农场数量增幅达到43.4%，大型农场凭借着其在劳动效率、机械使用效率、风险抵抗、债务承担等方面的优势，实现了数量的快速增长（刘志雄等，2005）。美国农场逐渐从数量优势转变为经营规模优势，美国以规模化为显著特征的农业生产经营模式快速发展。在该模式下，规模大小成为决定农场盈利的关键性因素，根据对美国农业资源管理调查的数据，2021年美国大型家庭农场约占所有农场数量的3%，但其产值占农业总产值的比重却高达46.5%，可以看出规模化农业经营模式所带来的收益更加可观（安肖，2023）。

美国农业规模化的快速发展是农业技术、政府行为、农业组织结构、农业生产特点等多因素影响的结果。从技术角度来看，农业技术的进步能够有效节约农业劳动力，即单位劳动力可以满足更大面积土地的种植需求，从而使农场规模能够继续扩大，推动农业生产向规模化发展。例如，农业机械的高效化和大型化就能够使农业劳动者经营更大面积的耕地，有研究指出，在1970年使用当时的播种机和拖拉机，可以让一个农民一天播种40英亩耕地，到2005年可以播种425英亩，到2010年能够播种的耕地面积达到945英亩；在农作物收割方面也是如此，相较于1970年，2010年一个农民一天收割的农作物面积能够达到前者的12倍（夏益国，2015）。除农业机械外，除草剂等高性能化学农药的研发与广泛应用，也是推动美国农业生产过程中劳动力有效节约的重要因素。例如，美国多数作物生产过程都使用了除草剂，与人工除草相比，除草剂的推广使用能够显著减少农田杂草的管理时间，降低管理成本，提升农田杂草的控制效率，甚至与机械除草相比，除草剂的使用也能够使美国农田杂草管理的劳动力需求下降70%—80%（Swinton，

2017），从而有效节约农业劳动力的投入，增加了单位劳动力能够管理的耕地面积，推动农业规模化生产。此外，近年来信息技术在美国农业领域的应用范围不断扩大，在很大程度上推动了美国规模化农业生产模式的进一步转型升级。例如，大量家庭农场采用计算机对农场进行管理，利用地理信息系统、遥感等信息技术对农作物进行管理和监测，在农作物生长过程中根据收集到的信息，实时调整对农作物的要素投入，从而以最少的投入实现最高的产出，不仅能够高效利用农业资源，减少资源浪费，实现经济效益和环境效益的"双赢"，还能够减少农场单位耕地所需要的劳动和管理需求，推动美国农业进一步向规模化发展。除技术角度外，美国联邦政府对规模化农业经营模式的大力支持也是助力美国规模化农业发展的一大动力。联邦政府通过对农场提供补贴、实施农业税收优惠等措施为规模化农业发展提供了强大支撑。在政府的大力支持下，美国形成了以大型农场和种植园为主的农业发展模式，农业生产持续向规模化、现代化方向发展。

规模化农业改变了过去美国家庭农场采用的杂乱无序的耕作方式，在结合不同地区独特自然资源比较优势的基础上，根据不同农产品特性采用科学合理的生产种植模式，形成区域化布局，为机械化的推广奠定了良好基础，在很大程度上促进了农业生产效率和资源利用效率的提高，推动了美国农业的专业化发展。美国农业规模化经营有效解决了传统小户农业生产经营模式所面临的资金、技术等难题，农业生产经营模式的规模化还能够促进农业生产效率提高，从而使农户拥有更多的时间从事非农业生产，进一步拓宽收入渠道，增加农户收入。

二 "三位一体"农业科技成果转化

先进的农业科学技术为美国农业高质量发展提供了强大的发展动力。美国凭借雄厚的技术资金和世界领先的科技实力，对农业生产进行全方位的改造升级，使农业科技水平得到大幅度提升，不仅对化肥、农药等农业投入品加大研发投入，还大力推动农业机械化、农业种植技术现代化，同时加大农业科技人才的培养力度，致力提高农业科技人才的数量与质量。经过多年努力，美国逐渐构建起相对完善和高效的农业科技体系，极大推动了美国农业生产效率的提高以及农业生产成本的降低，使美国包括农业育种和加工技术在内的多种农业技术一直保持全球领先地位，为美国农业高质量发展提供了强大动力。其中贡献较大的就是"三位一体"的农业科技成果转化模式。

19 世纪 60 年代，美国着手建立农业科技成果转化体系，逐步建立起以州立大学为依托的农业科研、教育以及推广"三位一体"的农业科技成果转化模式（Maisashvili, et al., 2020）。该模式以美国各类州立大学作为中心和依托，以"把大学带给人民而实现帮助人民自助的目的"为基本思想，各类州立大学负责统管全州的农业科研、教育及技术推广业务，科研人员不仅要从事科学研究，也要进行教学和推广。一般情况下，负责农业推广的是农业生产技术专家，主要负责为农业生产经营者提供农业技术咨询服务，并进行各类农业技术培训，推广农业科研成果和新兴技术，包括转基因技术、生物遗传技术、食物营养等。

"三位一体"的农业科技成果转化模式把推广和服务作为重要内容，将农业领域新技术有效地传递给需求者就成了需要重点关注的任务。因此，在该模式下，为了提高农业科技推广的有效性，科研项目研究者充分考虑农业生产经营者的各类需求，提高农业生产经营者在农业科技推广过程中的参与度，充分利用农业生产经营者的反馈信息并结合实际生产情况进行科学研究，不仅使推广效率与有效性得到大幅提升，还增强了科研贡献度，促进了高质量的农业科技研究与推广，更好地满足了农业生产需求。此外，对农业生产经营者进行培养也是农业科技推广工作的重点任务之一，该模式在激发生产经营者对农业新兴技术的需求并鼓励其接纳新技术的基础上，加大对农业生产经营者的培训力度，提高其文化素养、知识技能、管理能力等，促进农业生产经营者整体素质的提升。

在"三位一体"农业科技成果转化模式建立与完善的过程中，美国政府并不直接干预农业生产事务，而是从管理与领导农业科技推广工作出发，一是增加对农业科研、教育和推广的投入，为农业技术研发创新提供资金保障，并构建起相对完备的知识产权保护体系为农业科研保驾护航。二是鼓励各种社会力量参与该模式的发展，共同推进农业科研、教育、推广工作。此外，美国政府还采取了广泛引进科技人才、加强对科技人才的培养等措施，为农业高质量发展提供人才保障。

三 完备的农业政策体系

自 1933 年美国出台首个农业法案——《农业调整法案》以来,美国逐步建立起相对完善的农业政策体系,覆盖了农业领域的方方面面,例如:既有应用于农业生产经营风险管理的农业保险政策、具备保护性的农业信贷方案和优惠税收政策,以及针对农业出口市场的农产品市场开发计划、粮食援助计划等;也有注重资源和环境保护的土地休耕保护、环境质量激励、农业资源保护地役权等计划,整个农业政策庞杂且完善,极大增强了对农业的支持水平,为美国农业高质量发展提供了重要保障。限于篇幅,本节选择美国农业政策体系中较具有特色的农业保险政策进行介绍。

早在 1938 年,美国政府就已颁布《联邦农作物保险法》,建立联邦农作物保险公司,开始正式实施农业保险,但由于保险费率偏高且政府未进行财政补贴等原因,农户参与程度较低,保险法的影响范围相对有限,直到 1980 年美国开始扩大农作物保险计划覆盖品种及范围,并对投保农户实施保费补贴,将农业保险业务以"公私合营"的方式分散给商业保险公司并补贴其管理费用,极大增强了该计划的影响力。2014 年,农业法案加强了农业风险保障补贴,取消了直接支付、反周期补贴等支持手段,新设立了包括价格损失保障计划(Price Loss Coverage, PLC)和农业风险保障计划(Agriculture Risk Coverage, ARC)在内的农业保险政策。2018 年,新农业法案对价格损失保障计划和农业风险保障计划并没有做出重要改变,继续沿用了 2014 年农业法案中上述两个计划的相关政策工具,并进一步加大了支持力度。此外,还提出了要对农业保险政策所涉及的数据进行标准化管理,并要求对农户进行积极引导,使其选择优良的种植方式。到 2019 年,美国农业保险的保费收入超过了 100 亿美元,投保面积约占耕地面积的 80%,达到 13557 万公顷(Maisashvili, et al., 2020)。

美国农业保险政策采用"政府主导,市场经营"的经营模式(王亚许等,2022),由联邦政府负责向农场主提供保险财政补贴,并依托建立的联邦农作物保险公司对农业保险业务进行监督管理以及制定农业保险相关规章制度,私营农业保险公司在法律法规和联邦农作物保险公司的管理下进行农业保险的具体经营。从公私合营角度来看,美国农业保险的经营模式，联邦政府主要通过成数再保险，对私人保险公司自留保费比例部分进行分保；州级政府主要通过比例再保险购买农业再保险服务，由此实现政府和私人保险公司的损益共担，具体模式如图8.1所示（丁少群、冯文丽，2015）。

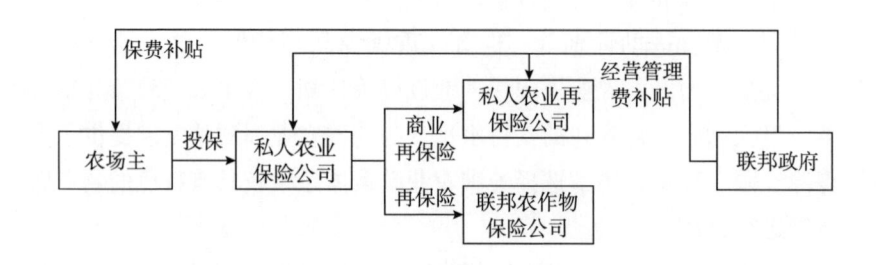

图 8.1　美国农业保险经营模式

为进一步了解美国具体的农业保险政策，在此对农业价格损失保障计划和农业风险保障计划这两个美国农业保险政策中的核心内容进行介绍。农业价格损失保障计划主要针对水稻、小麦、花生、油籽以及饲用谷物等，当这些农产品在12个月中的平均市场价格低于农业法案中设定的参考价格时，则向农业生产者提供补贴；反之则不提供补贴（赵将等，2021）。可以看出在这种补贴机制下所设置的参考价格越高，则农业生产者能够获得的价格损失保障补贴就越多。2018年，新农业法案就该计划提出了"实际参考价格"这一概念，较原有参考价格有所提高，进一步扩大了补贴范围，加大了补贴力度。农业风险保障计划则类似一种收入保险，触发条件是当实际农作物收入低于县域基准收入水平的86%时，即对农业生产者进行补贴，补贴其在县域基准收入76%—86%的损失，而补贴额度最高能达到县域基准收入的10%，可以看出这项计划的补贴额度与农作物当期的产量、销售价格息息相关（赵将等，2021）。2018年新农业法案对该计划的基础产量数据的计算方式进行了优化，提升了用于计算产量的"过渡产量"的比例（多数农作物是用标准产量，即真实历史产量的年度平均值计算基础产量数据的，若缺乏真实历史产量数据则使用"过渡产量"作为替代值进行计算），从而提高县域收入标准基准，增加对农业生产者的补贴金额。

从上述美国农业高质量发展的相关实践可以看出，农业高质量发展既离不开符合当地农业特点、充分发挥出本土农业资源优势的农业经营模式，也离不开对农业科技成果转化的高度重视。此外，完备的农业政策体系也是助力农业高质量发展不可或缺的重要动力。

第二节 德国的实践与经验

处于欧洲中心位置的德国，不仅具有适合农业发展的气候条件、丰富的水资源，还具有较为完善的农业基础设施建设，农业高度发达，其农产品产出量居于欧盟各国首位。近年来，在农业信息化、农民职业教育等因素的推动下，德国农业高质量快速发展。

一 高水平的农业信息化

随着互联网、云计算、大数据、物联网等现代信息技术的飞速发展，新兴技术在农业领域也得到广泛推广与应用。德国作为老牌工业国家本就具有良好的技术发展基础，2015年在工业4.0的基础上提出了农业4.0（肖红利等，2019），利用现代信息技术推动农业生产、加工、销售等农业全产业链向集约化、协同化方向发展，极大地提高了农业信息技术水平，引导德国农业向全面信息化快速迈进，最终实现农业高质量发展。

德国农业信息化道路开端于20世纪50年代，这一时期广播、电视、电话等通信技术在农村地区已经开始普及；到20世纪70年代，信息技术从初级阶段走向成熟阶段，德国农业信息化体系基本形成，建立起了第一家农业信息数据库系统；20世纪80年代，德国不断加强农业数据库建设，更新了数据库内容并扩大了数据库容量，建立起了病虫害管理系统、农药残留数据库管理系统、农作物保护剂数据库等（何迪，2017）。发展至今，德国农业信息化水平已处于欧洲前列，其农业信息化主要具有以下特征。

第一，对农业信息化的大力支持。在政策支持方面，自2018年新一届政府上任后，德国加快了农业信息化发展的步伐，德国粮食和农业部发布了《农业数字政策未来设计》，形成了农业信息化发展的体系化政策框架，优化了顶层设计。在资金支持方面，截至2022年，德国计划为农业部门的信息化、现代化安排6000万欧元，对其他农业数字化相关项目也计划安排了支持经费，强化了资金保障（尹国伟，2020）。在基础设施支持方面，德国政府十分重视农业信息化基础设施的建设，致力于改善农村地区宽带网络连接情况，积极扩大农村地区网络覆盖面积，推动农村地区高效宽带网络的建立。在技术支持方面，德国粮食和农业部正在积极开展农业信息化相关试验，在不同地区测试分析信息技术如何能够更好地激发农业信息化潜力，试验项目涉及基于数据交换优化土地、机械的联合使用、新的5G标准在农业领域的应用等多个方面，极大推动了农业领域信息技术的创新。在人员支持方面，农业部门还建立起了由粮食和农业部数字化专员负责的基于信息技术的能力网络，成员包括研究人员、农业信息化实验项目专家、企业家以及相关从业人员等，他们主要负责对农业信息化现状、趋势及面临问题进行分析，提出相应解决方案，此外，他们还负责对农业信息化试验项目进行评估总结和给出建议，指导项目取得成功。

第二，农业信息化覆盖农业全过程。德国农业信息化的显著特征之一就是将信息化应用于农业全过程，使大数据、物联网、遥感等信息技术逐步渗透到农业生产、加工、包装、运输、销售各个环节，覆盖了从农产品开始投入到农产品最终运输到消费者手中的整个过程，在很大程度上对提高农业效率、减少人工工作量、促进资源有效利用、优化农业管理等方面起到了巨大作用。从具体实践来看，在农业种植的准备阶段，信息技术的应用能够使土地选择、土壤改良以及种子选择等行为更加科学合理。例如，小麦品种选择模型能够为农民提供小麦各个品种的品种特性、抗病虫害能力、水肥条件等信息，以帮助农民根据相关信息选择适合种植的小麦品种。在农业生长期，信息技术则能够应用于施肥、病虫害防治、种植保护等多个领域。例如，基于病虫害防治信息系统，农民能够通过智能手机这类终端设备，随时随地查询病虫害发生、预警、防治等相关信息，及时获得防治的方法与技术。在农业收获和后期处理阶段，无人机及其他数据管理系统能够帮助农民优化收割方法，还能实时监控并集中组织甜菜收获过程。

第三，农业信息技术专业化、实用化、精准化。德国农业信息化的一大特点即重视农业信息化的科技含量，重视利用信息技术在农业领域研究开发出适用于农业多场景的模拟模型和信息系统，并在实践中不断优化相关技术，使技术趋于完善，从而形成了如今德国农业领域以专业化、实用化、精准化等为特点的农业信息技术，既能满足德国农业专业化生产的需要，又能对农户生产实践进行指导，具有很高的实用性，还能为精准农业提供技术支撑。例如，在专业化方面，德国利用遥感技术、应用卫星系统以及地理信息系统，对土地进行数据采集、储存及分析，从而形成科学合理的土地利用规划，实现对土地资源的专业化管理。在实用化方面，为农业机械装上大型遥感系统，使农民可以通过室内计算机自动控制系统远程操作农业机械进行作业，还能通过农业远程诊断系统为农业机械更换零件。在精准化方面，德国利用近红外光谱技术和传感器进行施肥管理，能够实现不同地块、不同施肥量的精准化施肥方式，还能通过传感器实时了解不同地块的产量以及营养成分，根据检测到的信息实时调整施肥量，进行区别施肥。

二 完备的农业职业教育

在推动农业高质量发展的过程中，农民作为农业生产者具有十分关键的作用，高素质农业劳动力更是农业高质量发展的生力军，职业农民就属于这类高素质农业劳动力。职业农民是指经过正规、系统的农业培训，并把农业作为职业、主要收入来源的农业从业者（曾哲，2020）。职业农民既需要具有良好的文化水平并掌握现代化农业知识及相关劳动技能，也需要具备一定的经营管理能力。可以看出，相较于传统意义上的农民，职业农民具有更高的职业素养，更能适应农业高质量发展的需求。在德国，农民之中约有95%的人都接受过正规系统的农业职业教育，德国能够保持高效率的农业产出离不开这些经过农业职业教育、数量占其总人口2%的职业农民的贡献（柳一桥，2018）。从具体数值来看，每个新型职业农民几乎可以养活140个人，每个农业劳动力的平均贡献净值能够达到2万欧元，可见职业农民毫无疑问是德国农业高质量发展的主力军，而这得益于德国高度完善的农业职业教育（朱立志等，2011）。

德国建立的农业职业教育体系是德国农业职业教育成功的关键因素，该体系具体构成如图8.2所示，可以看出德国农业职业教育分为农业预备职业教育、农业中等职业教育以及农业进修职业教育三个层次，不同层次具有不同的教育目标、教育内容以及教育机构（柳一桥，2018）。整个农业职业教育体系涵盖的教育内容非常丰富，从较为基础的田间劳动技能到专业性较强的农业企业经营管理知识等都有涉及，能够为不同群体提供适应其具有差异性的需求的教育内容，从而达到为德国农业高质量发展提供不同层次农业人才的目的。

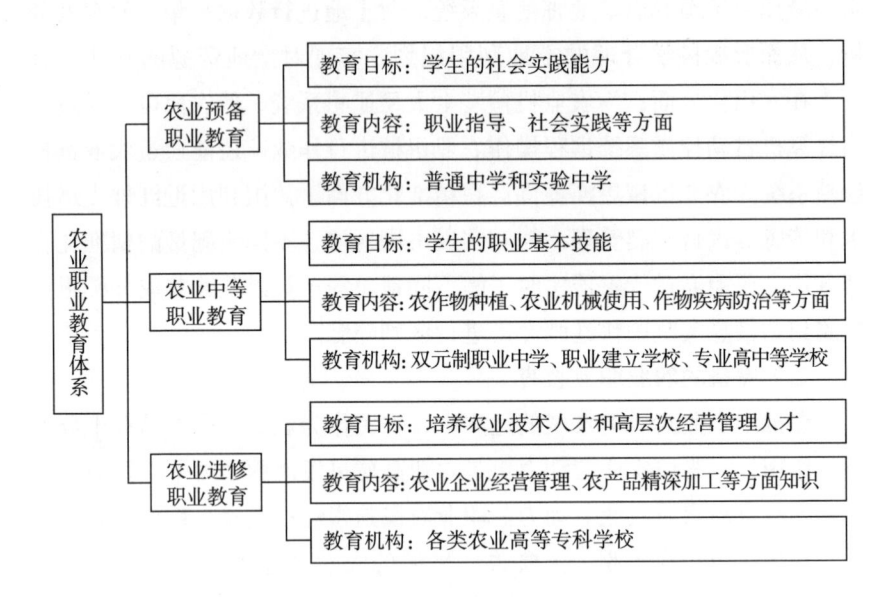

```
                         ┌─ 教育目标：学生的社会实践能力
             农业预备     ├─ 教育内容：职业指导、社会实践等方面
             职业教育     └─ 教育机构：普通中学和实验中学

农业职业                  ┌─ 教育目标：学生的职业基本技能
教育体系  ── 农业中等     ├─ 教育内容：农作物种植、农业机械使用、作物疾病防治等方面
             职业教育     └─ 教育机构：双元制职业中学、职业建立学校、专业高中等学校

                         ┌─ 教育目标：培养农业技术人才和高层次经营管理人才
             农业进修     ├─ 教育内容：农业企业经营管理、农产品精深加工等方面知识
             职业教育     └─ 教育机构：各类农业高等专科学校
```

图 8.2　德国农业职业教育体系

在德国农业职业教育体系中，农业中等职业教育阶段以"双元制"为核心的农业职业教育模式，既是德国农业职业教育中最具特色之处，也是农业职业教育的核心内容。"双元制"具体是指把在校学习和企业实践两者紧密结合起来的现代教育模式，重点在于理论学习与实践学习的紧密结合。所谓"双元"主要体现在两个方面：教育地点的"双元"——既包括职业学校也包括企业，受培训者的"双元"——既是学生也是学徒。在双元制的农业职业教育模式下，教育学制通常为3年，第一年主要是职业基础学习阶段，后两年则为职业专业学习阶段。在学习期间，教学活动需在学校与农业企业之间交替开展，学生在学校学习的时间大概占整体学习时间的30%—40%，在企业实践的时间则占比60%—70%（柳一桥，2018）。具体到每周上，学生在一周内需

要接受3—4天的实践学习、1—2天的理论学习（仲彦鹏、李海燕，2018）。在实践学习中，学生能够直接接触企业所用生产技术和设备，以参与劳动的形式进行学习，极大增强了学生动手实践的能力，也使其对农业发展的实际情况有了更加深入的了解，为其之后从事农业生产奠定了良好的基础。总的来看，"双元制"农业职业教育模式将理论学习与实践学习充分结合，在注重对学生理论知识的培养的同时，也重视对学生实践技能的培养，为德国农业高质量发展提供了人才保障。

为了进一步规范农业职业教育的管理，德国还在上述农业职业教育模式的基础上，制定了职业定级认证体系。德国根据人才需求情况将与农业职业教育相关的职业细化为14个类别，具体类别如图8.3所示（柳一桥，2018），各职业类别包含不同的职业方向。例如，牲畜养殖员包含养禽类、养猪、养羊、养牛以及养蜜蜂等具体职业方向，根据不同农业职业进行专业教育，并通过设置职业分类定级对农业从事者进行考核，使拥有相应从业资格证书的农业从事者进行相对应的农业实践。

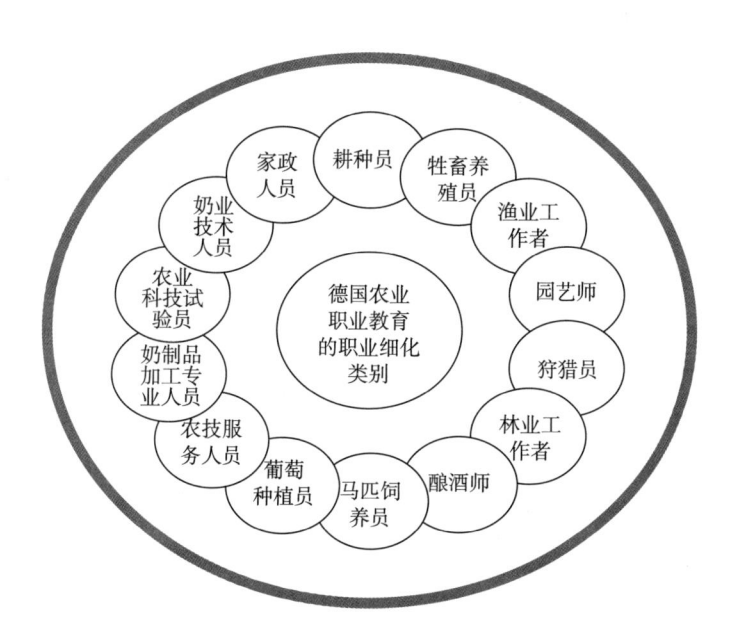

图 8.3 德国农业职业教育的职业细化类别

在职业资格认证的基础上，德国还实行了分等级的农业职业资格定级认证制度，学生只有通过培训获得相应的等级证书才能拥有管理农场和培训他人的权利。根据执业技术水平高低，农业职业资格从低到高可划分为5个等级，如图8.4所示（柳一桥，2018），可见农业执业资格定级认证制度就如同高等教育，学生只有不断努力才能获得更高等级的资格认证。此外，在德国获得农业师傅证书就等同于获得高等教育中的学士学位，这充分展示出了德国社会对农业职业教育的极大认可，也为参与农业职业教育的学生的继续深造提供了更多选择。

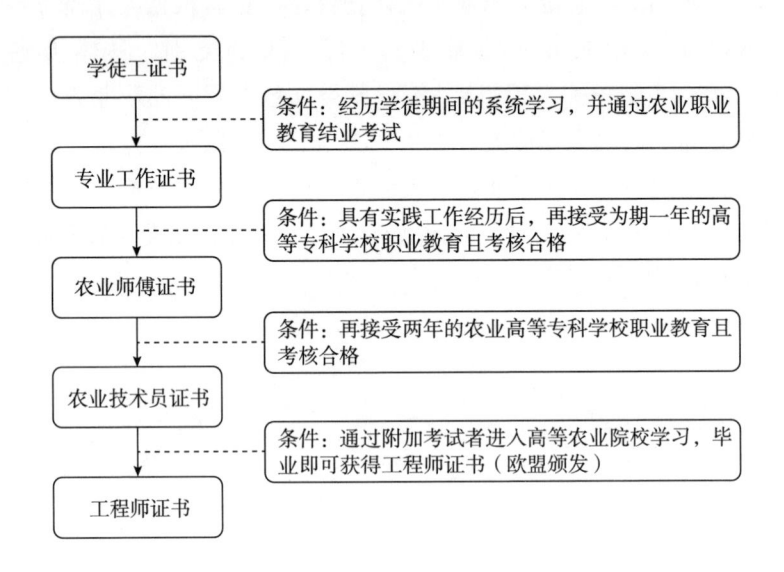

图8.4　德国农业职业资格定级认证等级

德国农业职业教育的良好发展离不开德国政府的高度重视，德国政府为农业职业教育的发展提供法律保障、经费保障、师资保障等一系列制度保障，促进了德国农业职业教育的顺利实施。在法律保障方面，自20世纪50年代以来，德国相继出台多部法律对农业领域劳动者职业教育提供有力保障，其中联邦政府于1969年颁布的《联邦职业教育法》确立了"双元制"的农业职业教育模式，成为农业职业教育最基础的法律依据。之后德国联邦政府又分别于1981年、2004年颁布了《联邦职业教育促进法》《联邦职业教育保障法》，逐步完善了德国农业职业教育相关法律体系，并将农业职业教育确立为国家教育制度（曾哲，2020）。在经费保障方面，德国政府在农业职业教育方面建立起了较为完善的资金投入政策体系，并格外关注"双元制"职业教育模式的资金支持，2009年德国用于双元制企业培训的经费占农业职业教育经费的比例就已达到34%，有力保障了该教育模式的发展（柳一桥，2018）。不仅如此，在"双元制"教育模式下，其培训经费由企业承担75%左右，剩余部分则由政府承担，并且政府除了直接承担培训经费，还会对参与培训的企业提供一定的政策优惠。例如，参与农业职业教育的企业在培训过程中所产生的相关费用，包括保险、工资以及津贴等均可计入生产成本或折算计入产品价格，享受政府给予的一定量的税收减免。在师资保障方面，德国农业职业教育的教师包括学校教师与企业教师两类，不同教师具有不同的任职条件，德国联邦州文教部对教师设置了严格标准。例如，对于农业中职学校的教师，必须具备硕士以上的学位以及在农业行业工作1年以上的经验。此外，还需要参加相关教师培训、通过教师资格考试，以获得后备教师的资格，之后需要在相应的职业学校进行2年的见习，结束后再次参加教师资格考试，合格者才能申请教师岗位，联邦州文教部审核通过后才能成为学校教师。

从上述德国农业高质量发展的相关实践可以看出，农业高质量发展必须依托于顺应时代发展潮流的农业信息化，充分运用大数据、物联网、云计算等信息技术来推动农业向现代化发展，实现农业生产经营模式的转型升级。此外，农业高质量发展也必须重视农民这一农业生产主体的重要性，优化农业职业教育，建立起系统化的农业职业教育培训体系，充分调动各类农民院校、涉农企业以及相关培训机构参与农业职业教育的积极性，引导其建立深度合作，并完善法律保障体系、完善经费投入机制、完善师资保障制度，为农业职业教育提供有力保障。

第三节 意大利的实践与经验

意大利地处欧洲南部，属于典型的地中海气候，且平原、河谷占比面积大，土壤肥沃，境内多数土地适宜用作农业用地，具有良好的农业发展条件，意大利也依托丰富资源禀赋成为世界传统农业大国及农业强国。2021年意大利农业总产值达到643亿欧元，是欧盟成员国中第二大农业生产国，仅次于排名第1位的法国（广德福等，2023）。在推动农业向高质量发展的过程中，意大利致力于挖掘休闲农业、智慧农业的内在潜力。

一 大力发展休闲农业

休闲农业是指以传统的农业活动为基础，融合休闲、文化、旅游等多种元素的新型农业生产经营模式，该模式能够深度挖掘农业资源潜力、优化农业结构、增加农民收入、美化农业环境、改善城乡关系，是推进农业高质量发展的有效手段（朱俊峰，2018）。休闲农业起始于19世纪30年代的欧洲大陆，以奥地利、法国、意大利等国家为代表，后在欧美地区迅速发展（王启，2016）。作为发源地之一的意大利，其休闲农业具有悠久历史和丰富内涵，不仅开始时间较早且发展较为成熟完善。早在1865年意大利就已成立"农业与旅游全国协会"来推广休闲农业，鼓励城市居民前往农村与农民一同劳动，体验自然乐趣，当时专门接待休闲农业旅游者的农庄数量就已达到7000多家（王迎涛，2018）。随着20世纪50年代大量集旅游、购物、住宿等多种服务于一体的观光园的兴起与专业从业人员的出现，吸引了大批国内外旅游者，意大利休闲农业迎来了真正的发展。截至2019年底，意大利全国休闲农业场所的数量达到了2.3万家，休闲农业总产值按2019年数据计算已达到20亿欧元，为意大利经济发展、农业升级转型作出了重要贡献（张鹏，2023）。意大利之所以能够成为世界休闲农业潮流风向标，关键就在于其具有以下几个特点。

第一，政府的大力支持。意大利休闲农业的健康发展，离不开政府的大力支持。意大利政府对全国休闲农业进行整体规划，并对全国的农业旅游资源进行统一评价，以此避免同质化旅游资源之间的不必要竞争而带来的旅游资源浪费。政府还十分重视休闲旅游相关基础设施的建设，对休闲农业旅游相关的配套设施包括交通路网、食宿设施等进行改造升级，推动了农业旅游环境的优化。除此之外，为了调动广大企业参与休闲农业发展的积极性，意大利政府还对开展休闲农业旅游的企业进行政策扶持，出台了一系列优惠政策包括税收减免、实施低息贷款等。有的意大利行政区在休闲农业旅游发展初期，为了鼓励企业参与，还承诺由行政区承担农业旅游企业设施建设的40%的费用，并且对企业主承担的60%的费用实施优惠贷款政策，在很大程度上推动了休闲农业的快速发展（毛敏，2019）。

第二，法律法规的保障。意大利是首个将农业旅游纳入法律体系的欧盟国家，1973年就已出现首部农业旅游地方立法，1985年颁布了首个农业旅游法律框架。在此基础上，1989年颁布了《农业旅游发展保障法》，对农业旅游中政府、农场经营者之间的责任和权力以及农业旅游发展的具体方式等都进行了明确规定（莫利民，2018）。意大利各个行政区还制定了符合本区域发展情况的农业旅游法律。例如，托斯卡纳地区颁布实施了《农业旅游发展法》为托斯卡纳地区农场的建筑标准、食材来源等制定了明确的要求，促进了该地区休闲农业的发展。此外，意大利还通过法律严格管理其休闲农业的发展，不仅要求那些想要从事农业旅游的农场主必须通过严格的资质认证并得到许可后才能提供农业旅游服务，还明确规定了不同等级农业旅游服务的具体标准，加强了对意大利休闲农业发展的监管，使其休闲农业能够有条不紊地发展。

第三，创新的项目设计。意大利休闲农业的发展非常注重与时俱进，能够及时根据大众动态变化的旅游需求进行创新，设计出了许多具有很强吸引力的休闲农业项目，"领养一只羊"就是意大利休闲农业中较为成功的一个创意项目。20世纪90年代，意大利休闲农业为吸引游客推出了领养家畜项目，安韦萨村推出的"领养一只羊"就是其中一项，该项目是鼓励游客通过互联网等现代信息技术手段与当地农场进行联系，签订奶羊领养计划，领养奶羊的游客即可获得该农场出产的农产品。这一项目不仅可以吸引游客到农场参加饲养活动、获得羊奶奶酪等有机农产品，从而收获独特的农村旅游体验，提高其满意度和回头率；还能带动当地餐饮住宿以及商贸等发展，拉动经济增长，对农场而言还能节省一定的劳动力。"领养一只羊"项目有利于环境保护与可持续发展，被社会各界所认可，该项目已经推广至意大利全国以及德国、法国、新加坡、日本等国家，是意大利休闲农业成功的关键推动力。

第四，以游客体验为中心。首先，意大利的休闲农业非常尊重游客，致力于为游客带来良好的旅游体验，以多举措保障游客的出行质量。意大利不仅对休闲农业旅游农场有严格的监管，要求其必须通过资质认证获得许可后才能经营，对农村旅社也有一套严格的评判标准，要求其贴近自然、环境优美、设施完备，每4个床位就要配备1个卫生间，还要有电话、急救药箱等设施，超过10个床位的农村旅社还需要为残疾人提供便利设施（毛敏，2019）。值得一提的是，意大利大多数农村旅社的房间都能够达到3星级甚至是4星级酒店的水平，但其价格比城市同等水平的酒店最少优惠30%（毛敏，2019）。在旅游过程中意大利也十分关注游客体验，例如，允许游客在农场参观有机农产品生产的全过程，充分保障了游客的知情权。其次，意大利休闲农业非常重视游客的个性化需求，推动多样化经营，积极打造多元化的产品和服务，为游客提供与农业、自然、文化等不同方面的互动体验，并在传统的餐饮住宿的基础上积极开发农业观光、健康养生等多样化项目，让游客能够根据自己的兴趣选择体验项目。意大利休闲农业已不是简单地到农场观光游览，而是强调"以人为本"的多样化经营模式，游客既能观看或参与农业生产活动，购买质优价廉的有机农产品，还能与大自然接触，享受农村不同于城市的风光，很多农场还提供健身运动器械、手工艺制作等，充分满足游客的多样化需求。

二 极力打造智慧农业

智慧农业是意大利农业高质量发展的另一亮点，意大利非常重视智慧农业，将其作为国家战略重点以及优先发展方向，积极推动大数据、云计算、遥感、物联网、人工智能等新一代信息技术在农业领域的广泛应用，促进信息技术与农业生产经营全过程的深度融合，发展数字农业，为意大利农业高质量发展构筑新优势。2022年，意大利创新农业科技初创公司数量超过1200家，农业科技市场规模高达20亿欧元，比上年同期增长了31%，可见智慧农业是意大利农业高质量发展的重要引擎（谢亚宏，2023）。

意大利为推动智慧农业的发展制定了完备的整体规划，在欧盟已有政策框架下先后出台了《意大利农业创新发展规划》《意大利国家农业林业战略规划（2014—2020年）》等规划，明确指出要发展智慧农业，并提出促进意大利智慧农业发展的新理念，包括普适理念、共享理念以及融合理念等（张保岩等，2020）。具体而言，普适理念是指随着信息技术成本的不断降低，功能的不断完善，必将其广泛应用到农业发展的多个领域。共享理念是指要秉持数据属于公共资源的理念，促进空间数据、遥感数据等数据的共享，打造大数据平台，以实现农业现代化水平的提升以及农业相关决策科学性的提高。融合理念是指切实推动以大数据、物联网、卫星等为核心的数字信息技术与产业需求的深度融合，发挥好各项技术相互验证、相互融合的作用，促进数字信息技术的协同应用。在此基础上，意大利还出台了"农业发展4.0框架"，将农业信息化和精准农业作为创新发展的重要动能，对技术研究开发、人才培养以及数据管理等多方面制定了前瞻性部署，积极推动信息技术在农业全过程、全方位的广泛应用，建立起了覆盖数据采集、加工分析、信息服务等全链条的农业技术创新体系，在很大程度上激活了意大利数字经济的发展潜力，推动了意大利智慧农业的发展，增强了意大利农业的国际竞争力，从而助力农业高质量发展。

为推进智慧农业发展，意大利格外重视信息技术在农业领域的创新与应用。在技术创新方面，意大利充分运用互联网、遥感技术、物联网、云计算等信息技术构建起针对农业生产经营及农业决策等方面的智慧平台，实现了数据收集处理系统、高性能技术系统等系统的互联互通，不仅能够对农作物种植生长情况进行全范围、多角度的监测，快速获取农作物灾情、墒情以及苗情等农情信息，还能够优化农业决策水平，使原来的主观经验决策转变到依靠信息技术决策，促进了农业决策的科学化、合理化。此外，意大利某些科研机构也致力智慧农业相关技术的研究与创新。例如，意大利某研究所经过研究试验推出了Agrosat平台，该平台通过观测卫星对土地数据进行监测，并基于所得数据为农民提供农作物缺水缺肥的位置及原因等信息，制定相应的施肥方案，实现对农作物产量的优化（李淑芳，2019）。农民不仅可以通过Agrosat平台获取最佳种植方案、查看天气观测数据、管理多块土地等，还能在该平台分享自己的农艺技术。

在技术应用方面，意大利将信息技术广泛应用到农业机械信息化、农产品质量溯源、农作物灾害监测、农业资源调查、农作物种养殖监测、农业保险补贴以及精准农业等农业领域的方方面面。意大利信息技术的应用表现出两大突出特点：一是将大数据作为基础，二是将各种专业诊断模型作为有效工具。就第一点而言，意大利利用各种空间信息基础数据产品，以及农业生产信息、气象水文信息、土地价格信息、土壤质量信息等多方面的数据，形成了农业资源和环境等的大数据，建立起了农业大数据体系，推动智慧农业的发展。例如，农民可以通过大数据体系获取农作物的品种特性、抗病虫害能力、水肥条件等信息，从而选择更加适合种植的农作物品种。此外，还能借助卫星遥感对农作物种植地块进行监测，搭建信息监测及服务网络，为意大利政府实施农业补贴政策提供精准的数据依据。就第二点而言，意大利在充分运用大数据的基础上，针对不同应用目的，研究发展出多种专门诊断模型，如畜禽养殖专业模型，包括用于获取动物疾病信息的声音传感器，用于获取动物进食、运动等信息的视觉传感器。该模型的推广应用有助于实现动物的精准饲养，加强动物的健康疾病管理，从而显著提升农业生产效率，还有助于实现废弃物还田循环利用，保护农业生态环境。

除了信息技术的创新与应用，意大利建立的农业信息服务体系也在其智慧农业的发展中发挥了不可或缺的作用，有效推动了农业领域信息技术成果的产业化应用。意大利现代化的农业信息服务体系源于欧盟农场会计数据网系统，是在其基础上建立起来的，意大利又根据本国需求采取了措施进行强化，将农场会计数据网系统与农业经济账户调查系统结合起来，使意大利农业信息服务体系不仅具有农场会计数据网系统的功能，还拓展了参与主体的范围并促进主体间的合作，将大区政府、专业组织、研究机构、大学等都纳入了该体系，并推动了数据资源的共建共享，进一步优化数据质量。在意大利农业信息服务体系之中，提供农业信息服务的既有官方机构也有半官方部门，但主要还以官方机构作为服务主体，不同主体之间具有明确的分工，如意大利国家统计局负责宏观统计信息的收集与发布，农产品市场服务中心负责农业创业、提供农产品市场信息等服务，分工明确且科学合理。此外，意大利农业信息服务体系还具有十分规范的信息收集流程，针对信息收集的每一步都制定了详细标准，确保了数据的客观性与准确性。在此基础上建立起来的农业信息服务体系管理严格，收集到的信息质量也得到了保障，既能够为政府提供可靠的农业信息，使其根据对信息的分析制定出合理的农业政策及相关法规，同时也使政府能够对农产品市场进行及时的调控。对农业生产经营主体来说，其能够通过农业服务信息体系获取所需信息，并基于信息制定出更加科学的生产经营决策。

从上述意大利农业高质量发展的相关实践可以看出，农业高质量发展必须充分利用农业资源，积极推动农业与其他领域的融合发展，打造新型农业生产经营模式，扩大农业生产经营范围，促进农村生产要素的合理调整，提高农业资源的使用效率，增加农民收入的同时加大对农业生态环境的保护力度。要充分发挥政府的主导作用，加强宏观指导和科学规划。政府应当制定相关规划政策来引导休闲农业的发展，对休闲农业给予一定的资金扶持政策，并且要加强休闲农业基础设施的建设。还要建立健全休闲农业相关法律体系，对休闲农业的具体内容如从业人员资格、审批环节等作出明确规定。此外，还应深入挖掘休闲农业的内涵，以游客需求为基础创新休闲旅游项目，注重游客体验。意大利农业高质量发展的实践还体现出智慧农业在农业高质量发展之中的重要性，"科技是国家进步之基"，必须重视智慧农业的发展，提升农业数字化、信息化水平。首先，要落实整体规划，政府要出台推动智慧农业发展的相关规划，为各地智慧农业的发展指明方向。其次，要加快技术的研发与创新，特别是要加强农业领域关键信息技术的研发，为农业高质量发展提供科技支撑。还要积极推动信息技术在农业领域的落地应用，将大数据、物联网、云计算以及人工智能等信息技术运用到农业生产、销售等各个阶段，从而实现农业的提质增效。此外，还应鼓励多主体参与农业信息服务工作，构建起系统化的规范化的农业信息服务体系，并制定严格的农业信息处理制度，加强对农业信息质量的控制，助力农业高质量发展。

第四节　日本的实践与经验

日本是由于多个岛域组成的岛国，属于温带海洋性气候，平原面积狭小，国家总面积的绝大部分都是山地和丘陵，耕地十分有限，人均耕地较低。由于日本的农业耕地十分狭小且分散，适宜农业和城镇建设用地仅占国土总面积的 1/3，工业化和城镇化发展不断挤占农业用地，耕地资源更加紧缺，没有发展农业的先决条件；但日本农业生产技术高度发达、质量优良、品牌建设卓有成效，是在小规模农业基础上实现农业现代化的典型代表。

一 小规模精细化农业发展模式

日本地理条件的限制导致土地资源稀缺，土地的所有权和经营权分散在众多小规模的农户手中。日本农业生产以小规模家庭农场为主，农田面积普遍较小。即使如此，这种小规模经营模式并非劣势，反而成为日本农业的独特优势。小规模经营使农民能够更加精细地管理和照顾每一寸土地，对农作物生长的每一个环节进行严格控制和精细调整，从而确保农作物的质量和产量。尽管农田面积小，但日本农业机械化水平高，通过引入现代化先进的农业机械设备，如收割机、播种机、喷药机等，以提高生产效率和降低劳动力成本。这种高度机械化的设备不仅提高了农业生产效率，还能够有效减轻农民繁重的体力劳动中，将更多精力投入农作物的精细化管理和品质提升（吴童俊，2022）。

日本的农业一直以来都非常注重精细化的农业生产，这体现在对农作物生长环境的精准调控、病虫害的科学防治、肥料和水分的合理施用等方面。一方面，日本农业利用现代技术，如温室种植、水稻养殖等，实现了高产高效的农业生产；另一方面，农业生产过程中，对土壤、水资源和化肥的使用进行了精细的管理，以确保农产品的质量和安全。精细化农业也表现在日本农产品的品质上，日本的农产品以其高品质而闻名，如日本的水稻、蔬菜、水果、鱼类等。农民不仅注重产量，还注重产品的质量，这使日本的农产品在国际市场上备受欢迎。在环保和可持续性方面，日本农业更是走在了世界的前列，日本农民注重推广有机农业、生态农业和循环农业等模式，减少化学肥料和农药的使用，保护土壤和水源，这种环保和可持续性的理念为全球环境保护作出了积极贡献。

二 日本农协力量的发挥

日本农协分为中央、都道府县、市町村三个层面，并在其基础上单独设置了功能地位不同的农协组织，业务组织系统综合完整，包含了农业产前、产中、产后的各项业务（刘文等，2023），如图8.5所示。

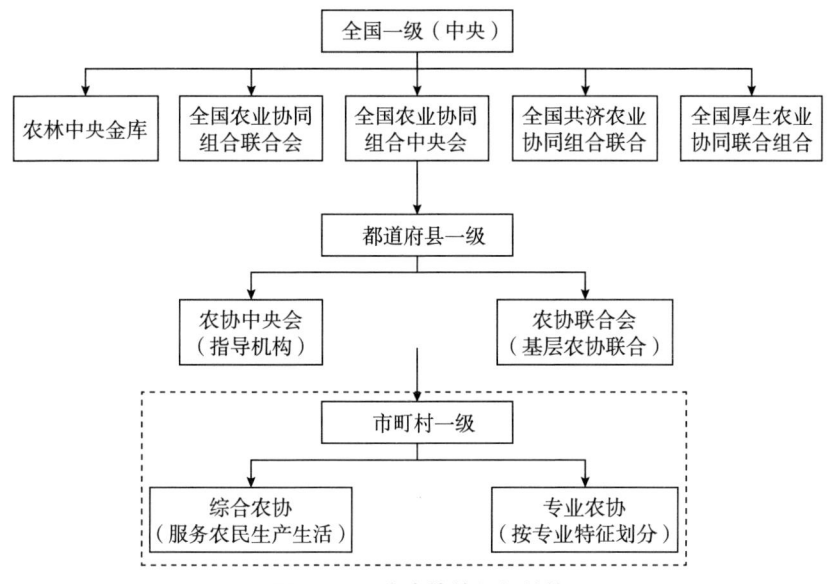

```
                    ┌─────────────┐
                    │ 全国一级（中央）│
                    └─────────────┘
        ┌──────────┬─────┼─────┬──────────┐
   ┌────────┐ ┌────────┐┌────────┐┌────────┐┌────────┐
   │农林中央金库││全国农业协同││全国农业协同││全国共济农业││全国厚生农业│
   │        ││组合联合会 ││组合中央会 ││协同组合联合││协同联合组合│
   └────────┘ └────────┘└────────┘└────────┘└────────┘
                           │
                    ┌─────────────┐
                    │ 都道府县一级 │
                    └─────────────┘
                ┌──────┴──────┐
          ┌──────────┐  ┌──────────┐
          │ 农协中央会 │  │ 农协联合会 │
          │（指导机构）│  │（基层农协联合）│
          └──────────┘  └──────────┘
                    ┌─────────────┐
                    │ 市町村一级  │
                    └─────────────┘
                ┌──────┴──────┐
          ┌──────────┐  ┌──────────────┐
          │ 综合农协  │  │   专业农协    │
          │（服务农民生产生活）│（按专业特征划分）│
          └──────────┘  └──────────────┘
```

图 8.5　日本农协的组织结构

经过几十年的发展和完善，日本农协已发展成为集经济职能和社会职能于一体的民间团体，该协会的主要职能包括管理农民的生产活动、统筹销售农产品、购买农业生产所需的生活资料、降低在生产过程中的流动成本、建立风险基金制度以及共同应对自然灾害造成的风险和损失，确保能够对产生的自然灾害或事故造成的损失进行赔偿。同时，日本农协代表农民向行政机构提交意见，以保护他们的利益。因此，由于协会独特完整的服务，日本农业发展迅速，协会因其不可或缺的作用而迅速得到发展（吴童俊，2022）。日本农协在相当大的程度上代表了农民的利益，有效避免了国内外私人资本对农业发展的不利影响，有效促进了农业的长期持续稳定发展。日本的市场经济体制受到其现有社会关系和政治体制的制约，通过地产销售等渠道，居民将尽可能使用当地生产的原材料，以防止外国原材料的倾销。与此同时，日本的农业正在从以当地农村地区生产原材料为主转向以农产品的加工模式为主的方式转变。地产销售遵循"区域伦理"而非"行业伦理"，培育当地农业企业在发展的同时尊重当地生产和价值观，防止工商资本整合吞噬农业利润以及农民对工商资本形成依赖（袁召洋，2022）。

三　推行农业领域"六次产业化"

"六次产业"的概念是日本学者今村奈良臣在 1994 年提出的。他认为，提高增加农民的收入，有必要将农产品加工制造等与农业相关的第二产业与农产品流通、销售和旅游等第三产业相融合。通过延长农业产业链实现收入倍增，即"六次产业＝第一产业×第二产业×第三产业"。日本的六次产业大致分为如下四种：第一种是农业原材料加工型，使用本地已有的农产品原料发展成农副产品加工业；第二种是原产地直销模式，设立了多个直营店，专门售卖经过本地加工的农副产品；第三种是融合制造与营销模式，把农业产品从制造到营销的全产业链发展结合到了一起；第四种是以旅游消费为导向，是集农产品采摘、乡村旅游、观光旅游于一体的发展模式（许珍珍、赵晓峰，2019）。

日本为了支持"六次产业化"的发展，给予了一系列的政策支持，如颁布确立了一系列"六次产业化"政策的政府文件、法律法规等；成立专门的机构为"六次产业化"的实施提供服务保障；培育专门人才予以专业指导，日本政府在全国范围内收集具备农产品生产、加工、商品开发、市场运营、法律知识和经验的人才，让他们担任"六次产业规划师"（严瑾，2021）。

随着日本国民经济的迅速增长，日本民众的生活水平也稳步提高，日本人民对于旅游方面的需求，特别是以农业为主题方面的旅游需求随之增加。日本的消费者在旅游过程中的农业体验方面的期望已不仅限于农产品采摘的消费体验，还包括观光民宿旅游等。日本"六次产业"的发展不仅促进了农业产业链的延伸，扩大了农业产业的范围，提高了农业功能转变的附加值效益；而且促进了农村建设，为优化利用农村农业资源和农村环境提供了新的途径，它为日本农业产业的建设作出了巨大贡献，提高了日本农业的创新性和竞争力，促进了日本第一、第二和第三产业的融合发展，为日本农业的发展提供了新的方向。

借鉴日本农业发展实践，中国的农业企业应该提高农业机械化水平，参照其小规模精细化农业的发展模式，对农作物生长的每一个环节都进行精细化把控。由于日本的山地居多，在对耕地资源保护方面的保护高度重视且卓有成效，在日本，耕地保护不仅体现在"量"的维持上，更重要的是体现在"质"的保护上，日本土地的品质优良归因于土地的配套设施十分完善。

第五节　韩国的实践与经验

韩国是一个多山地的国家，农业耕地较少，韩国位于东亚地区，韩国现有耕地大约172万公顷，人均耕地约0.5亩，农业从业者人均耕地约为7.4亩。小规模家庭农业经营特点十分明显。韩国农业资源禀赋非常稀缺，除大米以及薯类能基本自给外，很多农产品都依赖国外进口。从20世纪60年代开始，韩国就通过工业化带动农业的发展，总体来说韩国是一个自然资源十分贫瘠的国家，但是几乎与日本同时进入了现代农业，现代化农业的建设取得了极大的成效。

一　对农业采取有效保护政策

第一，提高农产品的收购价格，促进农民收入水平的提高。韩国开始实行平衡定价政策，这意味着农产品价格不能完全基于政府计划，定价必须同时考虑生产成本和市场需求，必须在这两个方面的基础上确定价格，以便通过均衡的价格购买农产品（汤璇芷，2022）。在增加农业收入方面，政府对农民实行农产品价格补贴，逐年提高主要农产品收购价格，增加农民的粮食销售收入。积极有序推进农村农业产业化，对农村企业就地取材、就地生产给予各种优惠政策，促进乡村旅游发展，增加就业机会，增加农民收入。农业开发商可以自由利用小城镇周边地区作为农业、畜牧业和渔村的工业区，简化农业和工业基地的建立过程，大力发展农业和工业区，为农民创造就业机会。政府投入大量资金进行产业结构调整，重点发展第二、第三产业，引导科学农业，支持农产品深加工，完善农产品流通设施。

第二，大力完善农业社会化服务体系。农业社会化服务是社会服务组织为满足农业生产需要而提供的各种服务。韩国约九成的农业家庭加入了韩国农协，基本上实现了区域内成员全覆盖的目标，这极大促进了韩国农业社会化服务体系的完善，为韩国现代农业高质量发展提供了重要基础。此外，韩国对农业研究、教育和推广的重视，也促进了农业科技的发展和现代农业目标的实现。韩国将科研成果转化为农业生产力，在农产品质量和降低生产成本方面取得突破。除重视水稻新品种培育和新技术推广外，在蔬菜、水果、花卉优质品种培育和大棚、大棚栽培技术推广等方面也取得了巨大成就。韩国紧跟世界科技潮流，通过大数据分析等新型信息技术推动农业的发展。韩国农业利用计算机联网、生物遥感技术等先进的农业信息设备，形成完整的农业信息网络，为农民提供最新的农产品科技创新信息，便利并有效引导农民参与农产品市场（李一丁、洪翠，2022）。农业市场信息的充分利用可以随时了解农产品市场动态，并为政府部门制定农产品优惠政策和保护措施以及农户种植选择等提供科学的依据。另外，韩国为农业发展的未来做好了规划，韩国农业教育为农业生产和农村建设培养了大批人才，经过多年的积累和调整，农业职业教育贯穿韩国教育的始终，针对农业教育群体的不同层次阶段，韩国形成了层次递进、形式多样、类型互补的多元农业职业教育体系（彭辉、姚颉靖，2016）。

二　加强农村基础设施建设

在加强农业基础设施建设方面，为了保护和支持本国农业的发展，韩国政府采取了一系列措施，如大力支持韩国农协发展、对国外的农产品进行限制、增加农业贷款等。随着"新农村运动"的不断推进，农村基础设施建设的重点也在发生变化。在农村建设初期，韩国的农业以灌溉为主，重点发展排水灌溉和农田改良等农业生产设施。从20世纪70年代初开始，韩国政府的新农村建设一直致力改善农民的生产和生活环境，基础设施建设也转向建设农村公路桥梁、改善农村饮用水设施、实现农村电气化、信息化、发展农村工业等（汤璇芷，2022）。

为促进农业发展，韩国进行了一系列的农村土地改革。从1948年至今，它大致经历了"农户私有制—扩大发展—合理规划—完善政策"四个阶段。20世纪50年代初，韩国颁布了《土地改革法》，进行"土地均等化"改革，实现"耕者有其田"。20世纪70年代，为了解决"同质化"改革造成的耕地碎片化不利于现代农业发展的问题，政府重点大规模提高了现代农业生产的配套基础设施建设。20世纪90年代，大量农村人口涌入城市，大片土地荒芜。韩国政府颁布了新的《农地基本法》和《农地强制条例》，通过高额补贴鼓励小农参与土地流转，适度扩大生产规模到10—20公顷（彭辉、姚颉靖，2016）。

三　农业科技创新体系完善

在组织管理体系方面，韩国的农业科技创新体系实力在世界上处于领先地位，首先表现在管理机构上，韩国的农业科技创新管理机构是农村振兴厅，农业科技创新管理机构在依据韩国的各种法律法规下对农业科技创新进行一体化管理。其次在研究机构上，韩国在农业方面的研究机构主要分为三类：一是公共研究机构，二是大学，三是农业企业。韩国的农业科技公共研究系统中包括各大农业科学院，在韩国，农业类大学也在农业科技创新中发挥了重要的位置，如庆尚大学、江原大学、忠南大学等。韩国政府高度重视提升农业企业的技术创新能力，为农业技术型企业的创新活动提供强有力的财税支持。例如，它设立了一个公共技术创业基金，以增加对包括农业在内的公共技术的支持。

在政策体系方面，韩国在促进和发展农业技术创新的过程中形成了全面、系统的法律法规体系，为农业技术创新发展提供了全面、稳定的法律基础。20世纪六七十年代，韩国农业和农村的发展才刚刚开始，农业技术创新正处于引进和模仿阶段。这一阶段出台了《农业基本法》《农业现代化促进法》《技术引进促进法》。从20世纪80年代开始，韩国农业技术开始走向创新，这一阶段出台了《技术开发投资促进法》《基础科学研究振兴法》等法律，鼓励科技开发和基础研究，为各方面的自主创新做准备（周娜等，2021）。进入21世纪后，韩国更加重视农业科技成果的转化和项目的实施。颁布了《科技转化促进法》等法律，促进科技成果向生产力转化。韩国的农业技术既有法律规定，又有实施细则、责任体系明确、易于实施且规范透明，使农业技术法律能够真正得到实施，并在规范和促进农业技术发展方面发挥作用。

中国的农业发展模式应该以追求农业现代化和农民收入增加为基本目标，国家层面应加大对农业保护政策的顶层设计规划，确立农业的地位、性质和目标。韩国在农业科技研发和创新方面投入较大，注重培育高产、优质、抗逆的作物品种，以及推广农业新技术和新装备，针对不同阶段的人群实行不同的农业等级教育，中国可以加大对农业科技创新的支持，提高农业生产效率和质量。韩国大力发展农业产业化，把农业从生产到加工再到销售等环节加以有机结合，形成了完整的产业链。中国可以借鉴韩国的经验，推动农业产业化发展，提高农产品附加值和市场竞争力。韩国注重农产品质量安全管理，建立了严格的农产品质量标准和监管体系。中国可以加强农产品质量安全监管，提高农产品质量和消费者信心，同时加大对农民的培训和教育力度，提高农民的农业技能和经营管理能力，培养新型专业职业农民，有效提升农业生产水平。

第六节　本章小结

本章梳理了美国的规模化农业生产经营、"三位一体"农业科技成果转化、完备的农业政策体系，德国的高水平的农业信息化、完备的农业职业教育，意大利的休闲农业、智慧农业，日本的小规模精细化农业、农协力量、"六次产业化"，韩国的有效保护政策、农村基础设施建设、农业科技创新体系，以期为中国农业高质量发展的实现路径提供先进经验借鉴。

美国、德国、意大利、日本及韩国等农业先进国家的实践经验表明：其一，农业高质量发展既离不开因地制宜以及适宜本土农业资源优势的农业经营模式，也离不开对农业科技成果转化的高度重视，还离不开完备的农业政策体系。其二，农业高质量发展必须依托于顺应时代发展潮流的农业信息化，充分运用大数据、物联网、云计算等信息技术推动农业向现代化发展，实现农业生产经营模式的转型升级。其三，农业高质量发展必须充分利用农业资源，打造新型农业模式，提高农业资源使用效率，加强农业宏观指导和科学规划，建立健全农业相关法律体系，重视智慧农业，提升农业数字化和信息化水平。其四，农业高质量发展需提高农业机械化水平，注重小规模精细化农业发展模式，突出农协的作用，强化合作社的辐射力、竞争力和服务带动能力，促进第一、第二、第三产业的融合，重视农业的经济价值、生态价值和文化价值的交融。其五，农业高质量发展需在农业科技和创新方面加大投入，培育高产、优质的作物品种，推广农业新技术和新装备，推动农业产业化，建立严格的农产品质量标准和监管体系，培养新型专业职业农民。

第九章 中国农业高质量发展的实现路径及政策建议

党的二十大报告强调，贯彻新发展理念是新时代我国发展壮大的必由之路，要想实现农业的高质量发展更要贯彻创新、协调、绿色、开放、共享的新发展理念。实现农业的现代化无疑是全面实现社会主义现代化历程中最重要的工作之一。处在世界百年未有之大变局的进程中，中国农业正经历优化经济结构、转变发展方式、转换增长动力的攻关期这样一个非常重要的历史节点，实现高质量发展是全面建设社会主义现代化国家的首要任务。加快推进新时代中国农业高质量发展是农业发展进入新发展阶段的内在要求，是农业现代化的必由之路，是推进农业大国向农业强国转变的重大战略，同时也是实现乡村振兴的重要抓手。基于相关理论分析和实证研究结论，为促进中国农业高质量发展效率的改进以及实现农业高质量发展，本书分别从农业科技创新、农业模式优化、农业市场改革、农业制度完善和农业数字转型方面，提出新时代中国农业高质量发展的实现路径及政策建议。

第一节 以农业科技创新为导向，推动农业绿色低碳发展

本书研究表明，技术效率改进是农业高质量发展效率改进的重要方向，无论是从全国、区域或省域看，还是从不同历史阶段看，中国农业高质量发展技术效率的改进主要源于技术进步。科学技术是第一生产力，农业技术进步是农业生产率提升的重要驱动因素；农业技术进步不

仅提升了农业经济效益，也产生了环境效益，即表现为，一方面，新型农业技术的使用，大幅提升了农业生产率、农业经济产出效益和农民收入；另一方面，节能环保型农业技术的使用，降低了农业生产过程的环境污染，产生良好的环境效益，从而促进了农业高质量发展效率改进。先进的农业生产技术和先进的农业科学管理经营体系，是农业资源高效利用、农业绿色低碳高质量发展的关键。从某种程度上看，提升农业技术水平，是提高农业综合生产能力、农业综合效益及竞争力的重要方面，也是实现农业高质量发展的重要路径之一。着重发挥农业科技创新对农业高质量发展的促进作用，将节能、环保、绿色等农业技术引入农业生产经营过程，以实现中国农业高质量发展。因此，需以农业科技创新为导向，发展绿色低碳种植技术，创新绿色低碳养殖技术，加大农业科技创新主体协同力度，加快农业科技成果转化应用，加大对国外农业强国优质品种以及技术的引进力度，不断推进农业绿色低碳发展，以促进农业高质量发展效率的改进。

一　发展绿色低碳种植技术

化肥、农药等高耗能高污染的农用物资的过量投入，破坏了中国农业生态环境，致使中国农业碳排放居高不下，进而阻碍农业高质量发展。在农作物生产过程中，突出栽培学、土壤学、环境学和营养学等多学科融合交叉创新，是破解农业高质量发展重要技术的关键和重要思路。

第一，要确保绿色产地环境。基于中国的水、土、气、热等农业自然资源环境设计绿色种植体系，避免生产环境污染，确保农业生产用水质量、土壤元素含量等达标，从而提供发展绿色低碳种植技术的绿色产地环境。

第二，要创新绿色投入品。基于气候、土壤、作物等形成的生产系统，不断创新农业自然资源环境与农作物生产资料融合的绿色投入品，最大限度发挥作物的生物潜力，提高养分利用效率，减少作物的养分损失。

第三，构建绿色生产技术体系。以根层调节技术为基础，充分激发根系养分吸收和活化利用潜力，不断提高中国土壤、水、空气等环境养分潜力；基于地上匹配技术，持续优化中国作物品种、密度和播期配置，设计高产群体。结合绿色投入、扩大耕作、秸秆还田、机械施肥、有机施用、水肥耦合等配套措施，形成以"土壤—作物系统"为核心的绿色生产技术体系，促进农业高质量发展。

二 创新绿色低碳养殖技术

中国畜禽粪污资源化利用率不高，氮、磷等养分还田量偏低，成为中国农业高质量发展主要障碍之一。不断提高畜禽粪污资源化利用效率以及强化种养相结合，成为实现中国农业绿色低碳可持续发展的重要途径。

第一，种养结合，发展循环农业。遵循中国农业自然资源环境，因地制宜，种养结合，循环利用，不断加快畜牧业的转型升级，推动养殖环境得到有效治理，以循环农业为核心，实现农业资源可再生利用，形成农业资源循环链条。实施区域绿色农场建设重点工程，鼓励养殖聚集地区探索种养相结合的新模式，不断提高畜禽粪污资源化利用效率，因地制宜发展绿色低碳循环农业。

第二，源头控制，生产过程粪污综合管理。强化饲料精准配比、质量监控，寻求低碳饲料，降低碳排放量及有害元素摄入，从而达到有效控制源头污染的目的。

第三，合理布局，加强低碳养殖规划与区域科学布局。根据中国自然气候环境和农业资源禀赋，科学合理规划养殖业空间布局。同时，依照中国土壤及作物情况，种植与养殖交错发展，实现种植业与养殖业的融合、低碳、绿色、高效发展。

三 加大农业科技创新主体协同力度

推进各农业科研院所、涉农院校、涉农企业等主体深度融合，协同构建农业科技创新联盟、围绕特色产业成立产业技术创新联盟、产学研合作示范基地等农业科技创新平台。产学研合作是促进农业科技成果转化的重要途径，政府应积极推动高校、科研机构和企业之间的合作，建立产学研联盟，共同开展农业科技成果转化工作。例如，可以组织企业与高校、科研机构进行技术交流、项目合作等，实现资源共享、优势互补，提高农业科技成果转化的效率和质量。为了避免同质化现象的发生，协调促进政府的科技创新，应该从不同的方面进行思考，开展农业新技术开发的研究方向。加强农业科研院所、农业学校和农业企业之间的合作与沟通，要把科研院所的理论知识转化为农业实践，实现农业领域"产、学、研"的一体化，切实发挥科技创新联盟在解决农业基础性、区域性、行业性重大关键科技问题中的重要作用。政府等相关部门应不断加强对农业科研建设的资金支持，鼓励现有农业学校、农业研究院所、涉农企业等合作建立农业实验室，鼓励大型农业企业和地方农业企业加强合作进行优势互补、相互学习，不断开发农业新产品以及生产所需的新技术。

四 加快农业科技成果转化运用

农业产业是科技成果转化产生社会和经济效益的重要载体。要加快促进农业科技成果转化，以农业科技成果转化推动产业发展。

第一，农业企业要不断完善激励机制，应建立科学、客观、公正的农业科技成果评价体系，将评价结果与科研人员的晋升、奖励等挂钩，鼓励科技研发人员全身心投入农业技术的研发，激发科研人员的积极性和创造性。

第二，发挥政府引导作用，政府投入财政资金，通过设立各类科技项目等方式进行支持，能有效推动农业科技成果转化应用。各级政府要充分发挥有关资金项目对农业科技成果转化的引导作用，以及对科技工作者的激励作用和对后期管理的保障作用。

第三，引导科研机构从"实验室"走向农田或农业企业"生产车间"，农业龙头企业、涉农科技企业要广泛联合，围绕产业发展进行技术攻坚，在种子、农药、机械和农产品加工等方面开展科技创新和推动成果转化，推进国家农业高新技术产业示范区、现代农业示范园区建设，发挥其"领头羊"的示范效应。

五 加大优质品种及技术引进力度

中国不断加大育种创新攻关力度，品种选育数量大幅增加，类型不断丰富，一批高产稳产、优质绿色新品种在加快推出，高产高油大豆、耐盐碱作物等新品种也在加快培育。但是针对国内短缺的农产品，需要重点筛选引进周边国家的优良品种，在中国适宜地区逐步建立优质种苗繁育基地以及农业新品种试验示范基地，加快提升农业优新品种繁育推广能力。在切实保障中国粮食海外供应体系安全性的前提下，加强多边合作，强化与周边国家的粮农合作，坚持农产品进口多元化，促进优势特色农产品进口，强化先进农业技术引进。在国外建立农业示范基地的同时，利用国外农业技术设备以及农业人才等优势，进行优势互补。例如，以色列高效节水灌溉设备、水肥一体化技术等，开展精量施肥灌溉控制、物联网控制等技术示范。在引进先进农业技术的同时也要加强国外先进农业技术培训，围绕设施农业、大田作物栽培、高效节水灌溉、现代牧场管理等领域，引进美国、以色列、日本等国的农业技术、人才专家等，对全国农业企业技术骨干和基层农业技术人员进行实用技能培训，推动全国特色优势产业与国外先进农业技术的融合对接，示范带动优势特色产业提质增效。

第二节　以农业模式优化为导向，探索先进农业生产方式

本书研究表明，中国农业高质量发展效率与要素成本投入、环境成本投入和社会成本投入存在关联，可通过转变"高投入、高耗能、高污染"的农业生产方式，以持续稳定地弱化农业高质量发展效率改进对要素成本、环境成本和社会成本的依赖。研究表明，农业机械密度和农户家庭经营性规模对农业高质量发展效率改进起到促进作用，提升农业机械密度和农户经营规模，以转变农业生产方式，成为农业高质量发展效率改进的重要举措。因此，需以农业模式优化为导向，加快培养数字农业与智慧农业，推动农业集体经济模式发展，推动三次产业融合，转变传统生产方式，探索先进的农业生产方式，持续推进农业高质量发展效率改进。

一　加快培育数字农业与智慧农业

第一，针对当前传统农业领域创新不足的问题，推广使用数字化技术，如人工智能、大数据、云计算等，可以有效地为农业生产和管理提供科学支持，同时通过加快推动数字技术的发展对传统农业生产环节进行赋能，助推农业数字化转型。

第二，针对当前智慧农业在不同农业产业类型、不同农业经营主体之间的不平衡发展问题，应优化智慧农业发展模式，提升智慧农业的包容性，让智慧农业成为大多数农民受益的农业新业态。

第三，应努力建立农业产业的智能技术体系，建立智慧农业（畜牧业、渔业），创建农产品智能供应链、智能农业生产、数字化管理、网络化服务，实现农产品智能运输，个性化农业和农村信息服务，促进知识经验的交流，用机器替代体力劳动，培育农业智能设备、农业信息服务和农产品可信流通等新产业，从而为实施乡村振兴战略、实现农业农村现代化提供强有力的科技支撑（黄华俊，2022）。并通过建立农业数据平台将农业生产、管理、销售等各个环节的数据进行整合和分析，为农业决策提供科学依据并推广使用智能化的农业装备，如智能化的农机、无人机、传感器等，通过精准农业技术，根据土壤、气候等条件，合理配置资源，提高农业生产效率和产品质量，以及农业生产效益。

二 推动农业集体经济模式发展

第一，利用自身优势，在不同地区引入不同的经济发展模式，拓宽发展渠道，促进集体经济发展。由于每个地方的地理位置、外部环境和资源条件各不相同，集体经济的发展模式也应从实际出发，采取不同的形式，而不是采取共同的方式。充分利用资源优势和区位优势，因地制宜发展主导产业，增加农民收入。对于具有突出交通和区位优势以及大量资金支持的村庄，特别是城市和郊区村庄，可以采用动员集体投资建造工厂的方式发展农村集体经济。拥有绿色资源、旅游资源和文化资源的村庄采用合资方式开发生态旅游、休闲景点和乡村旅游等项目。并且随着服务机构的建立和信息经济的发展，应逐步建立村级信息网络，积极收集信息，对各区域提供有偿服务，寻找适合当地种植或养殖的机构和加工厂，形成区域利益联盟，从而节省成本，增加农民收入。

第二，切实加强对农业集体经济的管理。各级政府要承担起发展和支持农业集体经济的责任，充分认识到支持集体经济领导和资产管理的重要性和紧迫性。加强对农村集体经济的领导需要定期研究、部署和制定政策，为有效促进集体经济发展，对于集体资产的评价应当成为各级干部业绩评价的重要内容和层面。通过科学规划、政策管理和加强服务，支持农民进行大规模区域经济管理，从传统的小规模农业转向现代农业。引导农民建立专业经济合作组织，形成互助合作局面，实现生产供销一体化，实现农业适度发展。引导农民改变观念，拓宽发展思路，实现农业经济向农村经济的过渡，探索发展空间；引导农民充分发挥社会、经济和自然资源的潜力,从资源节约型生产转向资源节约型和环境友好型生产,加强可持续发展能力(唐健飞,2022)。

三 推进三次产业融合

研究表明,农户家庭经营性收入占比、农村人力资本存量、经济发展水平和城市化水平是农业高质量效率的重要影响因素。但这些因素对农业高质量效率的作用机制受到农户收入多元化、农业对高素质劳动力的吸引力以及城乡二元结构的影响。因此,促进农户收入多元化、增强农业对高素质劳动力的吸引力和改善城乡二元结构,是提升农业高质量发展效率的重要努力方向。推进农业与第一、第二、第三产业融合,不仅可以促进农户收入多元,而且可以吸引更多高素质劳动力从事农业生产与经营,同时也能大幅促进乡村建设发展,缩小城乡差距,改善城乡二元结构。推进三次产业融合,可采取如下措施:一是大力发展农业关联性产业作为实现三次产业融合的关键着力点,延伸农业价值链,促进农户增收和收入结构优化。二是借助流通业发展推动三次产业融合,并以此作为主要突破口,通过建设公共设施、财政补贴、优惠贷款、减免税费、提供土地和人力资源等方面给予流通业支持。三是加强对农村的财税支持,作为促进三产融合的重要手段,加大对农业及相关产业农村发展的补贴和税收优惠力度,特别是加大对新业态、新商业模式的支持力度。四是以建立健全农民参与利益分享机制为产业价值链建设的根本抓手,引导和规范农民专业合作社联合发展,支持其发展农产品加工、物流、旅游等产业;引导农民与工商资本通过住宅用地使用权、生产资料使用权、资源资产使用权、土地承包经营权等股权转换方式,形成构成要素互补、成果共享的利益共同体。积极支持农民合作社、农村集体组织和农户发展依托农产品和农村资源的涉农产业。

第三节 以农业市场改革为导向,发挥市场资源配置效应

本书研究认为,中国农业高质量发展应从源头坚持市场导向,充分发挥市场对资源配置的决定性作用,大力优化农产品生产结构、品种结构及整体产业结构,充分利用和不断扩展已有市场,增强中国农业产业

竞争力，提高农业发展活力。着重发挥市场配置农业资源要素的决定性作用，推动资源要素向农业优化配置，促进供给与需求有效衔接，将农业生产经营活动引入市场化轨道，从而实现生产者和消费者的双赢。树立市场需求为重的观念，尽可能满足农产品消费者以多元、绿色、安全为特点的消费需求，借助政策扶持、信息引导、规划指导等方式合理安排农作物种植结构，实现中国农业高质量发展。还应加快农业高水平对外开放，建立多元、长期、稳定的海外粮源供应体系，推动自贸试验区的进一步建设，以实现中国农业高质量发展。

一　坚持市场导向思维

推进中国农业高质量发展必须牢固树立市场导向思维，既要遵循市场规律，依托市场力量汇聚各类资源要素，优化农业供给侧，促进农业生产经营管理企业化，从而推动农业全面升级，朝着高质量方向发展。一方面，优化农业供给侧。中国农业高质量发展应树立市场导向的观念，重视已有市场和未开发市场，改变过去自给自足的小农经济模式与自我服务的封闭状态，依靠市场机制来配置资金、人才、技术等资源要素。还应以市场需求为风向标，推动农民生产、企业农产品加工、客户营销以及市场消费有效连接，共同运作，以加快农业供给侧对需求侧的反应速度。另一方面，农业生产经营管理企业化。在由数量增长向质量提升的过程中，不仅中国农业产业中的龙头企业需要规范的企业化运作及管理，而且其农副产品生产基地也应该向规模化、工厂化的农业生产基地发展，龙头企业还应带领其余农业经营者加强企业化的经营管理。

二　优化农产品结构

第一，优化农产品的种植结构，按照稳粮、优经、扩饲的要求，统筹调整粮经饲种植结构，加快构建粮经饲协调发展的三元种植结构。以确保粮食安全为基础，大力发展经济作物、畜牧水产业等多样化的农业生产。加强高产高效农业用地建设，减少低效水稻种植面积。从技术创新和促进粮食高产的角度，扩大优质水稻领域，采取"藏粮于地、藏粮于技"的战略。提高扩大后的粮食生产能力，提高经济作物比重，减少玉米种植面积，调整棉花种植面积，扩大蔬菜种植面积，增加水果产量，扩大饲料种植面积，培育现代饲料产业体系。对于畜牧业的发展，应加快规模化养殖，并将生猪养殖推广到合适的养殖场，提高畜牧业和养殖业的比重，实现规模农业。通过高效生态养殖，推广"稻鱼共生"综合养殖模式。使粮经饲结构能够统筹协调发展，提高养殖综合效益（孙伟国，2023）。

第二，优化农产品的供给结构。中国的农业产品结构表现为原有农产品品种品质不适应居民消费升级，原因是在以大健康为主流的时代下，越来越多的人追求更有机的农产品，甚至更绿色的进口农产品，导致中国农产品在供给结构上产生大量无效供给，这种生产过剩是结构性的相对过剩，表现为农业资源浪费。所以在产品结构上，要减少低端供给，增加优质农产品、绿色生态产品、专用产品供给，提供高质量供给，形成有效的农产品供给体系。优化农产品的供给结构可从以下几个方面实现：一是为了逐步提高中国农产品加工软硬件水平，可通过引入海外先进的农业生产装备与工艺来完成。同时，通过采取组建专门从事农产品加工项目的专业部门的方法开展农产品创新与引进项目，并研发拥有国家自主知识产权的加工技术装备，有效优化国内农产品加工水平。二是通过发挥全国农产品加工示范公司与示范基地的牵头引领作用，引导农产品加工企业逐步聚焦集中在加工区、开发区和城镇等区域，形成产业集群，促进农业加工区域规模化发展，形成规模效应。三是利用环境保护、能耗、质量和安全等强制性标准引导企业走上技术创新的道路，在节约资源的同时逐步提高产品质量。同时，表扬和补贴环保加工企业，鼓励农产品加工领域的竞争，形成技术创新文化。

三　推广农业保险

研究表明，农业自然灾害率对农业高质量发展效率起到抑制作用，而自然灾害导致农业减产，再影响到农户收入和农户生产积极性，进而对农业高质量发展效率产生负效应。对此，我们可大力推广农业保险，以有效减弱或避免自然灾害对农户的冲击，即化解农户面临自然灾害的风险，保障收入稳定和农户生产积极性，保障农业的健康发展。但受家庭式小农生产方式、农民保险意识不强和农业保险不完善等影响，农业保险在中国农业生产过程中并未发挥应有的作用。据此，可从以下几点来大力推广农业保险：一是政策性的农业保险应由政府来引导，而农业部门要做好宣传和引导工作，既引导相关保险企业制定较科学的保险条款，也引导农企和农户正确认识农业保险并参与农业保险。二是相关保险公司要努力制定出合理的保险条款。作为政策性农业保险，应该以农为初衷，保险产品的设计不能以盈利为目的，而更应考虑到如何惠农、分担农户的损失。三是农业保险要坚持自愿原则，需激发农户的主动参与。要加大宣传力度，建立农业综合服务管理站，向农户讲解好农业保险的好处，并在发生灾害后主动及时给予理赔，不断提高农户参保积极性。

四 加快推进农业高水平对外开放

第一，建立多元、长期、稳定的海外粮源供应体系。围绕"一带一路"倡议，进一步创新机制和平台建设，加强多边国家农业合作，更好实现互利共赢，加快培育世界级现代国际粮商和大型跨国农业企业，支持和鼓励国内农业企业融入全球供应链，进一步促进农业对外开放，建设农业合作示范区等合作基地。充分利用国际资源和市场，全面提高中国农业产业体系的韧性和稳定性，加快实现农业强国的目标。进一步完善农业对外合作公共信息服务体系，完善海外信息收集网络以及使部门信息共享，促进企业制定走出去发展战略，提供及时、高效、优质的信息产品和服务，为企业走出去创造有利的营商环境。

第二，推动自贸试验区的进一步建设。推进农业开放合作试验区、高质量农业国际贸易发展基地、自由贸易试验区协调发展，发挥综合政策制度效应，共同支持农业高质量发展。优先落实上海合作组织、中非合作论坛等合作平台的农业合作项目及自由贸易试验区国际农业合作协议，建设农业合作项目展区。与国外农业合作园区合作发展，促进海外农业合作示范区建设，促进优异的农业技术和机械出口；加强与国际组织和重点国家的合作，推动双（多）边和国际联合研究平台建设，加强与"一带一路"共建国家的科技合作。着眼构建更高水平开放型经济新体制，服务"一带一路"建设。着眼构建国家开放发展新格局和更广泛的区域战略，加快培育国际粮食贸易商和农业企业，充分发挥其在国内国际市场关系中的桥梁作用，加强中国对全球农业供应链的影响力和控制，确保中国粮食供应稳定安全。提供更大的开放自主权，加快扩大自贸试验区，不断优化布局，支持更广泛、更深层次的开放研究，释放自贸试验区的引领作用，进一步构建东中西部协调发展、陆海统筹的对外开放新格局，推动形成继续发展、创造国际合作与竞争的新优势，为国内国际双循环提供重要支持。积极参与全球粮食和农业治理、双边和多边农业交流以及对外贸易和投资，深化对外援助和技术合作，提高国际贡献和影响力。

第四节 以农业制度完善为导向，突出政府协调机制作用

本书研究认为，为加快中国高质量发展发展，持续改善农业生产环境，促进农民增收，政府应充分发挥自身的引导、调节作用，建立健全农业高质量发展相关的体制机制，如创新驱动机制、激励约束机制、监测评价机制等，推动人才、资金、技术等各类资源要素涌向农业高质量发展的重要领域，并凭借集合效应，不断提升中国农业高质量发展水平。政府还应完善财政支农长效机制，推动农村第一、第二、第三产业融合，促进农业生产者收入多元化，进而提升农业高质量发展效率。着重发挥好政府对农业经济的调节作用，不断完善财政支农长效机制，建立市场价格调节机制和改革农业农村体制机制，完善跨国农业链条体系，实施地区差异化策略，为实现农业高质量发展提供制度保障。

一 完善财政支农长效机制

研究表明，财政支农力度是农业高质量发展效率的重要影响因素，其作用机制受到财政支农绝对量、支农比重及支农结构的影响。因此，需建立健全中国财政支农长效机制，保障财政支农绝对量和支农比重的持续增长，优化财政支农结构，以促进农业高质量发展效率的改进。

第一，扩大财政支农投入规模，构建多元资金供给机制。应落实好财政支农预算安排，保障财政支农资金稳定增长；拓宽多元筹资渠道，保证资金投入增加，引导社会资本参与农业发展。例如，将符合条件的农业高质量发展项目纳入中国地方政府债券支持范围；政府引导政策性的农业保险，鼓励相关保险企业制定较科学的保险条款，也引导农企和农户正确认识农业保险并参与农业保险；鼓励金融机构向从事绿色低碳农业生产的相关主体提供贷款、融资支持等帮助，逐渐扩大绿色低碳农业发展的金融投入规模；政府和社会资本合作，鼓励企业采取企业债券等措施，增加绿色低碳农业社会投资。

第二，优化财政支农支出结构，重点突出现代农业发展。持续加大对农村电网、交通及中小型水利等农业农村基础设施的财政支出，加大对农业技术创新、农业技术推广、农业技术应用、农业技能培训、专业人才培养、特色农业发展、农业新型业态等财政支持力度。

第三，深化财政支农管理，提升财政支农效益。应推进财政支农管理体制改革与创新，建立健全财政支出责任约束机制与监督机制，实现涉农财政资金的统一化管理。例如，对财政支农范围相近项目进行整合，完善财政支农项目监督和分配制度，健全财政支农资金绩效的评价机制。

二 建立市场价格调节机制

中国农业高质量发展离不开市场价格的合理调节。因此，政府应完善中国农业高质量发展市场机制，健全价格机制，建立绿色低碳产品市场价格实现机制以及积极培育绿色低碳农业交易市场，健全农产品市场体系，推进绿色低碳农产品优质优价，以增加从事绿色低碳农业生产者的收入，提高其从业积极性，大力推进中国农业高质量发展。

第一，健全绿色低碳价格机制。不断完善和落实绿色低碳农业资源的有偿使用制度，构建体现资源损耗和资源稀缺程度的农产品价格形成机制，以培养相关主体保护农业资源及节约利用资源的意识。还应改革绿色低碳农业用水价格制度，建立合理的水价形成机制，辅以节水奖励措施，引导农业生产者节约用水。

第二，建立绿色低碳产品市场价格实现机制。通过建立绿色低碳农产品评价体系，对农产品品质进行有效监测，健全农产品分等分级制度，以确保绿色低碳农产品既有品质又能卖出好价格，从而提高绿色低碳农业生产者收入。同时，应加强市场监管，规范市场秩序，不断完善绿色低碳农产品产地准出和市场准入制度，对以次充好、以假乱真等违规行为严加打击。依托信息平台建立绿色农业产业链上各主体的诚信档案，形成信用体系，以便明确划分责任，优化市场交易环境。还应借助农产品精深加工、原生态种养及农产品品牌打造等方法，提高绿色低碳农产品价值，实现农产品价值的有效转化。

第三，培育绿色低碳农业交易市场。政府应培育和发展绿色低碳农业交易市场，不断完善绿色低碳农业市场交易体系，推动绿色农产品价格形成的合理机制,并积极探索交易纠纷解决、信用管理、配套服务等相关制度的建立健全。政府还应大力推动市场化经营性服务升级转型,支持从事农业废弃物再利用、农业生产环境修复、农业资源保护、绿色低碳生产服务提供的专业组织及企业制定交易标准体系。

三 完善跨国农业链条体系

第一,延伸跨国农业产业链。依靠"一带一路"共建国家合作伙伴关系,在数字农业、重点农产品等领域形成更大开放合作优势,在种业科技创新、智慧农业、特色农业和对外农业投资等领域加快探索。同时,建立农业境外园区,使中国的跨国农业企业与当地政府、涉农企业等机构成立专门的农业机构。为促进中国农业与其他国家在土地、技术、资源等各方面的融合,由中方负责提供优质种源以及技术,园区所在国负责原粮种植、收割等,原粮产出由中方企业进行统一收购。针对"走出去"农业企业的跨境贸易融资需求,中国农业银行、中国银行、交通银行等各大银行金融机构对农业金融服务体系进行搭建,加强农业金融支撑,为涉农企业跨境贸易需求提供融资便利。同时,为降低农业生产经营风险,积极探索创新农业保险"走出去"模式,从源头保障农业生产经营主体的基本收益,为跨境农业高质量发展注入新动能。

第二,建立有韧性的、安全可控的全球供应链。中国应把推动全球粮食安全合作和气候变化治理放在重要位置,一方面,我们要抓住国际粮食安全合作倡议、"一带一路"倡议、区域全面经济伙伴关系协定等契机,完善粮食安全多边和双边合作框架;另一方面,要深入挖掘东南亚和中亚等地区的粮食进口潜力,构建多元化进口格局,着力降低大豆和玉米等主要品种的来源集中度。

第三,要统筹推进全球应对气候变化的国际谈判工作,积极推动与欧美等重点地区的战略对话与合作,加快技术创新合作与平台共建共享,在全球气候变化治理中发挥更大引领作用。优化农产品贸易布局,充分利用中国自贸试验区、进口博览会等开放平台,促进与具有粮食生产能力和贸易增长潜力的农业大国的交流合作,深度融入全球农业贸易供应链,增强农业供应链韧性。

四 实施地区差异化策略

研究表明,中国农业高质量发展静态效率、动态效率、脱钩效应和影响因素均存在显著性的区域差异或省域差异。因此，针对不同地区或省份，需因地制宜，具体问题具体分析，采取地区差异性的政策措施，以更加有效地促进农业高质量发展效率改进。例如，东部地区应充分发挥经济发展水平较高和城市化水平较高的优势，中部地区应充分发挥耕地资源丰富的优势，西部地区应充分发挥生态资源丰富的优势。依托地区资源要素禀赋的差异性，合理配置资源和要素，提升农业科技水平、转变农业生产方式、促进三次产业融合、完善财政支农长效机制、推广农业保险等，以促进农业高质量发展效率改进及实现农业高质量发展，并实现地区之间的统筹协调发展。

第五节 以农业数字转型为导向，强化数字技术深度融合

新时代，数字技术正加快向各行各业发展渗透，全球都在经历着革命性的数字化转型，将数字技术运用到农业领域逐渐成为政府、行业专家、技术人员及基层农业生产者关注的重中之重。本书研究认为，着重发挥数字技术和互联网平台在农业产品生产、储运、加工和销售等环节的应用，有利于推动中国农业高质量发展。推进数字技术与绿色低碳农业生产经营融合发展，夯实绿色低碳农业数字化发展支撑基础，并积极建立数据、技术共享机制，为农业高质量发展提供强有力的支撑。

一 推进数字技术与绿色低碳农业生产经营融合发展

中国传统农业数字化程度不高，农业生产经营信息化更是短板。所以，应充分应用区块链、大数据、物联网、智能装备、空间信息等信息技术，并推动其与农业生产经营进行深度融合，以提高中国绿色低碳农业发展效率。

第一，促进绿色农业种植技术数字化。应在中国大力推广应用与绿色农业种植技术相关的数字化技术。例如，在中国标准农田及农业示范区等规模化生产区域建立物联网监测系统，以推动绿色农业精准化发展。大力推广测土配方施肥、智能施药、精准灌溉等数字化技术，加强遥感技术在监测农产品长势、病虫害、土壤墒情等方面的应用等。

第二，引导农产品加工数字技术广泛应用。鼓励农产品加工企业进

行数字化升级,在农产品拣选、分类分级、加工、包装、运输等过程中充分利用信息技术,发展智能制造。同时,提高中国绿色农业农产品产地初加工数字化管理水平,尝试建立粮食烘干、采摘后商品化处理等农产品初加工设施管理平台,以强化对农产品粗加工情况的监测。

第三,推进绿色农业数字技术深化应用。除了在种植技术和农产品加工领域提高数字化技术应用水平,还应在绿色农业发展的方方面面应用数字技术,如应用农业环境监测系统、模拟不同种类作物生长周期以不断优化作物的生长控制方案等。对于畜禽养殖业、渔业等也应推广绿色农业数字化技术的应用,以提高渔业和畜禽养殖业农业数字化水平,确保产业良好发展。还可依托数字技术建立农产品询价、售出、反馈等相应环节的数字管理平台,掌握农产品实时价格及消费者对农产品品质的相关评价,以优化农业经营环节。针对新型农业经营主体建立应用数字管理系统、推动农产品进出口交易数字化管理、农产品批发市场电子化交易等也是绿色农业数字化技术应用应关注的重点领域。

二 夯实绿色低碳农业数字化转型发展支撑基础

加强中国农业数字化转型基础设施建设,增强科技创新,扩大推广应用范围,并大力培养农业数字企业,推动农业数字化跨越式发展。

第一,加强农业数字技术研发创新。积极推动中国农业数字化技术创新,并鼓励相关学科群的建立与发展,在中国数字化发展较好的区域,由政府主导逐渐建立一批农业数字技术实验室。对于农业数字技术专业人才进行大力栽培,并推动人才的协同合作,形成高产、创新力强、创造力高的研究团队。促进农业数字化研发创新的协力合作,搭建农业数字化技术资源共享平台,以此提高研究数据、基础技术等资源的共享水平,实现跨地区、跨部门、跨学科的合作创新。还应加快研发使用方便、上手快、应用范围广且相对低价的农业数字技术产品,并快速推广应用到中国全流域的农业生产基地。

第二,培育壮大农业数字化产业。尝试搭建以新型农业经营主体、企业、科研团队等为基础的农业数字化产业联盟,以实现农业生产经营和科技创新的有效衔接。在政策帮扶下,积极引导数字服务供应商、物联网服务运营商及相关硬件制造商等进入农业数字化领域,以探索绿色农业数字化应用新模式,不断培育绿色农业数字化产业。还应加大新型农业数字化技术应用力度，中国可打造一批农业数字化技术应用示范基地，随时发布适宜各区域推广应用的农业技术和相应产品，引导数字技术在中国农业生产、经营等各领域的创新及实际运用。

第三，加强农业数字化基础设施建设。从农田水利基础设施、农产品加工设施、农业机械设备等方面入手，提升中国农业基础设施数字化水平。除此之外，还应加强休闲农业、智慧农业生产、农产品电子商务等数字化基础设施建设。

三 建立数据、技术共享机制

打造数字农业农村大数据，利用现代化数字技术，通过对卫星遥感时空数据和农业各主体等业务数据进行融合及挖掘分析，将数据资源进行整合，构建起区域农业农村数据资源"一张图"，建成覆盖区县、乡镇、村三级的数字农业农村大数据资源中心，实现涉农数据互联互通。实现农业农村局内部各部门数据包括种植业、畜牧水产、农田建设、农业机械等数据的共享交换，以及与基层组织、第三方机构、物联网数据的共享交换，构建农业农村数据共享交换的工具和机制能力，实现涉农数据资源与数据信息平台的建立，促进数据信息的合法适度流动，提高信息资源的使用效率；与各大高校的图书馆建立合作机制，以便交换书籍和物质资源，组织技术经验交流会，分享生产、经营和技术经验，提高成员的总体知识水平和技术适用性，充分激活农村地区的各种资源，通过资源共享促进合作社的创新发展模式。

参考文献

一 中文文献

(一) 专著

胡锦涛：《坚定不移沿着中国特色社会主义道路前进 为全面建成小康社会而奋斗——在中国共产党第十七次全国代表大会上的报告(2012年11月8日)》，人民出版社2012年版。

习近平：《高举中国特色社会主义伟大旗帜 为全面建设社会主义现代化国家而团结奋斗——在中国共产党第二十次全国代表大会上的报告(2022年10月16日)》，人民出版社2022年版。

习近平：《论坚持人与自然和谐共生》，中央文献出版社2022年版。

习近平：《习近平谈治国理政》（第三卷），外文出版社2020年版。

丁少群主编：《农业保险学》，中国金融出版社2015年版。

刘惠良等：《基于乡村振兴视域下农业绿色发展水平测度研究》，《经济地理》2022年10月28日（网络首发）。

徐德云：《帕累托最优的唯一性与福利定理的修正》，中国财经出版传媒集团、经济科学出版社2017年版。

中共中央马克思恩格斯列宁斯大林著作编译局编译：《马克思恩格斯选集》（第三卷），人民出版社2012年版。

[美] 阿兰·兰德尔：《资源经济学：从经济角度对自然资源和环境政策的探讨》，施以正译，商务印书馆1989年版。

[美] 道格拉斯·C.诺思诺斯：《经济史中的结构与变迁》，厉以平译．商务印书馆1992年版。

[德] 恩格斯：《自然辩证法》，人民出版社2018年版。

[英]亚当·斯密：《国民财富的性质和原因的研究》（下卷），郭大力、王亚南译，商务印书馆2003年版。

（二）期刊

安肖：《美国农场面面观》，《世界农业》2023年第6期。

曹阳龙、史本山：《基于主成分分析的DEA复合评价模式及其应用研究》，《现代管理科学》2006年第9期。

陈国军、王国恩：《"盒马村"的"流空间"透视：数字农业经济驱动下的农业农村现代化发展重构》，《农业经济问题》2023年第1期。

陈雯等：《长三角一体化高质量发展：内涵、现状及对策》，《自然资源学报》2022年第6期。

陈阳、穆怀中：《中国农业生态效率测算及影响因素研究》，《统计与决策》2022年第23期。

陈玉兰等：《我国农业绿色发展水平地区差异及分布动态演进》，《新疆农业科学》2023年第1期。

杜建国等：《人口老龄化下农业人力资本对农业绿色全要素生产率的影响》，《中国人口·资源与环境》2023年第9期。

段华平等：《中国农田生态系统的碳足迹分析》，《水土保持学报》2011年第5期。

冯丹萌、许天成：《中国农业绿色发展的历史回溯和逻辑演进》，《农业经济问题》2021年第10期。

高帆：《基于社会主要矛盾转化深刻理解我国高质量发展内涵》，《上海经济研究》2021年第12期。

高雅罕等：《秸秆综合利用生态补偿政策与农户秸秆还田行为》，《中国生态农业学报（中英文）》2023年第4期。

广德福等：《关于意大利农业特色产业发展情况的调研报告》，《世界农业》2023年第3期。

郭家力等：《农业水权交易发展影响因素分析——基于宏观、中观、微观视角》，《中国农村水利水电》2024年第1期。

郭建强等：《国外农业科技成果转化模式比较与借鉴》，《中国渔业经济》2010年第3期。

郭书娟等：《基于熵权TOPSIS模型的农业绿色发展水平评价——以

河南省为例》,《浙江大学学报》(农业与生命科学版)2024年第2期。

韩雷、钟静芙:《高质量发展的内涵解读、理论框架及实现路径》,《湘潭大学学报》(哲学社会科学版)2021年第6期。

郝志瑞、王闰平:《山西省杂粮产业集群发展与竞争力评价分析》,《中国农业资源与区划》2024年第8期。

何迪:《美国、日本、德国农业信息化发展比较与经验借鉴》,《世界农业》2017年第3期。

侯娟:《农业物流在农业经济发展中的问题及建议研究》,《中国储运》2023年第9期。

胡树光等:《产业结构演替理论进展与评述》,《中国地质大学学报》(社会科学版)2011年第1期。

郇庆治:《论习近平生态文明思想的马克思主义生态学基础》,《武汉大学学报》(哲学社会科学版)2022年第4期。

黄华俊:《常德市深化农业供给侧改革的思考》,《山西农经》2022年第22期。

黄志斌、高慧林:《习近平生态文明思想:中国化马克思主义绿色发展观的理论集成》,《社会主义研究》2022年第3期。

黄志斌、杨建州:《财政支农资金对农业生态效率的影响——基于系统动态广义矩估计和门槛效应检验》,《林业经济》2022年第10期。

黎孔清等:《基于STIRPAT模型的南京市农业碳排放驱动因素分析及趋势预测》,《科技管理研究》2018年第8期。

李波等:《中国农业碳排放与经济发展的实证研究》,《干旱区资源与环境》2011年第12期。

李菲菲等:《山东农业绿色发展水平时空差异与障碍因素分析》,《中国农业资源与区划》2023年第5期。

李俊杰:《民族地区农地利用碳排放测算及影响因素研究》,《中国人口·资源与环境》2012年第9期。

李敏、符平:《绿色农业产业创新实践的持续之道——"外部环境—基层策略"视角下的案例研究》,《公共行政评论》2023年第5期。

李冠霖、史作廷:《农业高质量发展促进农民农村实现共同富裕的障碍与突破方向》,《山东大学学报》(哲学社会科学版) 2023 年第 3 期。

李淑芳:《中国精准农业推广对策研究》,《科学管理研究》2019 年第 4 期。

李晓慧等:《高标准农田建设能提升农业绿色全要素生产率的研究——基于连续型双重差分的实证检验》,《中国农业资源与区划》2024 年第 5 期。

李晓龙等:《基于净碳汇的农业生态效率测度、时空演进及收敛性研究——以贵州 78 个县域为例》,《农业现代化研究》2023 年第 4 期。

李欣广:《广西城乡统筹发展的理论分析与战略对策》,《广西师范学院学报》(哲学社会科学版) 2014 年第 5 期。

李一丁、洪翠:《韩国乡村振兴法律体系样态及启示》,《延边大学学报》(社会科学版) 2022 年第 5 期。

李政通、顾海英:《农业发展如何驱动经济结构转型:进展与展望》,《现代经济探讨》2021 年第 10 期。

刘继芬:《德国农业信息化的现状和发展趋势》,《世界农业》2003 年第 10 期。

刘文等:《农业多功能性发挥:日本的实践经验及其启示》,《世界农业》2023 年第 9 期。

刘香玲、孙斌:《农业绿色发展理念的三维论析》,《江西社会科学》2023 年第 4 期。

刘耀彬、聂长飞:《中国式现代化进程中高质量发展的新定位、新内涵与新路径》,《经济学家》2023 年第 7 期。

刘志雄等:《美国农场变迁及其给我们的启示》,《调研世界》2005 年第 4 期。

柳一桥:《德国农业职业教育对我国新型职业农民培育的启示》,《农业经济》2018 年第 4 期。

马涛:《上海农业碳源碳汇现状评估及增加碳汇潜力分析》,《农业环境与发展》2011 年第 5 期。

毛敏:《意大利发展农业旅游的经验与启示》,《党政干部论坛》2019 年第 12 期。

莫利民:《意大利绿色农业旅游资源结构分析及借鉴》,《世界农业》2018 年第 10 期。

彭辉、姚颉靖：《美日韩科技立法的转型与升级：演化历程与路径选择》，《东南法学》2016 年第 1 期。

秦蕾：《中国特色生态文明与马克思主义生态理论》，《中学政治教学参考》2020 年第 41 期。

尚杰、杨滨键：《种植业碳源、碳汇测算与净碳汇影响因素动态分析：山东例证》，《改革》2019 年第 6 期。

时悦、刘宇薇：《中国农垦农业绿色全要素生产率的区域差异及空间溢出》，《北方园艺》2023 年第 20 期。

史小坤、宋鹏鹤：《数字普惠金融支持农业高质量发展的理论机理与实现路径》，《金融理论与实践》2023 年第 9 期。

苏国东等：《基于"链式+场景"的休闲农业智慧化发展：动因分析、体系构建与推进路径》，《江苏农业科学》2023 年第 22 期。

苏岚岚：《数字治理促进乡村治理效能提升：关键挑战、逻辑框架和政策优化》，《农业经济问题》2024 年第 6 期。

孙伟国：《价值共享理论下创新农业合作社的发展模式研究》，《农业经济》2023 年第 3 期。

汤璇芷：《当代韩国农业职业教育的体系、特色与启示》，《九江职业技术学院学报》2022 年第 3 期。

唐健飞、刘剑玲：《省域农业可持续发展水平评价及其耦合协调分析——以长江经济带 11 省市为例》，《经济地理》2022 年第 12 期。

陶汪海等：《西北旱区农业高质量发展体系的生态农业内涵与路径》，《农业工程学报》2023 年第 20 期。

田磊、张宗斌：《中国旅游业绿色增长的演变特征及其影响因素》，《山东师范大学学报》（人文社会科学版）2018 年第 1 期。

田云等：《中国农业碳排放研究：测算、时空比较及脱钩效应》，《资源科学》2012 年第 11 期。

王宝义、张卫国：《中国农业生态效率测度及时空差异研究》，《中国人口·资源与环境》2016 年第 6 期。

王朝川等：《基于大数据的农产品电子商务发展现状研究》，《中国果菜》2023 年第 5 期。

王江：《中国北方农牧交错带现代农业（羊）产业集群发展模式探索——甘肃省环县案例研究》，《中国农业资源与区划》2024年第10期。

王京雷等：《牢牢守住"两条底线"的中国实践与国际经验——中国国外农业经济研究会2022年会暨学术研讨会综述》，《中国农村经济》2023年第3期。

王启：《我国休闲农业旅游发展的国际经验借鉴研究》，《农业经济》2016年第10期。

王亚许等：《典型国家农业保险制度与产品综述》，《灾害学》2022年第4期。

王翌秋等：《"双碳"目标下农业机械化与农业绿色发展——基于绿色全要素生产率的视角》，《华中农业大学学报》（社会科学版）2023年第6期。

王迎涛：《世界农业生态旅游发展经验及借鉴》，《改革与战略》2018年第3期。

魏琦等：《中国农业绿色发展指数构建及区域比较研究》，《农业经济问题》2018年第11期。

魏权龄、岳明：《DEA概论与C^2R模型——数据包络分析（一）》，《系统工程理论与实践》1989年第1期。

邬晓霞等：《资源型经济高质量发展的科学内涵与机制创新》，《经济问题》2020年第12期。

吴童俊：《农业高质量发展的日本经验及其借鉴意义》，《农村经济与科技》2022年第3期。

吴贤荣等：《中国省域农业碳排放：测算、效率变动及影响因素研究——基于DEA-Malmquist指数分解方法与Tobit模型运用》，《资源科学》2014年第1期。

夏显力等：《农业高质量发展：数字赋能与实现路径》，《中国农村经济》2019年第12期。

夏益国：《美国农场的耕地集中：现状、动因及影响》，《中国农村经济》2015年第4期。

肖红利等：《德国农业4.0发展经验对中国农业发展的启示》，《农业展望》2019年第12期。

徐冬寅、陈慧琴：《数字乡村战略背景下江苏"互联网+监管"大数据平台的构建》，《江苏农业科学》2022年第22期。

徐亚东、张应良：《巩固拓展脱贫攻坚成果同乡村振兴有效衔接的学理阐释：基于资源配置视角》，《南京农业大学学报》（社会科学版）2023年第4期。

徐盈之等：《中国制造业碳排放的驱动因素及脱钩效应》，《统计研究》2011年第7期。

徐永祥：《美日韩提高农民收入的政策措施》，《老区建设》2009年第1期。

许珍珍、赵晓峰：《日本小规模农业的发展经验及启示》，《中国乡村发现》2020年第2期。

薛希霞：《浅析农产品加工机械中农机信息化技术的推广应用》，《中国设备工程》2023年第8期。

杨国华等：《山西省农业生态效率县域差异及影响因素分析》，《中国农业资源与区划》2023年第3期。

杨霞：《日本观光农业对贵州省现代农业发展的启示》，《经济研究导刊》2022年第32期。

尹国伟：《德国农业农村数字化做法及进展》，《农业展望》2020年第11期。

袁召洋：《农民专业合作社服务功能的实现路径——基于日本农协的经验启示》，《中国产经》2022年第18期。

曾哲：《德国职业农民培育的经验及启示》，《沈阳师范大学学报》（社会科学版）2020年第2期。

张保岩等：《意大利智慧农业发展及对天津发展智慧农业的启示》，《天津农业科学》2020年第6期。

张佳：《水稻绿色高效机械化生产必要性分析》，《现代农机》2023年第6期。

张昆扬等：《农机作业服务对农业生态效率的影响：本地效应与空间溢出》，《中国农业大学学报》2023年第3期。

张立、王波：《韩国新村运动及其对我国实施乡村振兴战略的启示》，《韩国研究论丛》2021年第1期。

张晓颖：《经济、环境、社会发展与人：从可持续发展观到包容性绿色增长》，《江淮论坛》2014年第6期。

张旭、杜瑶：《绿色增长战略实施能力体系研究》，《科研管理》2014年第12期。

赵奥、武春友：《金砖国家绿色增长水平测度与周期性变动》，《财经科学》2019年第2期。

赵春江：《智慧农业的发展现状与未来展望》，《华南农业大学学报》2021年第6期。

赵将等：《美国的农业政策与WTO合规：2018—2020》，《农业经济问题》2021年第8期。

郑宏运等：《要素错配与中国农业产出损失》，《南京农业大学学报》（社会科学版）2019年第5期。

仲彦鹏、李海燕：《德国农民职业教育对我国新型职业农民培育的启示》，《现代化农业》2018年第7期。

周娜等：《韩国农业科技创新体系现实特征及启示》，《世界农业》2021年第7期。

周小亮、吴武林：《中国包容性绿色增长的测度及分析》，《数量经济技术经济研究》2018年第8期。

朱俊峰：《国外休闲农业发展经验与启示（一）》，《农民科技培训》2018年第3期。

朱立志等：《德国农业发展的现状与趋势》，《世界农业》2011年第6期。

诸大建：《从"里约+20"看绿色经济新理念和新趋势》，《中国人口·资源与环境》2012年第9期。

宗良等：《现代经济增长理论的新思维——基于传统模型的扩展与中国实践》，《国际金融研究》2022年第8期。

（三）报刊文章

谢亚宏：《意大利努力促进农业生产》，《人民日报》2023年8月1日第17版。

（四）学位论文

董晔璐：《马克思主义公平理论视阈下当代中国基本公共服务均等

化研究》，博士学位论文，内蒙古大学，2016年。

郭玲玲：《中国绿色增长程度评价及实现路径研究》，博士学位论文，大连理工大学，2016年。

廖盛华：《包容性绿色增长的实现路径与政策研究》，硕士学位论文，长沙理工大学，2016年。

刘吉祥：《吉林省数字农业高质量发展对策研究》，硕士学位论文，吉林外国语大学，2023年。

武小龙：《城乡"共生式"发展研究》，博士学位论文，南京农业大学，2015年。

薛蕾：《农业产业集聚对农业绿色发展的影响研究》，博士学位论文，西南财经大学，2019年。

张鹏：《昆明市休闲农业发展研究》，硕士学位论文，云南师范大学，2023年。

二 外文文献

Amemiya Takeshi, "A Comparison of the Amemiya GLS and the Lee-Maddala-Trost G2SLS in a Simultaneous-equations Tobit Model", *North-Holland*, Vol. 23, No. 3, 1983.

Bouma J., Berhout E., *Inclusive Green Growth*, PBL Netherlands Environmental Assessment Agency, No. 1708, 2015.

Brown L. R., *Eco-economy*, Earth Policy Institute, 2001.

Charnes A., et al., "Productivity Developments in Swedish Hospitals: A Malmquist Output Index Approach", *Data Envelopment Analysis: Theory, Methodology and Applications*, Vol. 3, 1994.

Caves D. W., et al., "The Eonomic Theory of Index Numbers and the Measurement of Input, Output, and Productivity", *Econometrica*, Vol. 50, 1982.

Crafts N. F. R., "The Golden Age of Economic Growth in Western Europe", *The Economic History Review*, Vol. 48, No. 3, 1995.

Heinberg R., *The End of Growth: Adapting to Our New Economic Reality*, Gabriolaisland. New Society Publishers, 2011.

Holling C S., "Theories for Sustainable Futures", *Conservation Ecolo-*

gy, Vol. 4, No. 2, 2000.

IPCC Working Group Ⅰ, *Climate Change* 2013: *The Physicle Science Basis Technical Summary*, 2013.

James Tobin, "The Business Cycle in the Post-War World: A Review", *The Quarterly Journal of Economics*, Vol. 72, No. 2, 1958.

Meadows D., et al., *The Limits to Growth*, Haly, The Club of Rome, 1972.

Maisashvili A., et al., "Implications of Alternative Crop Insurance Subsidies", *Journal of Agricultural & Applied Economics*, Vol. 52, No. 2, 2020.

OECD, *Indicators to Measure Decoupling of Environmental Pressure from Economic Growth*, Paris: OECD, 2002.

OECD, *Towards Green Growth: Monitoring Progress*, OECD Meeting of the Council, 2011.

Shi J., et al., "Assessing Effects of Federal Crop Insurance Supply on Acreage and Yield of Specialty Crops", *Canadian Journal of Agricultural Economics*, Vol. 68, No. 3, 2020.

Slingerland S., Kessler J. J., *Study on Public Private Partnerships for Contribution to Inclusive Green Growth*, PBL Netherlands Environmental Assessment Agency, No. 2557, 2015.

Sten Malmquist, "Index Numbers and Indifference Surfaces", *Trabajos de Estadistica*, Vol. 4, No. 2, 1953.

Swinton S. M, Van Deynze B., "Hoes to Herbicides: Economics of Evolving Weed Management in the United States", *The European Journal of Development Research*, Vol. 29, No. 3, 2017.

Tapio P., "Towards a Theory of Decoupling: Degrees of Decouplingin the EU and the Case of Road Traffic in Finland between 1970 and 2001", *Transport Policy*, Vol. 12, No. 2, 2005.

World Bank, *Inclusive Green Growth: The Pathway to Sustainable Development*, Washington: The World Bank, 2012.

World Commission on Environment and Development, *Our Common Future*, Washington: Oxford University Press, 1987.